OPEN YALE COURSES
耶鲁大学公开课

政治哲学

POLITICAL PHILOSOPHY

［美］史蒂芬·B·斯密什（Steven B. Smith）著
贺晴川 译
许纪霖 刘擎 周濂 推荐

北京联合出版公司
Beijing United Publishing Co.,Ltd.

目 录

序 …………………………………………………………… 1
文献说明 …………………………………………………… 3

第1章　为什么是政治哲学？………………………………… 1

第2章　安提戈涅与冲突的政治 …………………………… 12

第3章　苏格拉底与经过省察的生活 ……………………… 23
　　　　政治背景　26
　　　　两项指控　28
　　　　苏格拉底式的公民身份　31
　　　　伟大的节制者　33
　　　　应该宽容苏格拉底吗？　36
　　　　苏格拉底与我们　40

第4章　柏拉图论正义与人的善好 ………………………… 43
　　　　"我下到佩雷欧斯港"　48
　　　　正义面面观　50
　　　　格劳孔和阿德曼托斯　54
　　　　城邦与灵魂　57
　　　　诗的改革　58
　　　　护卫者的灵魂　61

1

三次浪潮　62

　　作为和谐的正义　65

　　哲　人　68

　　洞穴与太阳　70

　　柏拉图的民主，我们的民主　73

第5章　亚里士多德关于政制的政治科学 …………… 77

　　政治心理学　81

　　奴隶制和不平等　84

　　关于政制的政治学　88

　　宪政与法治　94

　　政治科学与政治判断力　97

第6章　圣经中的政治 ……………………………… 101

　　开　端　103

　　圣经的政治　111

　　大卫与拔示巴　114

　　大卫与押沙龙　119

　　结　论　122

第7章　马基雅维利与建国的技艺 ………………… 124

　　《君主论》的形式与献词　128

　　武装的与非武装的先知　129

　　午夜善恶花园　131

　　暴力美学　136

　　两种血质　139

　　马基雅维利的乌托邦主义　142

　　马基雅维利的《李维史论》　144

两篇献词 145

"新的方式与制度" 147

古今共和国 149

新的基督教 154

马基雅维利主义的成年 157

第8章 霍布斯的新政治科学 161

霍布斯的新政治科学 164

自然状态和权威的难题 168

怀疑论与个人主义 170

骄傲与恐惧的辩证法 173

自然状态与埃斯波西多难题 176

主权权力和代议制 179

霍布斯式自由主义 184

霍布斯的孩子们 186

第9章 洛克与宪政的技艺 190

洛克的动物寓言 192

"他身体的劳动" 195

资本主义的精神 197

建议与同意 203

"神一般的君主" 207

洛克的美国 211

第10章 卢梭论文明及其不满 218

思辨史学与自然科学 220

自然人 221

私有财产和不平等的起源 224

虚荣与公民社会　225
　　文明及其不满　228
　　社会契约　232
　　公　意　235
　　卢梭的社会学　239
　　卢梭的遗产　241

第11章　托克维尔与民主的困境 ·················· 246
　　阿列克西·德·托克维尔是谁？　248
　　平等的时代　251
　　民主的美国风格　253
　　多数人的暴政　259
　　集　权　262
　　民主的专制　264
　　民主式灵魂　267
　　民主的政治技艺　273

第12章　捍卫爱国主义 ·························· 279
　　民族主义和世界主义　282
　　好欧洲人　285
　　"心有分寸"　291
　　政治教育　294

出版后记 ································· 298

序

这本书源自我在耶鲁讲授多年的一门政治哲学导论课程。我很高兴能将这些讲稿加以编辑和修订，使它列入耶鲁大学出版社的一套丛书。

我写作此书，是要使它成为一本政治哲学导论，而不是更为常见的政治思想史。我所理解的政治哲学在第一章里已有论述，这里只需要提及一点：政治哲学是一种相当罕见也相当独特的思考，决不能将它与一般意义上的政治语言研究混淆在一起，也不能与上世纪五六十年代风靡一时的枯燥乏味的"概念分析"混为一谈。政治哲学就是对政治生活的永恒问题的探究，一切社会都必定会遇到这些问题，它们包括"谁应当统治"、"应当如何处理冲突"、"应当怎样教育公民和政治家"等等。

本书考察的文本和作者是有所选择的，因为他们有助于阐明政治生活的永恒问题，而非他们从事写作的那个时代的特殊问题。我并不企图改写柏拉图、马基雅维利或托克维尔以契合我们自己的关切，而是旨在表明：为什么只有透过昔日最严肃的思想家的视角，我们自己的关切才是可以理解的。只要我们今日的问题还是政治问题，那它们就和公元前5世纪的雅典、15世纪的佛罗伦萨或17世纪的英格兰遇到的问题没有什么差别。不这么想是不对的。

这本书的写作对象，是那些像我一样相信我们仍然有必要向过去的伟大思想家学习的读者。这似乎看起来理所当然，但这目前却在政治科学专业中饱受质疑。一些人坚信政治哲学是或应当是一门类似于物理学、化学的学科，或者经济学和心理学的附庸，这样的学科没必要关心自己的历史。我的教学和写作一直致力于抵抗这种学术的庸俗化。我的理想听众就是一般读者，他们除了求知欲外，不需要任何专业化知识。

写作这本书时，我不求新奇。我讲的大部分内容只不过是对一些前人之见和经典文本的思考。尽管如此，我还是把这些讲稿按自己的方式编排到一起，让它们带上我的痕迹。我尽量保留了那种非正式的、乃至于交谈式的讲课风格，也尽量避免琐碎的学术争论。我把脚注和其他学术索引缩减到了最少，也坦承自己从别的学者、老师和同事那里受益良多。

当然，比起让本科生在我的课堂上饱受折磨，我从写作和修改讲课稿的过程中学到了更多。我只能说，这么多优异的学生前来听课并对我的课题表示兴趣，这实在是我的荣幸，当然也是我的一点特权。我特别想感谢从前的学生贾斯汀·扎莱姆比（Justin Zaremby），因为他阅读了这些讲稿的早期版本，并且提出了许多有用的评议。

文献说明[*]

Aristotle, *The Politics*, trans. Carnes Lord（Chicago：University of Chicago Press, 1984）;引文标注为页边提供的 Bekker 标准版编号。[（古希腊）亚里士多德:《政治学》,颜一、秦典华译,北京:中国人民大学出版社,2003年]

Hobbes, Thomas, *Leviathan*, ed. Edwin Curley（Indianapolis：Hackett, 1994）;引文标注为章数和节数。[（英）霍布斯:《利维坦》,黎思复、黎廷弼译,北京:商务印书馆,1985年]

Locke, John, *Second Treatise of Government*, in *Two Treatises of Government*, ed. Peter Laslett（Cambridge：Cambridge University Press, 1991）;引文标注为章数和节数。[（英）洛克:《政府论》(下篇),叶启芳、瞿菊农译,北京:商务印书馆,1964年]

Machiavelli, Niccolò, *The Prince*, trans. Harvey C. Mansfield（Chicago：University of Chicago Press, 1985）;引文标注为章数和页码。[（意）马基雅维利:《君主论》,潘汉典译,北京:商务印书馆,1985年]

Machiavelli, Niccolò, *The Discourses of Niccolò Machiavelli*, trans. Leslie J. Waken, S.J.（London：Routledge and Kegan Paul, 1975）;引文标注为卷数、章数和页码。[马基雅维利:《马基雅维利全集:李维史论》,薛军译,长春:吉林出版集团有限责任公司,2011年]

The New Oxford Annotated Bible, ed. Herbert G. May and Bruce M. Metzger

---

[*] 方括号中是翻译书中所引文献参考的中文译本版本信息,正文中不再给出。——译注

(New York: Oxford University Press, 1977); 引文标注为章数和节数。[《圣经》,《创世纪》译文选自《摩西五经》, 冯象译, 北京: 三联书店, 2013年; 其余统一选自和合本]

Plato, *The Republic*, trans. Allan Bloom (New York: Basic Books, 1968); 引文标注为页边提供的Stephanus标准版编号。[(古希腊)柏拉图:《理想国》, 王扬译, 北京: 华夏出版社, 2012年]

Plato, *Apology of Socrates and Crito*, in *Plato and Aristophanes: Four Texts on Socrates*, trans. Thomas G. and Grace Starry West (Ithaca: Cornell University Press, 1984); 引文标注为页边提供的Stephanus标准版编号。[(古希腊)柏拉图:《苏格拉底的申辩》, 吴飞译, 北京: 华夏出版社, 2007年]

Rousseau, Jean-Jacques, *The Discourses and Other Early Political Writings*, trans. Victor Gourevitch (Cambridge: Cambridge University Press, 1997); 引文标注为页码。[(法)卢梭:《论人与人之间不平等的起因和基础》, 李平沤译, 北京: 商务印书馆, 2007年]

Rousseau, Jean-Jacques, *The Social Contract and Other Later Political Writings*, trans. Victor Gourevitch (Cambridge: Cambridge University Press, 1997); 引文标注为卷数和页码。[(法)卢梭:《社会契约论》, 李平沤译, 北京: 商务印书馆, 2011年]

Sophocles, *Antigone*, trans. Elizabeth Wyckoff (Chicago: University of Chicago Press, 1954) 引文标注为行数。[(古希腊)索福克勒斯,《安提戈涅》, 载《罗念生全集·第二卷: 埃斯库罗斯悲剧三种、索福克勒斯悲剧四种》, 罗念生译, 上海: 上海人民出版社, 2007年]

Tocqueville, Alexis de, *Democracy in America*, trans. Harvey C. Mansfield and Delba Winthrop (Chicago: University of Chicago Press, 2000); 引文标注为卷数、部分数、章数, 方括号中为页码。[(法)托克维尔:《论美国的民主》, 董果良译, 北京: 商务印书馆, 1988年]

第1章

为什么是政治哲学？

按惯例，我得在一开始谈谈这门课的主题。这么做也许是本末倒置，因为在研习政治哲学之前，你怎么能说政治哲学是什么呢？不管怎样，我会尽量说点有用的东西。

就某种意义来说，政治哲学只是政治科学的一个分支或"子领域"。它与政治探究的其他领域平行，例如美国政府、比较政治学和国际关系。但是另一方面，政治哲学**是**政治科学最古老、最基础的部分。政治哲学是最古老意义上的政治科学，或者说，政治哲学就是古典的政治科学。政治哲学旨在澄清各种塑造了政治探究的基本问题、基础概念与范畴。在此意义上，与其说它是政治科学的一个分支，不如说它是这门学科的根本和基石。

今天，研习政治哲学常常从研习该学科的伟大著作入手。政治哲学是所有社会科学当中最古老的学科，它比经济学、心理学、社会学更加古老，并以拥有众多巨擘而自豪：从柏拉图、亚里士多德，一直到马基雅维利、霍布斯，再到黑格尔、托克维尔、尼采、汉娜·阿伦特（Hannah Arendt）、列奥·施特劳斯（Leo Strauss）。了解"什么是政治哲学"的最佳途径，不过就是研习那些被公认为政治哲学宗师的人的作品与思想。最好的研习之道，难道不就是小心谨慎地阅读它们吗？

这种途径并非毫无危险，我可以举几个例子：是什么使一本书或一位思想家称得上伟大？谁说了算？为什么偏偏要研习这些思想家，而非别的一些人呢？任何一份开列了所谓伟大的思想家或文本的书单，不也很可能是主观的吗？而且，这种书单所排除的不也可能比它所收入的能教给我们更多东西吗？此外，对昔日经典和伟大思想家的研习很容易堕落成迂腐和好古癖。或许，我们会觉得自己很容易受一长串伟大的名字所裹挟，最终放弃为自己而思考。研习这些常常是**十分古老的书籍**，难道不会冒着忽视我们今天所面临的问题的危险吗？对于这个有着全球化、恐怖主义和种族冲突的世界，亚里士多德和霍布斯能告诉我们什么？在过去的几个世纪里，政治科学难道没有一点儿进步吗？毕竟，经济学家不再阅读亚当·斯密，心理学家也不读弗洛伊德了。那么，为什么政治科学就应该继续研习亚里士多德和卢梭？这些都是很严肃的问题，我会尽量回答。

政治科学家们普遍持有这样一种看法：政治研究就像自然科学，也是一个不断进步的领域。就像粒子物理学家没必要研究物理学史，政治科学的史前时期也随着当今政治科学的成熟而不再需要。人们常说，实验主义和行为主义的社会科学所使用的方法与技术，命中注定会带来这样一个结局：亚里士多德、马基雅维利或卢梭的作品中那些古老的也是不成熟的思考将被人遗忘。要是我们还在研究这些思想家，那也只不过更像是一位馆长或档案管理员，仅仅是对这些东西对现代社会科学知识的共同大厦还有什么贡献感兴趣。

政治科学的这种进步主义或科学主义的范式，常常与另一类人结合起来，即历史主义者或相对主义者。根据这种观点，一切政治思想都是其时间、地点与处境的产物。我们不应当指望，为15世纪佛罗伦萨、17世纪英格兰和18世纪巴黎的人所写的东西，能够为21世纪的美国读者提供任何教益。一切思想都受到其时间和地点的限制，尝试从过去的作者或文本中提炼出永恒智慧是错误的。这个信念为今天许多人所持有，但它简直是在自我反驳。如果一切思想都受制于其时间和地点，那么这条真理也适用于其自身。然而，所谓的相对主义或历史主义坚称，只有这句话是真的，只有这句话是永恒有效的，与此同时却宣布其他一切思想都属于各自的历史处境。我们无需成为一位高深的逻辑学家，就知道相对主义甚至单就自身来说都是不融贯的。

历史主义者的解读方式否认，存在着将柏拉图和亚里士多德与马基雅维利、霍布斯、卢梭及其后来者的著述联结起来的唯一传统。他们轻蔑地将这种念头斥为"编造神话"。在追求更高的历史准确度的名义下，历史主义所导致的结果就是：刻意将伟大的著作变得褊狭，将它们完全限制在其时其地的背景和利害关系之中。历史主义者的论题通常会认为，观念只不过是各种"合理化"（rationalizations）或"意识形态"，它们表达的是先前存在的不同的社会利害关系。然而，事实是观念自身就有一种因果力量（causal power）：观念不仅会带来结果，其结果还时常远远超出它们当下的背景和处境。像在英格兰的一系列条件中发展起来的约翰·洛克的宪政理论，在被移植到别处之后常常还能焕发生机，典型例子就是北美大陆。20世纪的历史带有共产主义、法西斯主义和民主的意识形态交锋，这就证明观念的力量能塑造世界。讽刺的是，恰恰在阐明一种纯然经济学式的历史理论的局限性上，没有人比经济学家约翰·梅纳德·凯恩斯更加权威。凯恩斯写道："经济学家和政治哲学家的观念，正确也好，错误也罢，都比通常认为的要强大得多。的确，世界几乎就是由它们统治着的。实践者认为他们能相当程度上免于任何知识的影响，却常常是某些已故经济学家的奴隶。那些凭空听取灵感的掌权狂徒，其狂妄则常常是从几年前尚存学界的某个不入流学者的思想中提炼而成。"[1]

---

[1] John Maynard Keynes, *The General Theory of Employment, Interest, and Money* (New York: Harcourt, Brace and World, 1964), 383.［(英) 约翰·梅纳德·凯恩斯：《就业、利息和货币通论》(重译本)，高鸿业译，397页，有改动，北京：商务印书馆，1999年］

政治哲学研究，并不简单地是某种历史附属品，隶属于作为主干的政治科学；它也不是在履行某种看守或管理的职能，保存过往时代的伟大荣耀，就像自然历史博物馆里保存的木乃伊那样。政治哲学是对政治生活最根本、最棘手和最经久不息的问题的研究。这种问题的数量绝非无限，或许还相当少。政治哲学研究总是围绕着这样一些问题，例如："为什么我应该遵守法律？""何谓公民？公民应当得到怎样的教育？""谁是立法者？""自由与权威之间有着怎样的关系？""政治与神学之间应当有着怎样的关系？"或许还有其他一些这样的问题。

我们即将阅读的思想家们为我们准备了基本的框架，即基本的概念与范畴，借此我们才能着手思考政治。对于那些在他们的轨道里工作的人而言，正是他们提供的分析方式，使这些较为晚近、也较为次要的思想者的工作得以可能。我们一直在追问柏拉图、马基雅维利和霍布斯提出的关于法律、权威、正义与自由的问题，尽管我们并不总是以同样的方式回答这些问题。我们或许不会通盘接受他们的答案，但他们总是以一种无与伦比的清晰和洞察力提出问题。这些问题并没有简单地消失不见，而是构成了政治研究的核心问题。事实上，现在还有人自称亚里士多德主义者、托马斯主义者、洛克主义者、康德主义者、马克思主义者和海德格尔主义者。他们的学说绝对没有遭到驳倒或取代，没有像已经失效或不受信赖的科学理论或宇宙论那样被扔进历史的垃圾堆。在我们身边，这些学说依然大量存在，它们始终是我们最基本的立场和态度的重要组成部分。

你很快就会发现一件事实：政治哲学研究中没有永恒的答案，只有永恒的问题。在正义、权利、自由以及权威的适当范围等最根本的问题上，伟大思想家的答案也常常有着深刻的不一致。与常识（popular wisdom）不同，一切伟大的心灵显然并**不**一定有相似的思想。但是，这样也有好处。伟大思想家之间的不一致，使我们能够走进他们的对话：首先是倾听，思考他们的差异，然后为自己作出判断。我承认我不是个伟大的思想家，但我还得补充一句，你在耶鲁或其他大学碰到的某些教授也绝对不是。那些自诩为哲学家的人，实际上大多数只不过是哲学教授罢了。差别何在？

真正的哲人凤毛麟角，一个人一生能碰到一个实属万幸，有可能一个世纪才出现一位。但这就是哲学与其他学科的不同之处。一个人可以是个平庸的历史学家或化学家，但他仍然能发挥相当有效的作用。但是，一个平庸的哲人这种说法本身就是自相矛盾。一个平庸的哲人根本就不是哲人。然而，不是伟大思想家的我们至少还能努力成为称职的学者。相比于被训练得小心谨慎、有板有眼的学者，伟大的哲人无所畏惧，用《星际迷航》的话来讲，他们"勇敢地航向前人未至的宇宙洪荒"。学者始终依赖伟大思想家们的著作，无法达到这些人难以企及的高度。学者之所以可能，就在于倾听伟大思想家们的对话，并对他们的差异保持敏感。与过去的伟大思想家相比，我至少还有一样优势。亚里士多德和霍布斯过去都是伟大的思想家，但他们如今早已不在人世。你们像我一样，也具有这种优势，那就是"我还活着"。

但是，我们应该从哪儿进入这场对话，应该从哪些问题或思想家入手？我们应该从哪儿开始？与所有事业一样，从最初的地方起步总是最好的。政治哲学所特有的主题就是政治行动。一切行动的目标，要么是保守（preservation），要么就是变革。当我们追求变革时，为的是让某种事物变得更好；当我们追求保守时，为的是避免某种事物变得更坏。即使选择不作为，袖手旁观也是一种行动。由此可见，一切行动都预设了某种对于更好和更坏的判断。然而，如果不是我们对善好（good）多多少少有所思虑，我们就不可能对更好和更坏做出思考。我们做出行动，目的是发扬某种关于善好的理念或意见；因而，我们做出政治行动，目的就是发扬某种关于政治的善好或公共善好（common good）的理念。政治哲人们称为"公共善好"的东西，隐藏在各式各样的名号之下，有时是"美好社会"或"正义社会"，有时就是简单的一句"最佳政制"。在政治生活的一切问题中，最古老也最基础的问题就是：什么是最佳政制？

"政制"（regime）是一个古老的概念，但这个术语相当常见。即便在今天，我们也经常听到关于塑造政制或变革政制之类的事情，但到底什么是政制？有多少种政制？它们是如何定义的？是什么使它团结一致，又是什么使它分崩离析？存在着一种最佳政制吗？这个术语可追溯到柏拉图，甚至在他之前。事实上，我们所知的柏拉图《理想国》(Republic)，实际上是对希腊词politeia的翻译，它的本义是宪法或政制。但是，最重要的是亚里士多德使政制成为政治研究的核心主题。广义地说，政制指的是一种政府形式，要么是由一人、少数或者多数人统治，要么就是上述三种统治要素的某种混合或结合。首先，政制是通过下面这些东西而得到界定的：人民如何受到治理，公共职务是如何分配的（根据选举、出生、财产还是突出的个人品质），以及个人的权利和责任是由什么构成的。政制首先关涉的是政府形式。政治世界并不呈现出一种无限的多样性，而是被组织和归类为几种基本政制类型：君主制、贵族制、民主制、僭主制。这是政治科学最重要的命题之一。

但是，一种政制不仅仅是一套形式化的政治体系。它包含着整个生活方式：道德和宗教实践、习惯、风俗和情感，而正是这些东西使一个民族成其所是。政制构成了一种亚里士多德所说的"习俗"（ethos），即一种与众不同的特质，它滋养出与众不同的人的类型。每种政制都塑造了一种独一无二的人性特质，与之相伴的是独特的人性特点与才能。因此，研究政制，部分就是研究那些与众不同的特质类型，它们构成了不同的公民。因此，托克维尔在《论美国的民主》中研究美国政制时，首先研究的是宪法中列举的那些正式的政治制度，例如分权、州政府和联邦政府的权威划分等等，但接着，他就把目光放在那些非正式的实践上，例如美国人的礼节和道德、我们对于建立小规模公民结社的爱好、我们的物质主义和躁动不安，以及我们捍卫民主的独特方式。所有这些都促进了民主制的建立。就这一点而言，政制刻画出一个社会的特质或格调，刻画出一个社会认为最值得称赞的东西，以及它所尊崇的东西。

这种观点会导致一个必然结果。政制始终是一种个别的东西。它与其他类型的政制处在一种相互对立的关系之中。结果，冲突、紧张和战争的可能性就深深存在于政治的这种构造当中。政制必然都带有党派性。它们逐渐向人灌输特定的忠诚和激情，就像一个人对纽约洋基队或波士顿红袜队、耶鲁或哈佛的偏袒一样。这些带有激情性质的归属，不仅发生在不同政制之间，甚至也发生在政制内部：不同的党派、团体和小圈子各有其忠心和归属，竞逐权力、荣誉和利益，而此三者正是人类行动的最大动机。如今，国内外很多人都希望，我们也许能完全克服政制政治的基本结构，按照全球正义的标准和国际法来规划我们的世界。这种希望可能吗？不能完全排除这样的可能，但是，那样一个由国际法庭、法官和审判庭所管辖的世界，将不再是一个政治的世界。政治只有在政制的结构中才是可能的。

这就引起了更进一步的问题：政制是如何被建立起来的？是什么导致了政制的产生和延续？对于托克维尔这样的思想家而言，政制植根于人类历史的深层结构之中，它经历了漫长的世纪，决定了我们的政治制度和我们思考它们的方式。但是，柏拉图、马基雅维利、卢梭等另外一些人相信，通过伟大的政治家或者所谓"建国者"深思熟虑的行动，政制能够以一种自觉的方式被建立起来。这些政治家是人民和制度的塑造者，就像我们会想到华盛顿、杰弗逊和亚当斯，马基雅维利提到的是罗慕路斯、摩西和居鲁士。汉密尔顿在《联邦党人文集》第一篇文章的开头，就以最为强劲的笔触提出了这个问题。汉密尔顿写道："经常有人指出，似乎有下述问题要留待这个国家的人民，通过他们的行为和例子来解决：人类社会是否真正能够通过深思熟虑和自由选择来建立一个良好的政府，还是他们永远注定要靠机遇和强力来决定他们的政府组织。"[1]汉密尔顿没

---

[1] Alexander Hamilton, *The Federalist Papers*, ed. Clinton Rossiter (New York: Signet, 1961), 33. 〔〔美〕汉密尔顿、杰伊、麦迪逊：《联邦党人文集》，程逢如、在汉、舒逊译，3页，北京：商务印书馆，2011年〕

有给出答案，但他显然相信，政制的奠立可以是一项出于深思熟虑的政治技艺（statecraft）的行动。

  政制可以通过出于深思熟虑的政治技艺的行动而被奠立，这个观念又引起了另一个与政制相关的问题：谁是政治家（statesman）？就其最古老的意义而言，政治科学是关于政治技艺的科学。它的受众是那些负责为城邦这艘航船掌舵的政治家，或潜在的政治家。一个好的政治家必须具备什么样的品质？政治技艺与其他活动之间有着怎样的区别？是不是像柏拉图所声称的那样，一个好的政治家必须是一个精通数学和形而上学的哲学家？还是追随亚里士多德的主张，即政治家才干（statesmanship）纯粹是一种实践能力，需要的是以深思熟虑和经验为基础的判断？是不是像马基雅维利所言，伟大的领袖都必须具有一点点残忍，并且愿意做出非道德的行动？究竟是追随卢梭的主张，即立法者必须有能力真正改变人性自然，还是与霍布斯和洛克一道，相信主权者就是一个像调停人或裁判那样的匿名权威？就"建立和维持国家必须具有什么样的品质"这一问题，我们的所有文本——《理想国》《政治学》《君主论》《社会契约论》以及其他著作——都给出了不同的观点。

  政治哲学的实践维度，同样体现在所有这些作者身上。他们都不是象牙塔里的学者或大学教授，超然于真实的政治世界之外。柏拉图进行过三次漫长而危险的西西里之行，为的是向西西里的僭主进谏；众所周知，亚里士多德是亚历山大大帝的老师；马基雅维利为他的祖国佛罗伦萨的外事活动耗费了多年心血，并且是作为一个向美第奇家族进谏的人而从事写作；霍布斯是一个贵族家庭的教师，他们在英国内战中追随英王以致遭到放逐；洛克与沙夫茨伯里圈子关系紧密，他们也因密谋反对另一位英王而遭到放逐；卢梭没有什么官方的政治关系，但他自己的署名是"日内瓦公民"，并且受邀撰写了波兰和科西嘉的宪法；托克维尔是法国国民议会的一员，他对美国民主的经验深深地影响了他看待欧洲未来的方式。伟大的政治哲人总是投身于他们时代的政治，并且为我们思考自己时代的政治提供了榜样。

对政制的研究或显或隐地会引起一个超越于任何既定或现存的社会界线之外的问题。一种政制构建了一国人民的生活方式，以及使得我们值得为之而生、或许也值得为之而死的东西。尽管我们最熟悉的是我们自己的民主政制，对政治哲学的研习却向我们表明了各式各样的政制的存在，它们各有其与众不同的要求和原则，互相竞争，彼此间有着一种潜在的冲突。在这些嘈嘈杂音的深处，总有着这样一个问题：在各种政制当中，谁是最佳政制？哪一种政制有权利，或者应该有权利要求获得我们的忠心和理性的同意？最佳政制的问题总是指引着政治哲学。

但是，何谓最佳政制？最佳政制是否像古人相信的那样，是一种由少数佼佼者依循习俗而统治的贵族共和；还是如现代人的信念，是一个原则上仅仅由于所有人是这个社会的成员，因而政治职务就要对所有人开放的民主共和？最佳政制将会是一个世世代代不懈追求人性完善的小型封闭社会吗？还是说，最佳政制将是一个拥抱全人类的庞大的国际社会和一个普世性的国际联盟，其中每个国家都是由自由、平等的男男女女所构成的？无论最佳政制采取何种形式，它总是必然会偏爱一类具有特殊品质特点的特殊类型的人。这种类型的人，究竟是民主制中的普通民众，还是贵族制中拥有品位与财富的战士，或者甚至是神权政制中的教士？没有比这更加基本的问题了。

最终，这会引起最佳政制和现存政制之间的关系问题。最佳政制在政治科学中发挥着什么样的作用，此时此地它又如何指引我们的行动？这个问题在亚里士多德所谓"好人与好公民"的区分中得到了最著名的表述。对好公民而言，爱国主义就足够了，支持和捍卫你自己国家的法律既是必要也是充分的，原因很简单：它们是你自己的东西。这样一种公民德性的观念会遇到一个明显的反驳，即一种政制的好公民并不就是另一种政制的好公民。当代伊朗的好公民与当代美国的好公民肯定是不一样的。

但是，好公民不等于好人。尽管好公民是相对于他或她的政制（可以说是特殊的政制）而言的，好人却无论在何处都是好的。好人只喜爱好的东西，不是因为它是自己的，而是因为它**是**好的。亚伯拉罕·林肯曾经这样评价亨利·克雷（Henry Clay）："他热爱他的国家，倒**不完全**因为它是他自己的国家，而**主要**因为它是一个自由的国家。"[1]至少在林肯的叙述中，克雷展现了某种哲人的品质。他所爱的是一种理念，自由的理念；这一理念不单单是美国的，而是一切良善社会的所有物。看起来，好人似乎是一位哲人，他只有在最佳政制下才会真正觉得自在。但我们知道，最佳政制缺乏现实性。因此，最佳政制包含了一种至高的悖论：它超越了所有的现存政制，但它缺乏具体的实存。这就使哲人很难成为任何现存政制的好公民，哲人永远不会真正感到自在，永远不会对任何政制真正保持忠诚，除了最佳政制。

最佳政制和任何现存政制之间的张力，便是使政治哲学成为可能的空间。在最佳政制里，政治哲学将变得毫无必要，成为多余之物：政治哲学将走向消亡。卡尔·马克思有一个著名的信念，他认为在共产主义理想社会当中，哲学不再必要，想必是因为社会最终将变得对所有生活于其中的人透明可见。与此类似，我们并不清楚在柏拉图所梦想的"美好城邦"（*kallipolis*）里，一旦哲人为王和王成为哲人，哲学还会有什么样的作用。在那样的世界里，哲学不再履行其批判性作用，而是仅仅描述事物原本的样子。你可能会问，这有什么不好的呢？仅仅为了使政治哲学成为可能，就要接受一直存在的社会不义，这个代价似乎太高了。政治哲学存在于也只能存在于"是"与"应当"、事实与理想之间的不确定区域。哲学的先决条件就是一个不完美的社会，一个需要解释也必然需要政治批判的世界。这就是为什么哲学潜在地始终是一项不安的事业。你们里面那些

---

[1] Abraham Lincoln, "Eulogy on Henry Clay", in *The Writings of Abraham Lincoln*, ed. Steven B. Smith（New Haven: Yale University Press, 2012), 48.

开始追寻关于最佳政制的知识的人,或许再也不能回到从前的样子。也许,你们最终会有完全不同于昔日的忠心与归属。对此,一些起码的补偿还是有的。古希腊人为这种追寻,为这种要认识最佳政制的渴望赋予了一个美好的词语。他们称之为 *eros*,"爱"。哲学曾经被理解为一种爱欲的行动。研习政治哲学,或许就是对这种爱欲的最高礼赞。

第 2 章

安提戈涅与冲突的政治

冲突（conflict）的问题，包括冲突是什么、引起冲突的原因是什么、怎样控制和遏制住它，这些都是政治生活中最古老的问题。美国最伟大的政治科学家詹姆士·麦迪逊写道："但如果政府本身不是人的本性（human nature）的所有映像中最大的映像，那它又是什么呢？如果人人都是天使，就不需要任何政府了。"[①]

麦迪逊想说的是，如果合作和同意对于我们是自然而然的，那我们就不需要利用法律、国家和政治组织的手段来强行营造秩序了。我们的自然处境充满了竞争、嫉妒、歧见与冲突，我们将看到托马斯·霍布斯在他的著作里有力地重申这一论点。

我们生活在一个满是根深蒂固的冲突的世界中，这项洞见可以追溯到古希腊。那些所谓的前苏格拉底哲人们认为，人类世界，乃至作为整全的宇宙，都充斥着持续不断的流变。秩序与稳定大多是脆弱而不确定的人造

[①] James Madison, *The Federalist Papers*, ed. Clinton Rossiter (New York: Signet, 1961), 322. [（英）汉密尔顿、杰伊、麦迪逊：《联邦党人文集》，程逢如、在汉、舒逊译，264页，有改动，北京：商务印书馆，2011年]

物，为的是抑制那些威胁人类事物的无所不在的混沌。在前苏格拉底哲人当中，一位名叫赫拉克利特的人最接近于这项洞见，即万物流变。面对混沌和生命之脆弱性的深刻意义，古希腊悲剧家们发出了格外深远的声音。

对索福克勒斯而言，各种根本价值（fundamental values）和生活方式之间的冲突根植于人性自然（human nature）的结构之中。在柏拉图的《理想国》、卢梭的《社会契约论》或者马克思的无阶级社会里，冲突已经绝迹，但像那样的世界是完全不可想象的。生而为人，就意味着在一个受必然性所撕扯的冲突的世界中生活，就意味着要在各种互相冲突的目标和阵营中作出艰难的、甚至是危险的抉择。各种善好相互竞争，用今天的话说就是它们之间有着不可通约性；唯有意识到不可化解的冲突在它们之间扮演的角色，我们才能切入索福克勒斯《安提戈涅》的核心。

根据某些人的看法，《安提戈涅》是古代悲剧中最伟大的典范。然而，我们关心的倒不是《安提戈涅》在戏剧经典中的地位，而是它所揭示的政治生活的本性。《安提戈涅》是一部关于冲突及其在政治中的作用的戏剧。进而，这部戏剧触及了几个不同层次的冲突：家庭（oikos）与城邦（polis）之间，男人与女人之间，自然与习俗之间的冲突。

另外，这部戏剧也研究了政治生活中理性所扮演的角色。是否像克瑞翁相信的那样，具有创造性的人的理性或话语（logos）足以治理公共生活，也足以征服自然的世界？还是说，人的实践理性必须让位于超越于理性之外的亲属义务和宗教义务的未成文法？《安提戈涅》或许是第一部诉诸某种高于人定法或实证法（449-460）的高级法（higher law）的著作。与伟大的哲人一样，索福克勒斯关心人类理性的本性、限度和力量，以及它在人事中的作用。他既是哲人，也是剧作家。[1]

---

[1] 这一点可见 Peter Ahrensdorf, *Greek Tragedy and Political Philosophy: Rationalism and Religion in Sophocles' Three Theban Plays*（New York: Cambridge University Press, 2009）；其他有用的著作，可见 Bernard Knox, *The Heroic Temper: Studies in Sophoclean Tragedy*（Berkeley: University of California Press, 1964）；Seth Benardete, "A Reading of Sophocles' *Antigone*," *Interpretation* 4（1975）:（接下页）

《安提戈涅》处理的是政治生活中最古老和最持久的冲突。人的理性与对祖先的虔敬、城邦与诸神之间的张力，被20世纪伟大的政治哲人列奥·施特劳斯称为"神学—政治困境"[①]。这个难题要应对的是一个最大的也是最重要的问题：权威的终极来源是什么。权威究竟是源于城邦及其委命的统治者呢，还是从上帝或诸神及其委命的祭司或阐释者中流传下来的呢？今天，这个难题不断冲击着政治的核心，对此，我们的"教会与国家分离"的现代观念算是一种回应，但也仅仅是一种回应而已。

这种神学—政治困境的最高级表达，可以通过下述冲突揭示出来，用隐喻的说法就是耶路撒冷与雅典之争，信仰之城与哲学之城的冲突。对耶路撒冷来说，敬畏上帝是人类最深的经验，而对雅典来说，对知识的好奇和对自己理性的某种信心唤醒了人类最高的可能性。谁是对的？我们或许会承认，任何解决这一问题的尝试说到底都是一种信仰的行为。如果是这样，我们不就已经决定支持耶路撒冷了吗？但是，有可能我们不知道答案，所以很想听听各方的主张。当谈到我们想要首先倾听、然后判断的时候，我们不也就已经决定支持雅典了吗？无论何者，这个难题都是西方的核心。尽管对这一问题的反思在中世纪伟大的政治哲人迈蒙尼德、阿尔法拉比和托马斯·阿奎那那里达到了顶点，它最初的或许也是最令人印象深刻的表述却在古希腊悲剧作家和哲人那里，他们为了解决宗教虔敬和理性限度的问题而不懈努力。

《安提戈涅》剧情比较简单。安提戈涅，俄狄浦斯的女儿，违逆国王克瑞翁的口谕，埋葬了她的兄长波吕尼刻斯，这个人是忒拜的叛徒。安

（接上页）148-96; 5（1975）1-55, 148-84; Arlene Saxonhouse, "From Tragedy to Hierarchy and Back Again: Women in Greek Political Thought," *American Political Science Review* 80（1986）: 403-18; Warren J. Lane and Anne M. Lane, "The Politics of *Antigone*," in *Greek Tragedy and Political Theory*, ed. J. Peter Euben（Berkeley: University of California Press, 1986）, 162-182。

① Leo Strauss, "Preface to Spinoza's Critique of Religion," in *Liberalism Ancient and Modern*（New York: Basic Books, 1968）, 224.［（美）列奥·施特劳斯：《斯宾诺莎的宗教批判》"英译本前言"，李永晶译，1页，北京：华夏出版社，2013年］

提戈涅不遵从克瑞翁的命令，凭的是神圣的祖传法律，它关乎具有血缘和亲缘纽带的家庭。与此相对，因为安提戈涅的抗命，克瑞翁判处活埋安提戈涅以示惩戒。但在命令实施之前，安提戈涅自杀了，然后是克瑞翁的儿子哈蒙，他因反抗父亲的残忍而自杀。最终，克瑞翁的夫人在得知儿子死讯后也一道自尽。

在这个世界里，家庭和血缘关系的要求有着那么强有力的形式，对此今天的读者是很难想象的。"对我们来说，血缘关系的要求不是很强，"古典学家伯纳德·诺克斯（Bernard Knox）写道，"我们没有关于家庭与城邦之争的鲜活的历史（fresh history）。"[①]毋宁说，当代读者需要试着想象这样一个世界：在这个世界里，家庭义务象征着"忠诚"的原型和绝对形式。有一个例子，就是《教父Ⅱ》结尾的闪回场景：迈克告诉他的兄弟们，他在珍珠港事件之后就加入了海军陆战队。他的兄长桑尼相当恼怒，嚷嚷说他没有权利去为任何不属于这个家族的人卖命（"什么？你去了大学就变蠢了吗？"）。在这个场景的结尾，我们看到所有家族成员团聚在族长的生日庆典中，但迈克孑然一身。他在想什么？或许他在反思自己作为柯里昂家族的一员与作为一名美国人之间的张力。哪一种纽带具有更强的吸引力：血缘和家族，还是国家认同？这种冲突，索福克勒斯肯定早就理解到了。

理解《安提戈涅》的世界还有着更进一步的障碍。当我们今天阅读这部戏剧时，我们更倾向于认为它表达的是个体与城邦权力之间的冲突。在过去这个世纪里，这部戏剧经常就是以这种方式上演的。有一些现代的改编剧本将克瑞翁刻画为一个法西斯独裁者，凭借政治权力镇压一切异见与个人的自由表达。这种解读方式肯定不是索福克勒斯的本意。

还有另一种更晚近的取向，认为《安提戈涅》是一部刻画了克瑞翁和安提戈涅之间的冲突的女权主义剧作，这种冲突表现了女性反抗父权

---

① Knox, *The Heroic Temper*, 84.

制压迫的斗争。这部剧的确有一个很重要的维度，即通过全剧中使用的男性和女性的原型，来表现特定的原初冲突。然而，这种解读运用了当代女性主义理论的道德主义棱镜，另一种解读则是运用了简单的二元论视角，认为这是一个有血有肉的个人被献祭给极权主义国家祭坛的故事，两种解读都同样可疑。

这种将《安提戈涅》还原成善恶的道德范畴的想法，不能公正地看待索福克勒斯所理解的悲剧冲突的真正本质。安提戈涅与克瑞翁的交锋可不仅仅是善与恶之间的简单较量。这场较量发生在两套各自有效却相互斗争着的社会道德之间，双方都具有同等的约束力。《安提戈涅》中那种至今也能触动我们的力量，不在于它设置了对错之争，而是因为它设置了两套道德正当（morally justified）的要求之间的冲突。这种冲突处于两种互相竞争的道德规范之间，悲剧的本质就在于此。

迄今为止对这一观点的最佳阐释，是黑格尔在《宗教哲学讲演录》里对古希腊悲剧的论述。请允许我引用一段原文：

> 在悲剧的绝对典范《安提戈涅》中，对两种最高的伦理力量的冲突，有详尽的描述。就此说来，家庭的爱、神圣者、属情感范畴的内在者，因而也被理解为诸神的法律，与城邦的法发生冲突。克瑞翁并不理亏。他坚持城邦的法律和政府的权威必须得到尊重，如有违犯，则受惩罚。双方都只是使一种伦理力量得到实现，并且只能以一种伦理力量为其内容。这就是它们的片面性。因此，永恒正义的意义就展现为：双方都包含了不正义，因为它们都是片面的，但双方同样也包含了正义。①

---

① G. W. F. Hegel, *Lectures on the Philosophy of Religion*, trans. E. B. Speirs and J. B. Sanderson (London: Routledge and Kegan Paul, 1962), II: 264-265. [（德）黑格尔：《宗教哲学讲演录》，魏庆征译，548页，引文有改动，北京：社会科学文献出版社，1999年]

这段话很费解，但黑格尔的要旨不难理解。安提戈涅和克瑞翁的立场代表的是相互冲突的道德视角。否则，如果只是简单的一对一错的话，情况就不会是悲剧性的了。如果克瑞翁只是一个暴君，那他就配不上安提戈涅的挑战，他的失败也不会呈现为一种悲剧性的场面。相反，我们可以说，克瑞翁代表了公共的法律权威的声音。克瑞翁不仅仅是一个暴君。相反，他是政治体和公共生活及其要求的喉舌，要求凌驾于一切影响公共行为的事物之上。在此，克瑞翁是公共秩序与法律规范的代言人：他的心只献给公众的安全和幸福（well-being）。对克瑞翁而言，城邦的福祉就是最高的伦理义务。

当我们仔细考察克瑞翁所使用的道德概念时，这一点就表现得愈发明显，例如他用好与坏、高贵与卑劣来为他的行为辩护。克瑞翁在第一段发言中表明，敌人与朋友这对范畴是根据它们对城邦的有用性而得到区分的（162-210）。好的事物就是促进公共幸福的东西，而坏的事物就是损害城邦福祉的东西。做好人（*agathon*）这样的品质，与个人对城邦的价值是分不开的。因此，给叛徒波吕尼刻斯一个光荣的葬礼，就是将同等的好处给了好的事物与坏的事物。对克瑞翁而言，城邦及其规范要高于家庭和亲缘的自然纽带。城邦甚至可以被看做一个大家庭，它只把荣誉给予尊敬它的人。克瑞翁说："在我的政令之下，坏人不会比正直的人更受人尊敬，但是任何一个对城邦怀好意的人，不论生前死后，都同样受到我的尊敬。"（207-210）

因此，对克瑞翁而言，城邦及其人定的正义规则就代表了事物的最高秩序。这种立场的基础是一种更加深刻的信念：在治理人事上，单靠理性的工具就足够了。克瑞翁的一个著名比喻，就是理性"使事情或正或直"（setting things right or straight）这一意象。在他第一段演说中，他使用了这个意象三次（163，167，190）；第三次时，他认为城邦"保证我们安全，稳直航行"，因为"只有那样，我们才可能结交朋友"。

人的理性不仅能为我们的安全和福祉创造公共规范，克瑞翁还称赞它是技术统治的源头,能够利用和控制自然,并使它服务于人的意图。在此,某种理性主义的人文主义构成了克瑞翁先前观念的基础;它也回响于前面部分合唱队对人的赞美当中,赞美作为理性动物的人拥有无与伦比的巧手和智谋。想想下面这段著名的合唱歌:

> 奇异的事物虽然多,却没有一件比人更奇异;他要在狂暴的南风下渡过灰色的海,在汹涌的波浪间冒险航行;那不朽不倦的大地,最高的女神,他要去搅扰,用马的女儿耕地,犁头年年来回的犁土……
>
> 他学会了怎样运用语言和像风一般快的思想,怎样养成社会生活的习性,怎样在不利于露宿的时候躲避霜箭和雨箭;什么事他都有办法,对未来的事也样样有办法,甚至难以医治的疾病他都能设法避免,只是无法免于死亡。
>
> 在技巧方面他有发明才能,想不到那样高明,这才能有时候使他遭厄运,有时候使他遇好运。(332-368)

这段著名的颂歌印证了一种面对政治与自然世界的道德态度,这种态度就处在克瑞翁的视域中心。冒着犯下极端的时代错误的危险,我们不妨将其称为启蒙的态度:它认为,世界在根本上服从于人的技艺或人工性(artfulness)。基于这种观念,城邦以及法律和正义的规范都是人的创造,也是我们掌控这个敌对而漠然的环境的关键手段。任何对这种秩序的偏离都有着返回原初的自然混沌状态的危险。我们还会在笛卡尔、霍布斯与其他启蒙运动的伟大拥护者们的著作中,看到同一个观点的不同表述。①

早在普罗泰戈拉和其他希腊智术师的著作中,启蒙的人文主义立场就获得了强有力的表述。有一句话人尽皆知:"人是万物的尺度。"这句名

---

① 参见 Martin Heidegger, *An Introduction to Metaphysics*, trans. Ralph Manheim (New Haven: Yale University Press, 1959), 146-165。[(德) 马丁·海德格尔:《形而上学导论》,熊伟、王庆节译,北京:商务印书馆,2010年]

言表达了这样一种观点：我们人类的理性能力，就是我们力图借以主宰和控制自然的标准。唯当我们能够掌握理性之时，我们才能真正成为自己命运的主人。一言以蔽之，我们能够自我决定。合唱歌的基础就是这么一种态度，它是近代启蒙运动关于进步的教义，即通过自觉运用理性的技艺与筹划而取得对自然的完全控制，保障我们自己的创造力、自治性和自主决定。

站在这种启蒙人文主义观念对立面的，就是安提戈涅。她是家庭和家庭世界的代言人。注意，不论在这里还是在整部剧中，安提戈涅从未将自己视为一个表达个体道德准则，并且受不宽容的公共权威所威胁的个体。当她援引"不成文律条"（459-460）时，某些人认为这不过是在无力地模仿后来人文主义内在良心的理想受到保守的城邦规范所威胁的情形。这种对安提戈涅的看法是错误的。

安提戈涅并没有把自己视为一个个体。首先的也是最重要的一点在于，她是一个女儿，一个妹妹，一个家庭的成员，她对她死去的兄长负有特殊的伦理义务。她存在的核心就是家庭，以及个人对家庭的义务。你甚至可以说，安提戈涅是一个保守的人：她相信，道德的核心就奠立在核心家庭之中。她为捍卫家庭的优先性和神圣性，反抗克瑞翁的理性主义创新而献身。

安提戈涅的道德不仅与家庭的纽带相关，家庭与宗教之间的联系也是她的道德经验的核心。家庭（household）就是诸神的自然的家。在此探讨宗教在古希腊城邦中扮演的角色并不适宜，但要注意，宗教在当时仅仅被理解成一件家庭之事。这一点在19世纪法国古典学家和人类学家福斯泰尔·德·库朗热《古代城邦》一书中得到了出色的阐释，他强调了家庭与宗教之间的联系。库朗热写道："将古代家庭的各个成员联系起来的，是一种比出生、情感、体力更大的力量，那就是关于家火和先人的宗教。这种宗教将家庭，将生者与后代联为一体……可以肯定地说，宗教虽没有创立家庭，但它确实赋予家庭以原则；由此可知，古代的家庭组织，与基于自然情感而组织起来的家庭之间有多大的不同。"①

尽管你可以从许多现代解释者那里轻易获得"古希腊城邦是一种世俗民主"的印象，但库朗热看到，当今很少有人能发现：古希腊城邦并非世俗民主，而是一种宗教、法律和政府不可分离的共同体，在此"宗教无论对私人生活还是公共生活都产生了绝对至上的影响"。库朗热说："国家在那里是一宗教性团体，君主则是教主，执政官是祭司，法律是神的表达；在那里，爱国主义是虔敬，流放即是被开除教籍；在那里，并没有什么个人自由可言，个人的灵魂、身体和财富都属于国家；在那里，关于法律与义务、正义与情感的各种观念都被限制于城邦之内；在那里，人类结社必然被限制在环绕神庙的特定范围内，所以不存在建立更大社会的可能性。"②

城邦之为神学—政治建制，这种观念与安提戈涅的看法完全一致。她认为，她的行动并非受命于某种理性的人定法，而是某种高级法的命令，她承认对这种高级法的来源一无所知（449-460）。她诉诸的东西超越于人的活动或制造，表明她站在强调人类理性的创造性力量的克瑞翁之反面。安提戈涅的世界不是公共理性的势力范围，而是自然、崇拜和神秘的私人世界。克瑞翁这位公共人物所不能理解的，恰恰就是这个世界。克瑞翁为了颂扬城邦的公民纽带，否定了亲缘和家庭的纽带。但是，安提戈涅的观点同样具有排斥性。她否认公共法律的权力高于对家庭的各种义务。她的立场是前政治的，甚至是低于政治的。

尽管克瑞翁只会根据个人对公共生活的贡献来评价个人，安提戈涅却认为血缘和亲缘的事实是更根本的，因为它们更加自然。她的观念以这样一种看法作为基础：家庭是道德归属更加深刻的来源，因为它比城邦

---

① Numa Denis Fustel de Coulanges, *The Ancient City* (Baltimore: Johns Hopkins University Press, 1980), 34. [（法）库朗热：《古代城邦——古希腊罗马祭祀、权利和政制研究》，谭立铸等译，32页，引文有改动，上海：华东师范大学出版社，2005年]

② Fustel de Coulange, *The Ancient City*, 381. [同上，360页，引文有改动]

更加古老，因为它一直存在；家庭的存在无需城邦，但城邦的存在不能没有家庭。进一步讲，城邦只是作为意志行动的发明物而存在，而家庭凭借自然，凭借高级法而存在。

《安提戈涅》所描绘的冲突，超越了城邦和家庭这两种社会建制之间的冲突，并且突出了二者所表达的潜在的性别差异。正如索福克勒斯描绘的那样，克瑞翁所代表的城邦展现出男人的德性：理性、秩序、自治、自主。家庭展现了女人的德性：虔敬、遵从、保守、尊敬祖先。这部剧揭示了神定法的权威，与需要自主灵活性和实践判断力的人类政治家才干之间的张力。简要地说，这部戏剧的要旨就是：如果人们努力要活在自己制定的法律之下，而不承认统治万物的神圣秩序或宇宙正义的意义，悲剧就会发生。

与一切伟大的悲剧家一样，索福克勒斯是一个文化保守主义者。他试图表明，人类的悲惨是因为我们企图将自己的理性设计强加于世界之上，并因此否定了自然、家庭和宗教对我们的要求。这部悲剧意在阐明人类理性的限度。

但是，如果说克瑞翁象征着男性及其支配和纠正事物的本能，安提戈涅就象征着一种对一切创造和变革的否定。她的世界是家庭的世界，这个世界象征的是生育、成长和死亡的自然循环。我们最好把她对家庭的态度理解为一种虔敬，虔敬在这里意味着对神圣或祖传事物秩序的遵从。因为，这种事物的秩序由诸神所立，它绝不允许受到批判性质疑。对家庭世界的虔敬，就是一种对祖传或传统生活方式的不加质疑的遵从，或者屈服。

所以，这部戏剧摆明了两种完全对立的立场，实际上它们陷入僵局。还有别的出路吗？直到剧终，克瑞翁才幡然悔悟，"一个人最好是一生遵守古老传统的法律"（1113）。如果这是真话，那他似乎也开始接受安提戈涅的立场，虽然太迟了。这部剧的结局是要为安提戈涅辩护。或许，这是要与古希腊悲剧的标准视角保持一致，即认为悲剧的处境是由过分的骄傲（hubris）所导致的。放到这里来看，克瑞翁不惜以损害高级法为代价，也要掌控自然和家庭。但我认为，这样的解释对索福克勒斯的戏剧并不公正。

索福克勒斯努力揭示出一种内在的张力，一端是某种智术师所主张的"人是万物的尺度"的纯粹的理性政治，另一端则是在理性力有未逮的事物面前保持宗教敬畏和虔敬的态度。索福克勒斯的《安提戈涅》讲的是人的理性的限度。理性天生就具有某种衡平与还原的倾向：它是一种信念，相信理性就是评价和判断各种善好之间的冲突的手段，而且是唯一手段；它是一种观念，认为相互竞争的善好之间的一切冲突必定都有某种理性的解决办法，或有着某种高于一切的善好，一切较为次要的目标都从属于它。悲剧家并不是非理性主义者，他们并不为理性的限度而欢庆。相反，理性具有将事物的多样性还原成某种潜在的统一性与秩序的倾向，他们从中看到了深刻的危险。这种不单是追求，更是强加统一性的倾向，正是僭政的预兆。说到底，对理性的批判就是一种政治批判。在追求化多为一，化多样性为某种潜在的统一性的过程中，我们终将扭曲事物本来的意义。一种只建立在理性基础之上的政治学，将成为一种漠视差异的政治学：漠视男人和女人的自然差异，漠视家庭与城邦的差异，漠视公共生活与私人生活的差异。在追求一种单一的、普适的标准来"使事情变直"的过程中，我们不可避免地会忽视经验的复杂性。悲剧的作用，就是要表现和揭示出深藏于理性所臆想的潜能与创造力背后的危险。

第3章

苏格拉底与经过省察的生活

柏拉图是一位雅典人,大约生于公元前427或428年。在雅典与斯巴达那场著名的伯罗奔尼撒战争将近结束的最后几年里,他还只是个年轻人。柏拉图的出生与伟大的雅典政治家伯里克利的逝世大概是在同一年。因此,他恰好生活在雅典的所谓"黄金时代"的尽头。在他十几或二十几岁,大概也就是大学本科生的年纪,他结识了苏格拉底。柏拉图出身于雅典名门,他肯定也像柏拉图对话所描绘的许许多多年轻人一样,对苏格拉底这位非凡的老师心醉神迷。苏格拉底在公元前399年逝世,此时柏拉图已年近三十。[1]

之后,柏拉图建立了一座多少像是第一所大学的机构,取名为"学

---

[1] 关于苏格拉底受审的有用资料,参见 I. F. Stone, *The Trial of Socrates* (New York: Little, Brown, 1988); Thomas C. Brickhouse and Nicholas D. Smith, *Socrates on Trial* (Princeton: Princeton University Press, 1989); Mogens Herman Hansen, *The Trial of Socrates from the Athenian Point of View* (Copenhagen: Royal Danish Academy of Sciences and Letters, 1995); Joseph Cropsey, *Plato's World: Man's Place in the Cosmos* (Chicago: University of Chicago Press, 1995); Arlene Saxonhouse, *Free Speech and Democracy in Ancient Athens* (Cambridge: Cambridge University Press, 2006); Robin Waterfield, *Why Socrates Died: Dispelling the Myths* (New York: W. W. Norton, 2009)。

园"（Academy）。人们从整个希腊和地中海地区涌来，在这里学习，其中一个来自希腊北部的年轻人就是亚里士多德（之后我们会谈到他的更多事情）。后来，柏拉图三次踏上前往西西里的漫长而危险的旅途，为的是向两位都名叫狄奥尼索斯的西西里僭主进谏，结果一败涂地。在此之后，柏拉图脱离政治；我们猜，他是专心投身于写作、教学和管理学园之中。大约八十岁时，他在雅典逝世。

柏拉图是一位多产的作家。他写了三十五部作品，全是采用对话体形式。这些作品的篇幅从几页到几百页不等。你们当中如果有谁对柏拉图产生了巨大的热情（我指的不是一种仅仅是短暂的喜欢，而是能发展成终生兴趣的热情），我就会认为这门课取得了巨大的成功。

就我所知，柏拉图的《苏格拉底的申辩》*是政治哲学最好的导论，理由有二：第一，它展示了号称是"政治哲学奠基者"的苏格拉底在由他同时代人组成的陪审团面前，为自己和自己的生活方式所作的剖白。这是唯一一部表现了苏格拉底在公共论坛上为了哲学对于政治生活的社会效用而进行辩护的柏拉图对话；第二，《申辩》也解释了当政治哲学与城邦发生关系时，政治哲学（也是真正的自由思想）自身所存在的弱点。对苏格拉底而言，哲学可不只是一门学科的名字，就像今人所理解的那样。相反，它是自由探索的生活，是对真理的积极追寻。《申辩》所要审判的不仅是苏格拉底一个人，也包括这种哲学理念。自诞生之初，哲学与城邦之间就有一种紧张关系。苏格拉底受到雅典城邦的审判，是因为败坏青年和对众神不虔敬，也就是谋反。我想不起来还有什么作品比它更能帮助我们思索这种冲突，而这种不可避免的冲突就发生在精神生活的要求和政治生活的需要之间。

对好几代人而言，苏格拉底的审判突出体现为一个侵犯自由言论的象征，是一个致力于过"经过省察的生活"的个人对阵一群心怀偏见的

---

* 下文简称《申辩》。——译注

顽固大众的事件。在19世纪约翰·斯图亚特·密尔著名的小册子《论自由》中，我们能找到这种解读最清晰的陈述："几乎不用太过频繁地向人类提起这件事：从前有个人叫苏格拉底，他和那时候的法律权威之间发生了一场难忘的冲突。"①苏格拉底被一再描述为"言论自由的烈士"。在不同的时代，他被比作耶稣、伽利略、托马斯·摩尔爵士，还被视为从亨利·大卫·梭罗到甘地再到马丁·路德·金以来思想家和政治行动者的榜样。

将《申辩》解读为替言论自由所作的辩护，以及对检查制度与迫害的危险所作的警告，这种解读方式影响巨大，但是，这难道就是柏拉图想要的吗？注意，苏格拉底从没有援引不受约束的自由言论这样的学说来为自己辩护。相反，他坚称只有"经过省察的生活"才是值得人过的。只有那些为了澄清自己思考，根除一切导致混淆和不融贯的根源而不懈奋斗的人，才称得上是过着自由的和值得一过的生活。苏格拉底自信地说："一个未经省察的生活是不值得人过的生活。"（38a）别的东西都不重要。苏格拉底似乎对自我完善有着某种高度个人化和私人性的追求，而不是什么有关自由表达的价值的学说。

但是，《申辩》中也有某种深刻的政治性的东西。苏格拉底与他的指控者们的争论中心是这样一个问题，或许这在争论中没有直接表达出来：谁有权利教育雅典城邦未来的公民和政治家？苏格拉底的辩护词，如同每篇柏拉图对话一样，最终都是关于教育和谁有权利教育下一代政治领袖的对话。最终，这是一场围绕着一切政治问题中最古老问题的争论："谁统治？"，或者最好是说，"谁应当统治？"。记住：将苏格拉底带上审判席的不是随便哪个城邦，而恰恰是一类特殊的城邦——雅典。直到晚近，雅典曾享有的民主制都是世界上最著名的。苏格拉底在雅典陪审团前的演说，是柏拉图要审判民主本身的尝试。《申辩》不仅仅是迫使苏格拉底在雅典城邦前为他自己和他的生活方式辩护，也是苏格拉底要审判雅典

---

① John Stuart Mill, *On Liberty*, ed. David Spitz（New York: W. W. Norton, 1975），24.［（英）约翰·密尔:《论自由》，许宝骙译，28页，引文有改动，北京:商务印书馆，2007年］

城邦,让它在哲学的最高法庭面前为自己辩护。《申辩》中接踵而至的辩论,可以被解读为一场围绕着"民众"(demos)还是哲人王苏格拉底应被授予最高的政治权威的角逐。

政治背景

　　苏格拉底的审判发生在公元前399年,你们也许知道,这场审判紧随在著名的伯罗奔尼撒战争结束之后。雅典历史学家修昔底德是一位比苏格拉底稍年长的伟大的同时代人,他讲述了关于这场战争的故事。这是一场发生在古希腊世界中两个最伟大的势力之间的战争,也就是斯巴达和雅典。投入到这场战争中的雅典正值鼎盛时期。在它的第一公民伯里克利的领导下,雅典修筑了著名的卫城,打造了一支强大而令人畏惧的海军势力,扩张了它的帝国,并创造了一种前所未有的艺术生活和文化生活。此外,雅典还是古代世界中某种完全前所未有的事物:它是一个民主国家。伯里克利对听众们发表演说时自夸道:"我们的宪法没有照搬任何毗邻城邦的法律,相反地,我们的宪法却成为其他城邦模仿的范例。"[①]

　　就算在今天,"雅典式民主"这个说法也传递出一种关于迄今形式最为完整的民主政府的理想。伯里克利继续说道:"我们在政治生活中享有自由,我们的日常生活也是如此。"雅典人没有怀着嫉妒地监视自己的同胞,而是活在一种前所未有的开放性中:"我们的城市对全世界是开放的,我们从未通过排外条例,以防止外人有机会探访或观察,尽管敌人的耳目时而从我们的自由开放中捞取好处。"[②]伯里克利坚称,雅典是"希腊

[①] Thucydides, *The Peloponnesian War*, Crawley translation (New York: Modern Library, 1982), II.37. [(古希腊) 修昔底德:《伯罗奔尼撒战争史》,徐松岩译注,150页,上海:上海人民出版社,2011年]

[②] Thucydides, *Peloponnesian War*, II.39. [同上,151页]

的学校"。他说："我们热爱高贵典雅的东西，但是没有因此而至于柔弱。我们把财富当做是可以利用的东西，而不是当做可以夸耀的东西。真正的耻辱不是贫穷这一事实本身，而是不与贫穷作斗争。我们的公职人员，在关注政治事务的同时，还关注自己的私人事务；我们的普通公民，虽长年累月地忙于劳作，但是仍可以对国家大事作出公平的裁断。因为我们雅典人和任何其他民族不一样，我们认为一个不关心公共事务的人不是一个没有野心的人，而是一个无用之人。"①

　　长久以来，无数人都提过这个问题：为什么这个世界上最自由最开放的社会，却会处死一个自由地谈论自己的无知，并且宣称除了德性和人的卓越之外什么都不关心的人？

　　伯罗奔尼撒战争爆发时，苏格拉底大约四十岁。而且，我们从《申辩》中得知他已经结束了军队服役。这场战争持续了近三十年，并于公元前404年以雅典战败和亲斯巴达的寡头政府的建立（即著名的"三十僭主"）画上句号。在卷入这个僭主政府的人当中，有苏格拉底从前的同伴克里提亚和柏拉图的舅舅卡尔弥德（他们的名字也被用作柏拉图两篇对话的标题）。据亚里士多德说，一千五百人被三十僭主处决，更多的同情民主的人也遭到流放。②公元前401年，寡头政府被赶走，雅典重新建立了一个民主政府。仅仅两年后，三个曾参与推翻三十僭主的民主抵抗运动的人，分别叫阿努图斯、莫勒图斯和卢孔，以败坏青年和不信城邦所信的神两项罪名控告了苏格拉底。（24b）

　　三人对苏格拉底的指控并不是无中生有，正如古谚有云：无火不起烟。或许，问题应该换一种表述：不是问为什么雅典人要审判苏格拉底，而是问，为什么长久以来他们都容许苏格拉底从事那些挑战法律和雅典人的

---

① Thucydides, *Peloponnesian War*, II.40.［（古希腊）修昔底德：《伯罗奔尼撒战争史》，徐松岩译注，151页，上海：上海人民出版社，2011年］

② 关于三十僭主的记录，见 Aristotle, *The Athenian Constitution*, XXXV.1–4.［（古希腊）亚里士多德：《雅典政制》，日知、力野译，上海：上海人民出版社，2011年］

权威的活动？除了这个事实之外，在苏格拉底受审的时候，不仅民主制不久前才得以重建，而且苏格拉底的许多朋友和从前的学生都与三十僭主的统治有所牵连。苏格拉底当然也洗不掉嫌疑。他自己曾经就是阿尔喀比亚德的伙伴，而这个人策划了灾难性的西西里远征，最终还背叛雅典，投向了斯巴达，后来又投靠波斯。阿尔喀比亚德是伯里克利之后那代人的雅典政治领袖。在一部名为《会饮篇》的柏拉图对话中，他与苏格拉底的复杂关系通过他的一番醉话而被生动地描绘出来。因此，苏格拉底的审判就处在战败、阴谋和背叛的阴影笼罩之中。接受审判时，苏格拉底七十岁。

两项指控

在苏格拉底的辩护演说伊始，苏格拉底宣称，眼下指控者对他的指控乃是先前一代指控者们发明的，他们应该为制造了针对苏格拉底的不利偏见负责。这些指控都不是新的，而苏格拉底暗示了这样一个事实：陪审团的许多成员都听说过针对他的不利意见。他提到，更早的指控者是一位"喜剧诗人"，这分明是指喜剧作家阿里斯托芬。（18d）

对阿里斯托芬的影射，是苏格拉底在《理想国》里所谓"诗与哲学的古老争论"的一部分，它是柏拉图对话的重要主题。这场争论也是柏拉图《会饮篇》的一个核心主题，阿里斯托芬确实也在那里登场了。这也是《理想国》的一个关键特征，苏格拉底在那里面提出一项提议：如果要让诗歌与正义的城邦保持一致，就要对诗歌实行审查与管控。事实上，除非你理解了《理想国》的诗的背景，以及苏格拉底与诗的传统的长期较量，否则你就不能正确地理解《理想国》。

这场争论的核心不仅是美学的，也是政治的。它切中了问题的本质：谁最适合于教育未来的公民和公共领袖？哲人和诗人，谁才是人类真正的立法者？在苏格拉底的时代，古希腊人已经拥有了长达几个世纪之久的诗的传统，它可以追溯到为公共德性和英雄业绩树立了某种典范的荷马和赫西俄德。荷马和赫西俄德的史诗对希腊世界的意义，就如同圣经对我们（或曾经对我们）的意义一般。在事关诸神之道、诸神与人类世界的关系以及各种专属于战争中的人的德性类型这些问题上，它们就是终极权威。诗的传统所弘扬的德性，就是战士文化和好战者的德性。正是这些品质引导了希腊人许多个世纪，扶助他们升至力量与伟大的巅峰，使他们实现了堪与佛罗伦萨的文艺复兴、伊丽莎白时期的英国和歌德时代的魏玛相媲美的艺术、知识和政治成就。

苏格拉底与这些诗人的争论核心究竟是什么？首先，苏格拉底的教育方式明显不同于诗人。"歌唱吧，女神！歌唱裴琉斯之子阿喀琉斯的愤怒"是《伊利亚特》的开篇诗句。诗人都是神谕者。他们吁请众神以歌唱来启发他们，使他们灵感充盈，再去讲述那些拥有超人力量和勇气的人物的故事。相反，苏格拉底采用的是对话的或"辩证的"方法。苏格拉底提出论证，希望其他人与自己一道去发现何种论证最能经受住理智和论辩的检验。苏格拉底不断进行批判性的追问，而不是讲故事或背诵诗节，这种新的公民教育的本质就在于此。

其次，荷马和诗人们歌颂的是战争中的人的德性。苏格拉底想用一种拥有新的公民德性的新公民，来取代作为战士的公民。苏格拉底式新公民的某些特征或许和从前的荷马式战士相同，但他们会以一种新的口头论战来取代军事作战，而拥有最好论证的人将宣告胜出。著名的"苏格拉底式方法"，就是古老的战斗和竞赛的竞技文化的留存。苏格拉底的公民和政治家要接受辩证法的训练。我们即将看到，苏格拉底究竟会把什么样的品质归于这类新公民。

苏格拉底对自己信念的坚持，构成了对诗的传统的挑战。《申辩》将他表现为一类试图取代旧的诗歌榜样的新英雄。苏格拉底对诗的传统的挑战，为始于阿里斯托芬和先前指控者们的不满提供了关键基础。事实上，苏格拉底受到的对待是那么严肃，以至于阿里斯托芬还写了整整一出名叫《云》的喜剧来揭露和嘲笑苏格拉底有关学习的信念。苏格拉底受到他同时代最伟大的人多么严肃认真的对待，阿里斯托芬的戏剧就是再清晰不过的明证。嘲弄也是一种最为真诚的奉承。

在某些版本里，《云》这部戏剧是与《申辩》收录在一起的。剧中，阿里斯托芬把苏格拉底描述成某种早期"智库"（Phorontisterion，字面意思是"思想所"）的头领，在这里，父亲们让他们的儿子被灌输进苏格拉底式智慧的秘密。在这部剧里，苏格拉底被描绘成坐在舞台上方悬着的一个篮子里，为的是更好地观察云彩，象征了苏格拉底对他的公民同胞们所关心的日常事务漠不关心。苏格拉底被表现得不仅嘲笑众神，还教导称乱伦和殴打父母都是允许的。长话短说，这部剧的结局是一个不满的信徒烧毁了苏格拉底的思想所。

阿里斯托芬对苏格拉底的描绘究竟有多么准确呢？《云》的成稿和首演是在公元前423年，当时苏格拉底是四十多岁。阿里斯托芬的苏格拉底本质上是一个自然哲学家，也就是我们今天的科学家，他研究天上和地下的事物（18b）。但是，这似乎与《申辩》中苏格拉底被指控的两项罪名，即败坏青年和不虔敬相距甚远。为了回应阿里斯托芬的故事，苏格拉底也讲了一个关于他自己的故事，也可以说是他的一份思想自传。这是一个在受审很久以前发生的事件，它使苏格拉底踏上了一条完全不同的崭新道路。他的一个名叫凯瑞丰的朋友（他也出现在《高尔吉亚篇》中）求问德尔菲的神谕：是否有比苏格拉底更聪明的人，而皮提娅*的回答是没有。苏格拉底将其视为一场挑战，他要证明神谕有误。为了证明神谕是错的，他讲述了一场求索，终其一生的求索，为的是找到一个比他更聪明的人。在此期间，他得罪了政客、诗人、手艺人，而这些人据称是有知识的。苏格拉底的对话引导着他去提出问题，无关自然科学现象，

---

* 德尔菲神庙对传达神谕的女祭司的称呼。——译注

而是关于人的问题，也就是：谁能教人关于做人和做公民的德性？（20b）

这就是著名的"苏格拉底转向"，有时也称为苏格拉底的"第二次起航"。它象征着苏格拉底从研究自然现象转向考察人事和政治事务的那个时刻。无论真假，德尔菲的故事都标志了苏格拉底思想传记的主要转折点：从研究自然的基本元素的"前苏格拉底时期的"青年苏格拉底，转向我们更熟悉的柏拉图的苏格拉底。这位苏格拉底是政治科学的奠基者，他追求的是道德生活与政治生活的德性、正义以及最佳政制。关于这场转向，苏格拉底的故事仍然留下了许多未解之谜：为什么他要从研究自然现象转向人事和政治事务的研究？德尔菲神谕被苏格拉底解释成是要求他在哲学对话中与他人竞争。为什么这似乎就是正确的解释？为什么以前他没有开展这样的对话？因败坏青年和不虔敬而受到指控的，正是这位柏拉图的苏格拉底。苏格拉底所犯之罪的本质到底是什么？他败坏了谁，不虔敬又是什么意思？要想解答这些问题，我们还是转向苏格拉底式新公民的本性吧。

苏格拉底式的公民身份

阿努图斯和莫勒图斯对苏格拉底提出的新指控是不虔敬和败坏青年，它们到底是什么意思？何谓不虔敬，为什么它应该被视作一种罪行？对一个古代雅典人而言，不虔敬究竟意味着什么？至少，不虔敬是指对众神的不尊重。不虔敬并不需要暗含无神论的意思，尽管莫勒图斯搞混了这二者，但它确实是对一个社会最深切关心之物的大不敬，甚至是亵渎。今天，人们把焚烧国旗指为"亵渎神圣"之时，他们还是在说不虔敬。莫勒图斯（Meletus）这个名字在古希腊语中的意思是"关心"（care），他是在控告：苏格拉底没有适当地关心他的雅典同胞们所关心的事情。

每个社会都是在信仰或信念之中运作的。我们的建国文献《独立宣言》宣告了一切人生而平等，我们都被赋予了不可转让的权利，以及一切合法政府都是源自被统治者的同意。这些信念塑造了某种像是我们的"国家信条"的东西，即做一个美国人究竟意味着什么。但是，到底是什么使得这些信念是正确的，对此有多少人能给出经得起推敲的解释呢？这些信念是对的吗？我们大多数人在大多数时间里都是将这些东西当作信仰之事，或许因为我们小时候就学到了这些东西，或许因为它们是托马斯·杰弗逊写的。因此，虔敬或信念就是公民的自然条件。无论社会是什么样子，每个社会的统治性原则都需要有这样的信念。

但是，哲学不能仅仅安于信仰。哲学产生于一种以知识取代意见、以正确原则取代信仰的富有激情的欲望，这是一种永不止息和毫不妥协的欲望。对哲学而言，相信某种信念是远远不够的，人们必须能为他的信仰给出理由或论证。这样做的目的，就是要以理性或真理来取代信念或信仰。因此，哲学必然与信念相互冲突，这几乎是自明之理。公民也许会不加怀疑地接受某些信念，因为他或她受制于特定的政治秩序或政制，或是因为我们从小到大一直相信的东西就是如此；另一方面，哲人却试图根据正确的标准，根据无论何时何地都是正确的东西来做出判断。作为对知识的追寻，哲学与信仰之间有着一种必要而不可避免的张力，换个方式来讲，这也就是哲人与城邦之间的张力。

就此而论，苏格拉底的不虔敬有罪吗？从这个角度看来，指控似乎是有正当理由的。苏格拉底不关心他的公民同胞们关心的事物，或者他不以相同的方式关心它们。他向陪审团发表的演说，开篇就是："我整个是这里的言辞方式的门外汉。"（17d）这句陈述说明，他要么不关心，要么就是不满意雅典同胞们的行事方式和关心之事。但是，我们也肯定不能说苏格拉底一点都不关心。他声称自己怀有深切的关心，或许比周围人关心得更深。在这些他深深关心的东西当中，就包括他的呼吁："我在城中转悠，所做的不过就是劝说你们当中的青年和老人，不要这么关心身体或金钱，而是如何能让灵魂变得尽可能最好。"（30b）

苏格拉底告诉陪审团，他对灵魂状态（无论是他自己的还是周围人的）的关注不仅耗尽了他的精力，迫使他无暇照顾自己的家庭，还使得他远离公共生活的事务，从那些与城邦有关的事情转向对私人生活的追求。这是他的原话：

> 就是它*反对我参与政事，而且我认为反对得漂亮。而你们要清楚地知道，雅典的人们，如果我很早以前就试图参与政事，我早就死了，那么我对你们和我自己都会毫无益处。不要因为我说出真话而对我动怒。凡是坦诚地反对你们或别的大众，阻止在城邦里发生很多不义或犯法的事的人，都活不了，而其实，谁若一定要为正义而战，并且想多活一段，他必须私下干，而不是参与政事。（31d–e）

这是一种十分独特的苏格拉底式主张：追求正义就需要人从公共生活转向私人生活。如何理解这种主张？这类崭新而奇特的苏格拉底式公民究竟是什么？

伟大的节制者

苏格拉底极力强调他过着一种私人的生活，严格说来这不是真话。他为德尔菲神谕而从事的考察总是公开进行的。他得罪了政客、诗人和其他公共人物。当苏格拉底宣称他过的是一种纯粹的私人生活时，他的意思是说：他所诉诸的仅仅是他的听众的理性和自我省察的力量。苏格拉底不只是建议别人要对源于传统的权威保持独立，他也要激励起一种堪称对政治生活的"坚守原则的避让"。唯有避免参与城邦共同体的行动，

---

* 指苏格拉底的守护神。——译注

苏格拉底式新公民才能避免卷入不义之中。他的格言看起来就是："只要说不。"①

关于苏格拉底的坚守原则的避让，他向陪审团举了两个例子：第一个例子是他拒绝参与谴责和处死雅典十将军的审判，这些将军没能在某次战斗之后收回战死者们的尸体。此时，他拒绝与集体罪责有任何瓜葛。②

第二，苏格拉底提醒陪审团，他拒绝遵照三十僭主命令去逮捕萨拉米斯的赖翁（Leon of Salamis），他很清楚这个人将不经审判而遭处决。（32c）这两个例子都是真实的历史事件，别的作家对此也有记录，而它们当中任何一个都能要了苏格拉底的命。在这两个事例中，苏格拉底让自己的道义充当了检验是否参与政治生活的试金石。他提醒陪审团："我从不屈服于任何违背正义的人。"（33a）

问题在于，这种对法律的坚守原则的不服从（像是梭罗的公民不服从的榜样），究竟是为他所受到的败坏青年和不虔敬指控作出了辩护，还是对他提起了诉讼？一位公民能把自己的良心置于法律之上吗？由苏格拉底式的公民所组成的共同体会是什么样的？我们能挑选和决定我们要遵守的法律和我们要服从的权威吗？苏格拉底是那么地关心他的道义，以至于他不会让公民大会或法庭的事弄脏自己的手。这种教导人要对政治生活有所避让（甚至是拒斥）的人，究竟是怎样的公民？

苏格拉底努力免除指控的方法，是表明他的避让策略实际上对雅典人具有某种社会效益。在《申辩》中的一个著名段落中，他把自己界定为一只提升城邦质量的牛虻：

---

① 关于苏格拉底之为一个有良心的政治反对者的论述，见 Hannah Arendt, "Philosophy and Politics," *Social Research* 57（1990）: 73-103; Dana Villa, *Socratic Citizenship*（Princeton: Princeton University Press, 2001）; George Kateb, "Socratic Integrity," in *Patriotism and Other Mistakes*（Princeton: Princeton University Press, 2006）, 215-244。

② 苏格拉底讲的是公元前406年发生过的一起真实历史事件，当时的公民大会非法审判了指挥阿吉纽斯战争的将军们；见 Xenophon, *Memorabilia*, trans. Amy L. Bonnette（Ithaca: Cornell University Press, 1994）, I.i.18.［古希腊］色诺芬:《回忆苏格拉底》, 吴永泉译, 北京: 商务印书馆, 2009年］

而现在，雅典的人们，我远不是像常人想象的那样，在为自己申辩，而是为你们申辩，以免你们判了我罪，从而对神给你们的赐予犯了错误。而如果你们杀死我，你们将不容易找到别的这类赐予了，即——打个不恰当的比方——像我这样，受命于神，献身城邦的一个，这城邦就如同一匹巨大而高贵的马，因为大，就很懒，需要一只牛虻来惊醒，在我看来，神就派我到城邦里来当这样的一个，惊醒、劝说、责备你们每一个，我整天不停地在各处安顿你们。（30d-e）

在此，苏格拉底暗示：通过扮演社会批判者的角色，他带来了某种公共的益处。苏格拉底这么做，不是为了自己而是为了公民同胞。他告诉陪审团，你们也许不喜欢我，但我是为你们好。不止如此，苏格拉底还用一种准宗教的语言宣称，在这件事上他别无选择。他是"神的赐予"，只是在遵行自己接受的命令。他说："雅典的人们，我向你们致敬，爱你们，但是我更要听神的话，而不是你们的。只要我还有一口气，能够做，我就根本不能停止爱知。"（29d）

苏格拉底将这种公民理念包裹在宗教性语言里，对此我们应当如何理解？他究竟是认真的，还是又在反讽？毕竟，苏格拉底是因他的生活而遭审判。他难道不会试着用一种能引起陪审团共鸣的宗教性语言，来对他拒绝停止哲学活动作出解释，从而反驳指控吗？苏格拉底把自己描述成"神的赐予"，这里可能是用了反讽的（当然也是挑衅的）言辞。从某种意义上说，还有什么能比这更荒唐呢？

但是，苏格拉底似乎也是在严肃对待他的神圣召唤。只是在凯瑞丰听德尔菲神谕说"没人比苏格拉底更聪明"之后，苏格拉底才开始了"第二次起航"，开始转向道德德性和正义的问题。他反复重申，他走的路不是他自己的选择，而是神圣召唤的结果。恰恰是因为他献身于神，才使他忽视了尘世事务和自己家庭的幸福，还遭到直接针对他的侮辱和偏见。苏格拉底把自己表现为一种具有无人可比的虔敬与奉献精神的人：他甘冒生命危险，而没有辞去神赋予他的使命。

我们能相信苏格拉底吗？他真诚吗？他声称自己践行的这种非同一般的虔敬究竟是什么？陪审团只是裁决和要求他停止公开的哲学活动，苏格拉底对此作出回应，他通过下面一番话来为自己解释："要在这方面说服你们中那些人，是最难的。因为，如果我说那是不遵从神的，因此我不能保持沉默，你们不会被说服，好像我在出言讥讽。如果我又说，每天谈论德性，谈论别的你们听我说的事——听我对自己和别的人的省察，听我说，一个未经省察的生活是不值得人过的生活——这对人而言恰恰是最大的好，你们就更不可能被我说服了。"（37e-38a）

在此，苏格拉底意识到他进退维谷。一方面，听众会把他提到的神圣使命当作反讽；另一方面，他意识到用合乎理性的理由来说服人们只有经过省察的生活才值得人过，这是极端困难的。那么，苏格拉底式公民要做的是什么呢？

应该宽容苏格拉底吗？

《申辩》提出的问题就是：对于那些可能接近于"公民的不虔敬"的言论来说，言论自由能够或者应该得到多大程度的宽容？多年以来，柏拉图的读者都有一个假定，认为应该有一种思想和讨论的完全自由，而且柏拉图提出了最清晰的论证，以反对任何扼杀或阻碍自由探究的企图。但真的是这样吗？这就是柏拉图的教导吗？

《申辩》表现了哲人最不妥协的一面，也就是激进的批判者或质疑者。苏格拉底不是要求在雅典政治体当中进行什么小修小补，而是要求雅典的公民生活发生一场猛烈的，甚至是革命性的剧变。苏格拉底告诉他的公民同胞们，他们的生活"不值得人过"。即使摆在他面前的选择是让他停止一直以来的批判活动，苏格拉底也予以拒绝，理由是他要遵循神圣命令的要求行事，别无选择。柏拉图究竟是要我们将苏格拉底视为一个面对死亡还能坚持自己信仰的有原则的人呢，还是一个不接受社会基本的法律与价值，既不能也不应该得到社会宽容的革命煽动家呢？我们会说，两者都是对的。

《克力同》给出了这个问题的答案，它是《申辩》的姊妹篇。这篇对话所受的关注远不及《申辩》，我怀疑，部分原因就在于它展现了城邦对苏格拉底提起的诉讼。如果说《申辩》展现了哲人对城邦的诉讼，《克力同》就展现了城邦对哲人的诉讼。这篇对话中，苏格拉底制造了一个针对他自己的诉讼，这可比《申辩》中他的指控者们所做的要优秀得多。苏格拉底与法律的谈话，就构成了《克力同》的中心行动，它展现了莫勒图斯和阿努图斯本应该对苏格拉底提出的反对意见。《申辩》贬低政治生活，说它必须和不正义沆瀣一气，《克力同》却要为支撑着城邦的法律的尊严和权威作出说明；《申辩》捍卫一种对政治事务的坚守原则的避让立场，《克力同》却给出了一项有关义务与守法的最完整、最具深远影响的事例。

两篇对话不仅内容不同，戏剧背景也是不同的。不妨想想下列事实：《申辩》是苏格拉底向超过500人（其中大部分人还是无名氏）的听众发表的演讲，《克力同》则是苏格拉底和一个人的对谈；《申辩》发生于雅典法庭这个最公开的场景里，《克力同》则是在一个幽闭的监狱；《申辩》表现的是，苏格拉底辩称他和他的生活方式的确是对城邦有好处的"神的赐予"，但在《克力同》里，我们看到他向他先前拒斥的法律权威低下了头颅；最后，如果说《申辩》把苏格拉底刻画成第一位为哲学捐躯的殉道者，《克力同》却表明，苏格拉底的审判与受罚是正义得到伸张的一个范例。这些矛盾显然迫使我们不得不追问：柏拉图到底在干什么。柏拉图展示了两个如此尖锐对立的观点，用意何在？

《克力同》是以苏格拉底的一个朋友和门徒的名字来命名的，对话一开始，他就像一个警惕的守卫一样坐着。克力同催促苏格拉底允许让他协助出逃，狱卒已被收买，逃跑十分容易。但苏格拉底没有直接让克力同认错，而是展开了一场对话（这其实是一篇包含在更大的对话中的小对话），一场他自己与雅典法律进行的对话；在这场对话里，苏格拉底对逃跑提起诉讼。(50a-d) 论证大致如下：若没有规则，任何城邦都无法存在；可以说，首要的规则就是公民还没有自由到能完全无视这些规则，没有自由到能选择遵守或不遵守哪些规则；任何形式的公民不服从都不是在质疑某一条具体的规则，而是在质疑法律的本性；质疑或不遵从法律，就等于是摧毁了国家的权威。违反一条法律甚至就能构成无政府状态的本质。

但苏格拉底走得更远。公民应该将自己的存在归功于法律。法律"生养"了公民，使他或她得以存在。(50d-e) 我们是共同体的一分子，只要共同体塑造了我们，法律就对我们具有父亲或监护人一样的权威。我们应该对法律表示的这份敬畏或虔敬，也正是我们应该对最古老事物、祖先和建国者表示的。苏格拉底似乎全盘接受了法律的权威。他没有给出支持不服从和异议的论据，就像《申辩》的做法一样。宣扬公民不服从的使徒苏格拉底到哪里去了？他接受了每个公民与法律立下的协议，它将苏格拉底束缚在无条件服从之上。问题是，为什么苏格拉底在《申辩》里那么自豪地表现出对法律的不服从和独立性，而在《克力同》中又对法律采取那么彻底的默许态度，甚至显得像胆小鬼一样？

对于这个矛盾，柏拉图可能会作出这样的回应：《申辩》与《克力同》象征着一种张力（实际上是冲突），它存在于两种永恒而不可调和的道德准则之间。苏格拉底所代表的一方认为，理智，即独立自主的个人理智是最高的权威。正是由于哲人依赖自己的理智，他才能从国家的危险权威中得到解放，并且保护自己不会卷入已是政治生活必要部分的不正义和邪恶之中。另一种道德准则是通过《克力同》中法律的言辞而表达出来的，在此，具有强制性的是共同体的法律或习俗（nomos），也就是共同体最古老、最深刻的风俗和制度。一种立场认为，哲学生活，经过省察的生活，才是最值得人过的生活；另一种立场认为，政治生活，参与议政、立法、战争与和平事务的公民生活，才是一个人的最高天职。它们构成了两种根本不可调和的选项，两种不同的天职。任何试图调和或综合两者的努力，都只会导致对双方的不公正对待。柏拉图的意思似乎是说，为了过上最严肃和最值得人过的生活，我们每个人必须在两种立场中作出非此即彼的选择。

然而，或许这并不是柏拉图的终极定论。毕竟，为什么苏格拉底选择了留下来饮鸩而死？为什么不让克力同帮助越狱，去克里特这个能让他安度晚年的地方，而这恰恰是我们看到他在柏拉图的《法篇》里所做的事情。苏格拉底对克力同给出的那些拒绝逃跑的理由，就是他以雅典城法律的口吻说出的那些理由，这是他真正的理由吗？还是说，因为他的朋友显然对无力帮助苏格拉底而感到负有责任，苏格拉底为了安慰他，所以才编造出这么一个谎话？

苏格拉底拒绝克力同的帮助，从而又一次证明了他比雅典法律更加优越。第一次是蔑视城邦对他的死刑判决，第二次是在临死之际，表明自己对死亡漠不关心。苏格拉底为自己保留了一种法律，同时又为克力同和像他那样的人示范了一种对城邦法律的理性而高贵的服从。苏格拉底之死不是一个悲剧，绝对不是。苏格拉底在70岁时迎来死亡，并且有意使之成为一场哲学殉难的行动，这将使未来的哲学能被人们赞许地视为勇气和正义的源泉。柏拉图在一封书信里提到，他努力要将苏格拉底刻画得"年轻而美丽"，他有意美化苏格拉底，将他展现为一个不畏死亡、拒绝参与任何不正义行为，并将智慧授予任何愿意倾听的人。我们不认识"真实的"苏格拉底，我们能够据以判断的一切，都不过是柏拉图和阿里斯托芬的描绘。柏拉图的苏格拉底与被阿里斯托芬描述为智术师的苏格拉底必然有着天渊之别，后者是要让弱的论证变强。从最广泛的意义上讲，柏拉图的所有对话都是对阿里斯托芬的指控所作出的回应。

苏格拉底与我们

今天，我们还能从苏格拉底的审判当中学到什么？我们大多数人会发现，自己打心眼儿里站在反抗城邦的苏格拉底那一边。我们会接受柏拉图所描绘的苏格拉底，一位被不宽容的无知大众判处死刑的正义之士。同样，我们会谴责雅典人没有做到充分的民主。我们也会忽视大量我们不愿面对的事实，即苏格拉底对民主的敌意：他声称他的公民同胞们的生活不值得人过，还声称他的生活方式是一位其他人从没见识过的神明命令的。这些东西看似不会产生什么影响，但事实并非如此。

面对苏格拉底的主张，我们不妨问问自己：一个负责任的公民应该做什么？一种回答可能是说，要更加宽容那些像苏格拉底这样的公民的异议分子，以及持有异端信念，但其观点或许能激励其他人为自己而去质疑和思考的个人。但是，这就是对苏格拉底的公正评价吗？柏拉图唯一没有论证的就是"苏格拉底应该受到宽容"。雅典人对苏格拉底报以严肃的对待，这才是他受审的原因。雅典人拒绝宽容苏格拉底，因为他们知道他不是无害的。苏格拉底发起了一场挑战，一场根本性的挑战，针对的就是他们觉得神圣而有价值的生活方式。苏格拉底不是无害的，因为他拥有吸引追随者的能力，今天几个，明天更多。宽容苏格拉底，就意味着告诉他：我们对自己的生活方式关心得太少，我们希望让你每天都来挑战它、指责它。

苏格拉底的审判迫使我们去思索宽容的限度。如果有的话，什么样的观点是我们认为不可容忍的？一个健全社会就是一个对所有观点都自由开放的社会吗？无可否认，言论自由是值得珍爱的善好，但它是不是胜过其他一切善好的最高善好？还是说，宽容达到一定程度后就不再是宽容，而是变成一种温和的虚无主义；这种虚无主义能将自由完全扩展到一切事物上，恰是因为它对待任何事情都不再严肃？这难道真的是宽容，还是说只不过是某种渐渐厌倦了追求真理和判断的正确标准的堕落呢？

这里就存在着一种危险:无限的宽容将滋长理智的消极被动性,以及对一切观点(无论肮脏、卑劣还是疯狂的)不加批判的接受。

这就给我们留下一个难题:《申辩》和《克力同》究竟是在讲迫害和不宽容的危险呢,还是在讲宽容的限度?一个健全的社会究竟会赦免苏格拉底,还是说就这样处死他,"伸张正义"?柏拉图故意留下了这些没有解决的难题。为什么?因为他希望我们能为自己好好思考这些问题。我自己的看法是,雅典人对苏格拉底的做法并非不义。不止如此,他们给了苏格拉底他真正想要的东西,也就是为自己的信念而死,并且作了第一个哲学殉道者的机会。

整个哲学传统都笼罩在苏格拉底审判所投下的漫长阴影之中。它提出了苏格拉底之后每一位哲人都不得不面对的问题:一方是要追寻真理与最佳政制,另一方是要忠诚于那些不完美社会(我们就在其中生活和行动)的法律与规则,如何应付这两者之间的困境?哲学与社会之间的张力是一个生活中永远存在的事实,也是哲学自身的一个先决条件。古代社会不承认"爱知"是我们固有的权利,即使在现代,绝对的自由研究权利也是例外而非常规。为此之故,几乎各地的哲人都发展了一套免于迫害的逃避和隐瞒策略。从对思想和观点的彻底镇压,到形式更加温和的回避和社会排斥,都是这种迫害的范围所及。想想看,即使是在今天,表达所谓"政治不正确"的观点,其结果也会是人们试图孤立和羞辱冒犯者。

从柏拉图开始,哲人们就发展出各种掩饰、逃避和隐瞒的策略,为的是保护他们真正的观点不受公众谴责和可能的迫害。为了免遭苏格拉底的命运,哲人们开始传播两种教导:一种是**公开的**,这是为他们的大部分听众而准备的;另一种是**私下的**,这是为其他哲人和学习哲学的人而准备的。这种双重策略(也渐渐出现了"双重真理"的说法),是一种免受迫害的手段,也是显示公共责任感的手段,为的是表明哲学也能成为值得信赖的社会的助手。无论哪个时代,隐微的策略一直都得到应用,尤其是在审查和迫害的年代。在这样的年代,哲学就遭受了源自不宽容的危险，尽管无论何时哲学的教导都与社会秩序的需要不合。直到理想与现实的鸿沟不复存在之前，苏格拉底的审判对于哲学的未来始终都是一个现实教训。

第4章

柏拉图论正义与人的善好

一切都源自《理想国》这本书。其他的哲学著作都是对《理想国》的某种回应，从亚里士多德的《政治学》，一直到当代约翰·罗尔斯的《正义论》。关于《理想国》，我们必须注意到的最首要也是最显而易见的事实就是，这是一本很厚的书。它不是柏拉图最厚的著作，但也够厚的了。读过一遍，这部书的意义还不会被揭示出来，或许读十次也不行；除非你们带着适当的问题，以正确的方式探讨这部著作。那么，我们必须追问：《理想国》讲的是什么？[1]

---

[1] 研究柏拉图和《理想国》的著作质量参差不齐，但令我受益最多的著作包括 Leo Strauss, "On Plato's *Republic*," in *The City and Man* (Chicago: University of Chicago Press, 1964), 50–138; Danielle S. Allen, *Why Plato Wrote* (Malden, MA: Wiley-Blackwell, 2010); Seth Benardete, *Socrates' Second Sailing*: *On Plato's "Republic"* (Chicago: University of Chicago Press, 1989); Eva Brann, *The Music of the Republic*: *Essays on Socrates's Conversations and Plato's Writings* (Philadelphia: Paul Dry Books, 2004); G. R. F. Ferrari, *City and Soul in Plato's "Republic"* (Chicago: University of Chicago Press, 2005); Iris Murdoch, *The Fire and the Sun*: *Why Plato Banished the Poets* (Oxford: Oxford University Press, 1977); Stanley Rosen, *Plato's "Republic"*: *A Study* (New Haven: Yale University Press, 2005); Bernard Williams, "The Analogy of City and Soul in Plato's Republic," in *Exegesis and Argument*: *Studies in Greek Philosophy Presented to Gregory Vlastos*, ed. E. N. Lee, A. P. D. Mourelatos, and R. M. Rorty (Assen: Van Gorcum, 1973), 196–206。

这个问题几乎从一开始就区分出《理想国》的不同的读者。这本书是不是像它的副标题所言，是一本关于正义的书？还是说，这是一本关于道德心理学以及人类灵魂的正当秩序的书？这是一本关于诗歌和神话的力量的书吗？还是说，它讲的是形而上学，以及存在的终极体系？《理想国》涉及了上述全部，还包括其他一些东西。但至少在最开始，我们应该停留在表面上。《理想国》的"表面"就在于：这本书是一部对话录，是一场交谈。我们不应该像探讨论文一样，而是要像探讨文学作品一样来对待这本书。就范围而言，它和某些文学经典很像，例如《哈姆雷特》、《堂吉诃德》以及《战争与和平》。作为一部对话，它希望我们参与其中。它邀请我们在这场通宵达旦的对话中成为一名积极的参与者，而不是一个被动的旁观者。或许，探讨《理想国》的最佳方式就是大声朗读，就像你对着自己或和朋友一起大声朗读一出戏剧那样。

柏拉图所展示的理想国是一个"乌托邦"，这个词是很久以后由托马斯·莫尔爵士生造的。柏拉图曾经是一个极端主义者。他展现出一种关于城邦的极致想象。这本书的指导线索就是城邦部分和灵魂部分之间的对应。城邦的不和谐与灵魂的不和谐被视为最大的恶。《理想国》的目标就是以某种正义观念为基础，建立起一种和谐的城邦，这种正义观念使个人和社会都能变得和谐。最佳城邦必然致力于造就最好或最高的个人类型。柏拉图对这一问题的著名答案是：任何城邦都不可能免于党派冲突，除非王成为哲人，或哲人成为王。（473d）

围绕着《理想国》而展开的许多争论，最终都落在"哲人王"理念之上。柏拉图是否有意要使它成为一项严肃的政治改革提案，抑或，它其实象征着对政治激进主义的讽刺？[1] 幸运的是，柏拉图对这个难题给出了一部分解答。在他晚年的时候，大约是在苏格拉底受审和柏拉图失败的叙拉

---

[1] 有一种看法认为应该把《理想国》当成一部讽刺文学作品来阅读，相关论证见 Allan Bloom, "Interpretive Essay" in Plato, *Republic* (New York: Basic Books, 1968), 409-411。

古之旅的50年后，柏拉图写了一封信，花了相当长的篇幅描述他对政治的幻灭感，而且回到他多年前就已形成的哲人王的理念上去。以下是柏拉图在著名的《第七封信》中所说的话：

> 当我还是一个年轻人的时候，我有过与其他许多青年一样的抱负：我希望一旦成年便可以立即参加公共生活。当时的公共局势正好发生变化，给了我这样的机会。那时广招反对的政府被推翻；一个由五十一人组成的新政府被建立起来了……它取得了绝对大权。其中有些人碰巧是我的亲戚和熟识，他们马上就来邀请我与他们一道，加入这个看似正确的事业中去。我对他们的态度也没什么可奇怪的，因为当时我还年轻。我相信他们会引导城邦走出长久以来不正义的生活，将她奠立在正道之上，所以我观察他们，迫不及待地要看看他们会做些什么。然而，就在我观察他们所作所为的这一段短暂日子里，这帮人就使得先前的民主制看起来像是黄金时代一般。
>
> 随着年龄的增长，我越是思考所有发生过的事情，思考在政治事务中表现活跃的都是什么样的人，思考我们的法律与习俗的现状，我就愈发懂得，正确管理城邦事务是一件多么困难的事情。因为我发现，若是没有朋友和忠诚的支持者，什么事都办不成；而要在身边找到这样的人实乃幸事，因为我们的城邦已经不依照父辈们的习俗和惯例行事了，而要培育出新的又实非易事。再说，我们的成文法律和习俗正以惊人的速度败坏着，以至于虽然我起初曾对公共生活充满热诚，但当我目睹这些变化，看到一切事物都变得多么不稳固之后，结果变成我陷入了深深的迷惑……最后，我终于得出了结论：所有现存的城邦都治理得不好，它们的法律状况实际上已经病入膏肓，除非出现奇迹般的补救疗法，而且要有幸运相助；另外我不得不说，我要赞扬真正的哲学：只有站在她的高度，我们才有可能辨识出正义的本性究竟是什么，无论是城邦的正义还是个人的正义；除非真

诚的和真正的爱智者获得政治权力，或者出于某种神迹，我们城邦的统治者学到了真正的哲学，否则人类的疾患绝不会得到根除。①

这段自传为《理想国》提供了一种导论。其中，柏拉图本人说了他看待政治的方式，以及他为自己的政治哲学所提出的理据。但是，如果说老年柏拉图是带着某种对革新前景的完全绝望与幻灭感而回首往昔，那么《理想国》就是在唤醒柏拉图个人生活与城邦生活中更加快乐的昔日时光。这场对话的情节远远早于雅典战败，早于三十僭主的崛起，也远远早于苏格拉底的处决。它恰恰发生在柏拉图信里所说的"黄金时代"那段时期，很多事情在那时或许都是可能的。

《理想国》要求我们严肃地思考：一个由哲人统治并为着哲人而施行统治的城邦，它的样子或形式会是什么。就此而论，它似乎是《申辩》的完美注脚。《申辩》考虑的是城邦对哲学和哲学生活所造成的危险，然而《理想国》是在追问，由哲学统治的城邦会是什么样的。哲人统治会是什么样？正如苏格拉底告诉我们那样，这样一个城邦需要严厉的诗歌和神学的审查制度，需要废除私产和家庭（至少在城邦护卫者阶层中），还需要利用经过精心挑选的谎言与神话（今天可能会被冠以"意识形态"之名）以充当政治统治的工具。

当代许多政治哲学都把矛头对准了柏拉图的遗产。现代国家就建立在市民社会（私人生活的全部领域）与国家的分野这一基础之上。柏拉图的《理想国》不承认这种独立自主的私人领域，为此，一些读者认为他是极权主义或法西斯主义的先声。在一所外地的大学里，一位著名教授经常在他的《理想国》课上以这么一句话作为开场白："现在我们会认为柏拉图是一个法西斯分子。"这也许是一本上世纪最有影响力的关于柏

---

① Plato, *Seventh Letter*, in *Plato: Complete Works*, ed. John M. Cooper (Indianapolis: Hackett, 1997), 324b–336b; 译文略有改动。

拉图的书中的观点：卡尔·波普尔的《开放社会及其敌人》。他指责柏拉图是以一种类似于斯大林俄国或希特勒德国的方式，来建立起一种极权主义的独裁政权。[①]

但是，柏拉图的"理想国"是一类特殊的政制。它的政制与我们不同；我们美国的政制致力于使个人自由最大化，它却坚持以教育自己的成员作为最高职责。柏拉图的"理想国"就像古希腊城邦本身那样，是一个守护组织，而它最首要的善好就是公民教育：它的教育目的是使公民获得公共领袖的能力和高超的政治家才干。我们最好记住，柏拉图是一位教师。他是西方世界第一所大学的创办者，即"学园"（Academy）。这转而导致了整个希腊和之后罗马世界里其他哲学学校的出现。在早期基督教世纪里，随着罗马衰落，这些哲学学校转变成中世纪的修道院，而后又转变为诸如博洛尼亚、巴黎和牛津等地出现的第一批大学的基础。当这些东西又被移植到新大陆的剑桥、纽黑文等地，今天的我们才能毫不怀疑地说：我们确实就是柏拉图式"理想国"的继承人。我们都是柏拉图的后嗣。没有柏拉图，就没有耶鲁。

实际上，柏拉图的《理想国》在制度和教育上的要求，与耶鲁这样的地方有着诸多共同特征。在这两处地方，男人和女人都要在比较年轻的时候经受选拔，所依据的是他们的领导能力、勇气、自律和责任感；他们要共同生活好几年，在公共食堂一起吃饭，一起锻炼，一起学习，这些都远离父母的监管。在他们当中，最优秀的人会被挑选出来继续深造，最终取得公共权威的高官要职。自始至终，这些人都要经受严格的学习和体能训练，而这将使他们在军队和其他公职中获得最重要的位置。这

[①] 关于柏拉图的极权主义面相的争论，最突出的例子可见 Karl Popper, *The Open Society and its Enemies*, 2 vols. (New York: Harper and Row, 1963) [（英）卡尔·波普尔：《开放社会及其敌人》，陆衡译，北京：中国社会科学出版社，1999年]；类似的指控，见 R. H. S. Crossman, *Plato Today* (London: George Allen and Unwin, 1959); Mark Lilla, *The Reckless Mind: Intellectuals in Politics* (New York: NYRB, 2001), 193–216。

些听上去都很耳熟吧？当然啦。如果柏拉图是一个法西斯分子，我就要问一问：那么，你们是什么？

柏拉图是一个极端主义者，他经常将这些思想中的一部分推至最激进的结论，但他也是在为某一类学校下定义。他将政制（politeia）视作某种学校，其首要目标是让它的学生为指导和引领一个共同体而做好准备。在这一点上，没有人比让-雅克·卢梭更能认识到它最深刻的意义。他在《爱弥儿》中写道："如果你想知道公共教育是怎么一回事，就请你读一下柏拉图的《理想国》，这本著作，并不像那些仅凭书名判断的人所想象的是一本讲政治的书籍；它是一篇最好的教育论文，像这样的教育论文，还从来没有人写过咧。"①

"我下到佩雷欧斯港"

"我下到"，在古希腊语里就是 *katēben*。《理想国》的这句开场白并非偶然。我听过一个故事：德国哲学家马丁·海德格尔在教授《理想国》的时候从未超出这句开场白。苏格拉底下到佩雷欧斯港，这是一种"下降"（*katabasis*），它模仿的是《奥德赛》中奥德修斯"下到"冥界一事。这本书也就是一部哲学化的《奥德赛》：既模仿荷马，又预示了其他人的奥德赛，比如塞万提斯或乔伊斯的"奥德赛"。这本书充斥着大量的"下降"和相应的"上升"，例如这本书的后半部分中在"线喻"里朝着诸不朽形式的世界的攀升，结果在全书最后的"厄尔的神话"里又回到了地下世界。这部作品不仅是一部永恒的哲学著作，也是一场戏剧性的对话，拥有一系列的场景、人物和确定的时间地点。

---

① Jean-Jacques Rousseau, *Emile, or On Education*, trans. Allan Bloom（New York: Basic Books, 1979）, 40.［（法）卢梭：《爱弥儿》，李平沤译，13页，引文有改动，北京：商务印书馆，1978年］

这场对话活动开始于佩雷欧斯港，它是雅典的海港，而时间大约在公元前421年，即史称"尼西阿斯和约"期间，这是雅典与斯巴达战争过程中的一段休战期。一开始，我们看到苏格拉底与他的朋友格劳孔在海滨漫步。他们在做什么？他们为什么在一起？他们对彼此有着怎样的看法？我们立刻就会想到这样一些问题。之后，我们很快就知道，他们下到佩雷欧斯港是为了观赏一场节庆：在那儿，一位新的女神被人们引进来了。这表明，正是雅典人而非苏格拉底引进了新神。苏格拉底注意到，色雷斯人奉上一场精彩的演出，这就表明他的视野并不受限于自己的城邦，揭示了哲人特有的崇高和公正，而公民并不具备这一点。

回城途中，一个由珀勒马科斯和他的朋友们派来的奴隶叫住了二人，他们要求苏格拉底和格劳孔等着。"珀勒马科斯请命令你们稍等，"奴隶说道。"他正从后面过来，你们稍等，"奴隶继续说道。格劳孔回答："那么，我们就等吧。"珀勒马科斯的朋友们中有格劳孔的哥哥阿德曼托斯，也有名将尼西阿斯的儿子尼吉亚斯；这群人正在享受的和平就是由尼西阿斯促成的。他们一到达，就要求苏格拉底要么和他们待在一起，要么证明比这些人更强。"不是还有一条出路，如果我们说服你们，你们就必须放行？"苏格拉底问道。但珀勒马科斯的回答是：如果我们不听，那就不可能如此。作为替代，他们达成了一项妥协：让苏格拉底和格劳孔与珀勒马科斯等人一起去珀勒马科斯的父亲家中，在那儿举行盛大的晚宴，随后再回去参加节庆，那里会举办一场火炬赛马。格劳孔勉强同意说："看来，我们还真必须留下。"苏格拉底表示赞同。（328b）

开场序幕为接下来的很多事情准备好了舞台。问题是，谁有资格统治？是珀勒马科斯和他的朋友们，这些宣称只靠多数的力量来施行统治的人；还是苏格拉底和格劳孔，这些想靠理性言辞与说服的力量来施行统治的人？表达多数人意愿的民主制，能够与要求只尊崇理性和更好的论证的哲学相一致吗？还是说，两者之间能达成一定妥协？一个正义的城邦就是强力与说服这两者的结合吗？

正义面面观

《理想国》第一卷是后面部分的序言。我们看到，第一卷里的苏格拉底展开了许多场对话，无疑都是那一类使他出名，也使他受审和遇难的对话。和柏拉图的任何一部对话一样，我们不光要看他讲了什么，还要看柏拉图从苏格拉底的特定对话者身上揭示出什么。这场对话的言辞很重要，情节也同样重要。谁在和苏格拉底谈话？他们代表着什么？在这些人中，有克法洛斯，一位令人尊敬的家主；他的儿子珀勒马科斯，一位爱国者，不仅要捍卫父亲的荣誉，也要捍卫他朋友和公民同胞的荣誉；还有忒拉绪马霍斯，一个愤世嫉俗的知识分子，他要挑战苏格拉底这位未来领袖与政治家的教师。

对话中的人物有着一种明显的等级秩序，而这些人表现了灵魂与城邦中某些独一无二的特征。我们知道，克法洛斯把一生都花在贪得无厌的技艺上，他关心的是满足自己的身体需要，他代表了欲望性的灵魂。珀勒马科斯（Polemarchus）这个名字本义是"军阀"，他满脑子都是荣誉和忠诚的问题，他代表了灵魂的血气部分。忒拉绪马霍斯，一个来访的智术师，想要进行教育，预示了《理想国》里所谓的理性的灵魂。上述这些人物都被用来预示后来登场人物的更加优异的本性：追求快乐的享乐主义者阿德曼托斯和凶猛好战的格劳孔，当然还有具有哲人头脑的苏格拉底，两兄弟与苏格拉底分别代表了灵魂的一个关键部分，即欲望、血气和理性。这些人物一道构成了人性的小宇宙。对话中，每位参与者代表了一个特定的阶层或团体，它们终将住进正义之城，这个城邦被苏格拉底取名为"美好城邦"（Kallipolis）。

我们无需揪着苏格拉底反驳每位对话者时使用的论据不放，最重要的是这些对话者各自代表着什么。克法洛斯代表了年龄、传统和家庭的要求。对话伊始，他刚刚从一场向诸神祭献的仪式上回来。他的家主地位是由财富支撑的，财富赋予了他权威，使他自然而然地成为家里的顶梁柱。克法洛斯看见苏格拉底时显得十分高兴，但立刻就被苏格拉底的一个问题难住了：人到老年后的生活是什么样的。随后，苏格拉底步步紧逼地追问道：克法洛斯的正义的好名声是否不单单是他那笔巨额财产的结果。克法洛斯告诉苏格拉底，他的年纪是如何使他从年轻时代就占据着他的爱欲激情中解脱了出来，而当他不再参与或想着与性有关的事情时，他就将自己的生活致力于增加财富。克法洛斯引用了索福克勒斯的一句话：有人问索福克勒斯是否晚年还能享受性事，诗人答道："别提了，老弟！逃脱了那件事，本人真感到万幸，就好像逃脱了一个粗暴的主人。"（329c）而今到了暮年，克法洛斯才有能力转而关注正义，也就是执行诸神所要求的祭献仪式。柏拉图为何要从这里开始？

克法洛斯是习俗的化身。他不是坏人，但却是一个从不反思的人。通过攻击克法洛斯，苏格拉底攻击了支撑着城邦的习俗意见的化身。注意，苏格拉底将克法洛斯的陈述"虔敬的人会通过向众神献祭的方式践行正义"转换成一个命题：正义就是欠债还钱。凭借着一个小小的把戏，苏格拉底开始反对起克法洛斯来了：对于把借来的武器还给它的发疯的主人这种事，你怎么看？这样做的结果，就是将克法洛斯从这场关于善好的谈话中排除出去。苏格拉底取得了他想要的效果。他驱逐了一位自然的家主，这和后来他在美好城邦中力图取消家庭和私产的做法是一样的。苏格拉底坚持自己的主张凌驾于传统权威的主张之上，并且支配着后者。

接着，苏格拉底与克法洛斯的儿子珀勒马科斯继续进行讨论，此人自称既是这场讨论也是家产的"继承人"。珀勒马科斯就是希腊人称之为"绅士"（Kalosgathos）的那类人，即一个愿意支持和捍卫自己的家庭与朋友的人。珀勒马科斯与他的父亲不同，他父亲只关心身体需要（财富和性），珀勒马科斯关心的是捍卫荣誉和城邦的安全。他接受了正义就是欠债还钱的论点，但将这句话解释为：正义就是帮助朋友，损害敌人。于是，正义就是某种忠诚感，某种我们对家庭、团队成员、寄宿制大学的同学或者耶鲁大学的忠诚感，而我们对其他地方并不具有这种忠诚感。

这是一种爱国情感，它是一国公民彼此怀有而对其他地方并不具有的情感。正义就是忠诚于自己的家庭、朋友和公民的善好。

苏格拉底质疑珀勒马科斯，理由是对一个团体的忠诚就其自身而言并非德性。他问珀勒马科斯：我们难道不会犯错吗？敌友之分难道不是要以某种知识作为基础吗？如果是那样，我们难道不会错把朋友当作敌人吗？那么，如果我们甚至还不知道谁是我们的朋友和敌人，我们怎么能说正义就是帮助朋友，损害敌人呢？为什么一个国家的公民，即我们自己国家的公民，在道德上就要优先于别国公民呢？这种对一己之物的毫无反思的依恋，难道不是必将对他人造成不义吗？我们又一次看到，苏格拉底消解了我们熟悉的东西所造成的束缚。在《理想国》里，再也没有别的地方像这里一样能让我们清楚看见这种张力，这种张力处在哲学反思与政治生活所必需的同志友爱、相互关系和集体精神之间。

珀勒马科斯似乎相信，对于一个政治体而言，唯有明确认识它是什么和它支持什么，以及它不是什么和它的敌人是谁，这个政治体才能生存下来。通过质疑我们区分敌友的能力，苏格拉底质疑了政治生活的可能性。尽管珀勒马科斯终归沉默，但要注意他的论证并没有被打败。在《理想国》的后面部分，苏格拉底就要论证：尽管最佳城邦的特点是和平与和谐，但这种情况不会发生在各个城邦之间。这就是为什么即便是最佳城邦Kallipolis也需要一个战士阶层。对于一个正义的城邦来说，战争和备战也是不可或缺的部分。就算是柏拉图的正义之城也不得不培育"高贵的谎言"，以便说服它的公民们相信自己和其他城邦的公民之间有着一种本性上的差异。（414c-415d）

忒拉绪马霍斯向苏格拉底发起了最困难的挑战，部分原因在于，他是苏格拉底的另一个自我。同为一名教育者和教师，忒拉绪马霍斯是苏格拉底的一大劲敌。与别人不同，他声称自己拥有关于"正义是什么"的知识，并且愿意教给其他人，条件是他们肯为此花钱。忒拉绪马霍斯的教导以一种无情的现实主义语言表达出来，他对珀勒马科斯与苏格拉底关于忠诚、友谊和造福他人的崇高的讨论表示厌恶。他宣称，正义就是强者的利益。他论证道，一切政治体的建立都以统治者和被统治者的区分作为基础。正义由规则构成，而规则是由统治阶层为着他们的利益而制定的。不多也不少，正义就是强者一方的私利。(338c)

忒拉绪马霍斯是那种喜欢揭露某些一直存在于人性之中的严酷事实的"知识分子"。不管我们多么讨厌他，我们都会觉得他的话有几分道理。忒拉绪马霍斯声称，人首先是一种受到权力欲所支配的存在者。正是这一点区分了奴隶与真正的人。权力和统治是我们所有人最关心的东西。对个人而言真实的东西，对城邦也是真实的。每个政治体都试图让自己的优势压倒别人，从而使国与国之间的关系变成一场"一切人反对一切人"的永无休止的战争。用现代博弈论的语言来说，政治就是一场零和博弈，有胜有败。正义的规则只不过是赢家制定的法律，其目的是保护他们自己的利益。

苏格拉底又用他反驳珀勒马科斯时的论证来质疑色拉叙马霍斯。他问，难道我们不会犯错吗？如果正义就是强者的利益，难道强者就不需要某种知识，以便了解他们真正的利益到底在哪儿吗？利益可不是原始事实，而是需要反思的。我们经常会在真正的或长远的利益（"开明的自利"）与短视的利益和当下的满足之间作出区分。我们究竟要为自己的利益做些什么或者变得怎样，这些并非是自明的。我们曾经搞错过自己的利益之所在吗？我们当然都犯过错，忒拉绪马霍斯也不得不承认这一点。那么，正义就不可能仅仅是权力，它是与知识合作的权力。这样，我们就接近了柏拉图的著名命题：德性即知识。

苏格拉底与忒拉绪马霍斯的大部分交锋转移到了另一个问题上，即正义包含的是何种知识。忒拉绪马霍斯声称，正义就是说服人们遵守某些实际是为统治者利益而设的规则的技艺。正义的基础是某种蓄意的欺骗。我们遵守正义的规则，是因为我们害怕不正义所带来的后果。真正的人，就是那种有勇气为了自己的利益而多行不义的人。真正的统治者，就是以牧羊人对待羊群的方式来对待他的臣民的人，也就是说：他的目的不在于羊群的善好,而是牧羊人自己的好处。一切的统治,就像一切的正义,全都基于私利。忒拉绪马霍斯相信这一点,这有错吗?

苏格拉底凭借一个小把戏赢得了争论。他和忒拉绪马霍斯都相信正义是一种德性,但一个欺骗和诈取他人的德性是怎样的德性呢?于是,忒拉绪马霍斯被迫承认正义的人就是傻瓜,遵守对他毫无任何好处的法律,而最好的生活就是一种完美的不正义的生活,就是无论何时都能做你想做的任何事情。当意识到这一点时,忒拉绪马霍斯开始感到脸红害臊。(350d)为什么他要脸红?为什么他会为捍卫不正义的生活而感到惭愧?显然,他可不像他想象中那般强硬。比起他那番英勇无畏的发言,忒拉绪马霍斯本人显得更加传统。

克法洛斯、珀勒马科斯与忒拉绪马霍斯三者的论证都陷入了沉默,第一卷也就在这种悬而未决的情况下结束了,但还没有别的答案来填补它们的空缺。惟当此时,这场对话的真正情节才得以展开。

格劳孔和阿德曼托斯

第一卷是《理想国》后面部分的热身。在第一卷里,我们看到苏格拉底驳斥了(或好像是驳斥了)形形色色的正义观,但就"什么是正义"而言,我们所知道的并不比一开始更多。要是我们理解了这一点,我们就没有理由放弃先前的种种看法。正是在这里,格劳孔介入了这场对话。

格劳孔告诉苏格拉底,他不满意苏格拉底对忒拉绪马霍斯的反驳(我们也应当如此)。色拉叙马霍斯已经感到羞愧,他脸红了,但并未被驳倒。格劳孔告诉苏格拉底,说明不正义是错的还远远不够;我们需要听到为什么正义是好的,更确切地说,他想听到正义"为了它本身的缘故"而得到称赞。他质问苏格拉底:"你是不是认为,有某种美好的东西,我们选择拥有它……**是为了它本身的缘故**而欢迎它。"(358a)就这样,谈话陷入了僵局。

在关注格劳孔的质疑之前，我们也许会问这人是谁。格劳孔与他的兄长阿德曼托斯都是柏拉图的哥哥。除了《理想国》里的登场，历史上没有留下关于他们的任何记录，但柏拉图为我们留下了关于他俩的足够多的记录。首先，他们是年轻的贵族，而格劳孔想听到正义为了它本身的缘故而得到赞美，这暗示了他的价值标准。只有平头百姓才会从物质回报或结果出发谈论正义或任何德性。格劳孔不需要听到正义因其带来的好处而受到赞扬。相反，他抱怨说从未听到正义凭借理所应当的方式而得到辩护。两兄弟想听到正义仅仅为了它本身的缘故而得到赞扬，这就展现了他们的自由不受功利或利益动机所影响。它揭示出某种理想主义和灵魂的高尚，这在先前的对话者中还从未出现过。

当然，两兄弟也不是懒汉。尽管后面对话里他们的角色被缩减为不断重复"是的，苏格拉底"和"不，苏格拉底"，他们先前对苏格拉底提出的质疑却表明：他们有哲人的潜质，也是有朝一日或将统治城邦的人。在这两人当中，格劳孔显然更加优秀。他被说成是"最有胆量"，在那种语境下就意味着最具有男子气概。之后，苏格拉底承认他"总是对这两兄弟的本性充满了惊异"，而且接下去还引用了一句诗，描写的正是在一场战斗中表现出类拔萃的他们。（368a）

这两个人也是相互竞争的成功人士，有点像是耶鲁的学生。我们需要注意的是，他俩之间存在着某种类似于"骑士比武"的关系。每个人都对苏格拉底提出一项考验，苏格拉底必须通过考验，证明正义和正义生活的价值。接下来，格劳孔重拾忒拉绪马霍斯关于不正义生活的论证，但以一种更加生动的方式将它呈现出来。格劳孔讲了巨吉斯（Gyges）的故事，此人拥有一枚魔戒，借此得到了隐身的力量。[1]谁没幻想过，如果有了隐身能力，自己会去做些什么呢？巨吉斯借助魔戒之力，杀害了国王，

---

① 这个故事最早记载于 Herodotus, *The History*, trans. David Grene（Chicago: University of Chicago Press, 1987）, I.8–15（pp. 36–39）。[（古希腊）希罗多德：《历史》，王以铸译，4—8页，北京：商务印书馆，2011年]

和王后私通。换成你，你又会做什么呢？无论如何，格劳孔想知道一个拥有巨吉斯般力量的人，怎么还会想成为正义的人。如果我们犯下任何罪行，沉溺于任何恶习之中，行一切越轨之事，还必定能逃脱制裁，我们又怎么会想成为正义的人呢？格劳孔对苏格拉底提出的质疑就是如此。为什么一个拥有绝对力量而且完全置身于法律约束之外的人，会更偏爱正义而非不正义呢？如果正义真的有价值，那么苏格拉底应该能够说服巨吉斯：成为正义之人才对他真正有益。当然这是一个很艰巨的任务。

现在，阿德曼托斯插入了谈话。他听过父母和诗人都赞美正义，是因为它在此生与来世所带来的好处。他认为，这就是说正义仅仅是一种虚弱、蹩脚和不冒任何风险的德性，换言之，正义被当作善好只是由于随之而来的结果。一个真正的人不会害怕不正义所带来的结果。阿德曼托斯通过一段十分耐人寻味的想象告诉我们，他关心的是自我监护或自制：“每一个人会成为最好的自我监护者。”（367a）换句话说，我们不应该关心别人会怎样议论我们；相反，我们应该提升自信、自主与独立的品质，以免受到别人对我们施加的影响。如果说正义是值得追求的，那么它就是为了自身的缘故而值得追求，而不是为了某些想象中的好处或坏处而值得追求。

两兄弟想听到正义为了自身的缘故而得到称赞（格劳孔），而且想要活得自由独立（阿德曼托斯），他们俩的愿望在一定程度上表明了他俩对自己的社会保持了一定距离。要是稍微错置一下时代的话，他俩都可谓是贵族的儿子，为自己周围世界的虚假和伪善而感到羞耻。只要是有一点点敏感的人，谁不曾这么想过呢？这两个人能被苏格拉底说服，去思考能替代（甚至是以激进的方式替代）这个生养了他们的社会的其他选择，他们是潜在的革命者。《理想国》的剩下部分，就是讲给他们和像他们那样的人听的。

城邦与灵魂

随着格劳孔和阿德曼托斯的发言,环绕着苏格拉底的包围圈已经完全成形。苏格拉底知道,他今晚肯定是回不去雅典了。反过来,他提出了一种思想实验,希望借此对两兄弟施展魔力。他提议,让我们"在言辞中观察一个城邦的诞生"。(369a)比起微观地讨论个体之中的正义,我们不如去看一座城邦里的正义,这样能帮助我们更好地理解:在一个个体之中的正义究竟是什么。

城邦与灵魂具有本质上的相似性,这个观点就是整部《理想国》的核心隐喻。它被毫不起眼地引入对话之中,而没有遭到任何人的反对,但其他的一切皆发源于此:城邦在其本质性方面与个体相似,反之亦然。苏格拉底究竟要做什么?城邦与灵魂的类比究竟发挥着什么样的作用?

让我们讲得更清楚些:苏格拉底引入这个类比,是为了帮助两兄弟更好地理解在个体(或用柏拉图的专用术语,"灵魂")之中的正义究竟是什么。就灵魂的治理而言,阿德曼托斯的标准是"自制",而灵魂的治理必然在某些决定性方面与城邦的治理相似。但是,一个城邦如何与一个灵魂相似呢?而且,"自我的治理"又是在什么方面与诸如城邦那样的共同体的治理相似呢?

想想看,当我们说某个人是"典型的美国人"或"典型的法国人"时,我们的意思是什么。我们想说的是,他们的品质和举止表现出某些特征,而我们认为这些特征代表了他们国民的某种剖面。这是一种思考和言说的有益方式吗?更确切地说,通过将一个人放大为他或她的国家的方式来考察这个人,或者,一个人的国家只不过是某些个人品质的特征的集体性表达,这些讲法究竟是什么意思?

思考这个主题的方式之一,就是把它视为某种特殊的因果假设,这种假设与个人品质和政治制度的形成有关。这种解读城邦与灵魂的类比的方式源自下述观点:作为个人,我们都生活在社会之中,社会塑造了我们，反过来我们也塑造了社会。城邦与灵魂的类比，是要试图理解社会如何再造自身和塑造公民，而这样的公民反过来推动了社会的运转。

这么想很有帮助，但它还是促使我们继续思考。城邦究竟以何种方式与个人相似？难道说，我们能从每个美国公民的灵魂中看出总统、国会和最高法院之类的东西吗？显然这很荒谬。还是说，美国的民主造就了一种特殊的民主式灵魂，就像法国的旧政制趋向于造就具有贵族品质的灵魂一样？每种政制都会造就某种与众不同的个体，而这种个体将表现出这种政制品质的主导特征。

《理想国》的其余部分就致力于构建出一种政制，它将造就某种与众不同的品质类型。这也是柏拉图的理想国之所以会被称作"乌托邦"的原因。历史上还从没有一种政制能全心全意致力于实现这种目标，即造就最稀少、也最难以实现的人性类型，"哲人"。

诗的改革

苏格拉底的"言辞中的城邦"经历了几个不同阶段的演进。第一步是阿德曼托斯提出的朴素的城邦，一个"拥有尽可能多的必需品的城邦"，也就是说：这个城邦只限于满足某些基本需要。这种原始的或简单的城邦展现了阿德曼托斯的灵魂本性。其中有着某种崇高的单纯，将它的主体视为纯粹的肉体或拥有有限欲望的生物。相较于为了保全自己而建立的家庭联合体，这种简单的城邦比后者大不到哪儿去。

这时，格劳孔反驳说，看起来他的兄长建立了一个"猪的城邦"。（372d）奢侈何在？格劳孔问，"调味品"何在？这些构成了一个城邦的东西都到哪儿去了？格劳孔的城邦反过来也展现了他的灵魂。好战的格劳孔想要统治的是一个"发烧的城邦"，恰如其名，也就是一个将荣誉、竞争而且最重要的是战争统统予以制度化的城邦。如果阿德曼托斯表现了灵魂的欲望部分，格劳孔就代表了"血气"，柏拉图称为 thymos。血气是《理想国》最核心的心理学范畴。血气是灵魂中的品质，与之紧密相关的是对荣誉、名声和威望的欲求。它追求与众不同，想要在生活的竞赛中拔得头筹，想要领导和支配他人。我们通常把这种品质和领袖人物联系在一起。苏格拉底的问题就在于：血气源于某种野蛮的、未经驯化的激情，那么如何将血气用来为城邦和共同善好服务？能做到吗？我们如何才能驯化一个血气性的灵魂？这本书的剩下部分就是致力于驯化血气。

正是在这里，苏格拉底开始提出他的第一个也是最有争议的提案。要创建一个正义之城而不单单是格劳孔的奢侈之城，只能从控制诗和音乐开始做起。在此，柏拉图的教育者形象浮出水面。对于一个城邦建造者而言，首要的事务就是监督教育。一个立法者最首要的任务，就是对人们能被允许听到和看到什么样的戏剧、诗和音乐施加控制。柏拉图所提议的诗的改革，特别是针对荷马诗歌，代表着一种对古希腊教育的实践和信念的根本叛离。为什么这一点十分重要？

首先，诗人在广义上是指那些创作神话的人、讲故事的人、艺术家和音乐家，我们正是从他们那里获得了关于英雄和坏蛋、诸神与来世的最原初也最生动的印象。这些故事塑造了我们往后的人生。荷马史诗之于希腊人，如同圣经之于我们一般。阿喀琉斯、奥德修斯、埃阿斯，生活在柏拉图那个时代的人对这些名字是那样的熟悉，就好像今天我们听到亚伯拉罕、以撒、约书亚和耶稣的名字和故事一般。

柏拉图对荷马史诗的批评有两个维度，神学的和政治的维度。神学的批判，就是说荷马把众神描绘得虚伪、善变，而这样的存在是不值得我们尊敬的。但更重要的是，他说荷马式英雄只不过是一些坏榜样。他们被描写得纵欲和贪财。除了这些缺陷，苏格拉底还加上了两点，即过分残忍和亵渎敌人遗体。荷马式英雄都是无知而易怒之辈，充满了盲目的愤怒和对报复的强烈渴望。这种人如何能为美好城邦的未来公民树立良好榜样呢？

当然，苏格拉底的回答是对诗和艺术进行彻底的净化。他想祛除诗人蛊惑人心的力量，后来，苏格拉底也承认自己常常容易受到诗人影响。（607c）苏格拉底建议设置哲学，以取代诗的教育力量。结果就是，诗人必须被逐出正义之城。

苏格拉底对诗和艺术的审查，是不是隐含着他的极权主义冲动呢？这是《理想国》中最能唤起我们"宪法第一修正案"本能的段落。我们想问：苏格拉底，你凭什么告诉我们什么东西是我们能读和能听的？不止如此，苏格拉底并不是说美好城邦再也没有诗和音乐，而是说，只能有苏格拉底式的诗歌和音乐。但是，经苏格拉底净化过的诗和音乐究竟是什么样的？我不知道。也许，《理想国》整本书就是一首"苏格拉底式的诗"。

记住这一点十分重要：教育问题是在驯化格劳孔和像他那样的人的好战激情这一语境下被引入的，苏格拉底把这样的人视为城邦的辅助者。审查和谎言并非是作为一件审美之事，而是作为一件关乎军事必要性的事务而被引入的。这里压根儿没谈到农民、工匠、商人和劳动者的教育。坦白地讲，苏格拉底不关心他们。他的兴趣只是创造一个紧密的、高度遵守纪律的年轻战士骨干，他们要像看门狗守家一样保卫城邦。（376a）这样的人将使自己的欲望和满足服从集体，依凭一种严格的荣誉准则而生活。

苏格拉底的提议是否太不现实，或者说不合时宜？只要你像他那样相信最佳城邦一定要作好战争准备，因此必须有一个战士阶层的话，答案恐怕就是否定的。这样一种军人的生活需要的是极其微薄的物质回报和利益，也需要人们甘愿为他们甚至还不认识的公民同胞而死。比这更不现实的，是那些相信有朝一日我们能彻底遏止战争和引发战争的激情的人。柏拉图相信，只要人的本性中激情部分或血气部分保持强劲，那么对一个社会的战士群体保持关注就是必需的。

护卫者的灵魂

《理想国》的一个重要主题，就是"控制激情"。诚然，从斯宾诺莎到康德再到弗洛伊德以来，这是所有伟大的伦理学家的主题。我们如何控制激情？每个伟大的伦理学家都有一套办法，以帮助我们凭借理性或某种相应的道德力量来控制激情。不妨回想一下，这个问题是《理想国》卷二里阿德曼托斯提出来的，他提出了一套自制或自我监护的想法，而这本质上是为了保护我们不受不正义的激情所侵害。独立，不只意味着免受他人控制的自由，也是一个关乎自制的概念，即控制好我们最强大的激情和禀性。

这种最为强大的激情，就被苏格拉底称为"血气"。我们已经看到，它就是政治激情本身。正是对名誉和超凡出众的强烈的爱，引导着某些男人和女人在公共生活中追求自己的野心。它与英雄主义和自我牺牲的能力有所关联，但也与统治他人和暴政的行径大有关系。一切伟大的政治家都具有"血气"的品质，但历史上所有暴君也都具有它。《理想国》提出的问题就是：这种"血气"的品质能不能受到控制？如果能，我们能让它为共同善好服务吗？

通过一个故事，苏格拉底提出了血气的难题。第四卷里，他讲了一个故事。苏格拉底自称是从别处听来这个故事，也相信它的真实性："有一回，当阿格莱翁之子列昂提奥斯离开佩雷欧斯沿着北墙的外侧上城，他注意到那片公共刑场上躺着一排尸体，他非常想看，但又感到厌恶，一下转过了身子，自我斗争了好长工夫，而且一直蒙着脸，最终，他被那一欲望征服，张开了他的眼睛，朝那些尸体奔去，'你们两个就看吧，'他说，'低劣的精灵，用这壮丽的画面满足你们自己！'"（439e）

苏格拉底的故事并不是讲理性控制住了激情，而是在讲一场紧张的内心冲突。列昂提奥斯被相互冲突的情感，即"看还是不看"撕成了两半，他在与自己争战。谁没有经历过这种场景呢？当我们在高速公路上经过一起事故现场时,难道我们不会感受到同样的情感吗?我们想停下来看看路边是否会有一具尸体,这是很令人感到羞耻的,但我们的眼睛就是迫不得已地望过去,尽管我们自己不愿意。仔细想想这个例子。这个故事的结果就是:列昂提奥斯对自己很是生气,因为他想去看自己知道会很令他感到羞耻的东西。他的血气,就是他一肚子气的原因。

有一件事实与列昂提奥斯的血气紧密相关:他是某种特定类型的人,骄傲而独立,是一个想要控制自己但实际上没有做到的人。他是一个与自己争战,并且潜在地与他人争战的灵魂。《理想国》试图提供一种策略,甚至可以说是治疗,目的就是通过让理性监管血气的办法来对付血气,从而帮助我们实现某种平衡、自制以及节制。这些品质加在一起就是柏拉图所说的"正义",而正义只有在理性控制欲望的情况下才会实现。这样一种正义理想真的能实现吗?理性真的能使我们那些相互冲突的情感和欲望变得温和而节制吗?守护者的灵魂真的能推动正义的实现吗?这些都是苏格拉底在构建他的美好城邦时所提出的问题。

三次浪潮

美好城邦的构建,是通过苏格拉底所说的"三次浪潮"而推进的。第一波浪潮是限制私产,第二波浪潮是废除家庭,而第三波浪潮,就是哲人王的确立。他认为,每一波浪潮对于正义之城的完全建成都是必不可少的。我想谈的是关于男女共同教育的提案,这些提案是苏格拉底废除家庭的计划里的一部分。

苏格拉底的提议,其核心就是男女教育平等。苏格拉底提出这项提议的语境相当滑稽:他知道,这项提议确实像是格劳孔和阿德曼托斯会采取的道路。他说,没有男女不能做得一样好的工作。在统治的情况中,性别差异不比秃头和有头发的区别更有意义。(454c-d)苏格拉底不是说男人女人在所有方面都是一样的,而是说在任何工作上的竞争是完全平等的。美好城邦中没有隐性歧视。苏格拉底也许是第一个将妇女从家政中解放出来的斗士。

公平竞争的提议需要平等教育。这里,苏格拉底宣称,如果教育是平等的,那么男人和女人就应该服从一样的生活规则,这也就意味着:他们要在共同的体育场上裸体锻炼。不止如此,婚姻与生殖要为着城邦。因此,男女之间的性接触必须受到严厉的监管。在护卫者阶层的成员中不存在什么"罗曼蒂克式爱情"。性关系完全是为了生殖而准备的,不需要的胎儿必须予以抛弃。这项禁令的唯一例外是为那些超过生育年龄的护卫者阶层成员而设的;他们可以与他们想要的任何人去过性生活,这是一种"娱乐的性",是对那个人一生自制的奖赏。生孩子不可避免地需要女性,但抚养孩子将成为共同体的责任,或者至少是全日制护理中心里护卫者阶层的职责。用希拉里·克林顿的话说,"举全村之力"。孩子们不应该认识自己的生身父母,他们也不应该认识自己的孩子。这项计划的目的是消除"我"和"我的",而代之以"我们的"。

在柏拉图的共同体当中,男女都变得尽可能地相似,它是"同甘共苦的共同体"(464a)。我不禁想起法国女性主义哲学家西蒙娜·德·波伏娃讲过的一个故事,它也表达了某种相似的观点,即要创造一个共同体,其中的"我"会真正成为一个"我们"。对此,有人反驳说:要是我的脚感到一阵疼痛呢?"不,"波伏娃回答道,"我们会在你的脚上感到一阵疼痛。"[①]

显然,人们会驳斥苏格拉底和波伏娃的提议,亚里士多德就是第一个提出抱怨的人。他说,无论孩子还是财产,集体所有将导致集体漠视。我们真正关心的东西仅仅是我们自己的东西,共同体绝不会取代个体而

---

① Simone de Beauvoir, *Force of Circumstance*, trans. Richard Howard (New York: Putnam, 1965), 34–35.

成为我们爱和关心的重点所在。这是一个古老的故事,但同样值得记住的是:苏格拉底开出他的处方,不是为了创造出快乐或满足的个人,而是为了创造一个团结的护卫者阶层,使之有能力保卫和守护城邦。坦率地讲,婚姻的目的就是创造战士。

正是在这段关于如何对待男人和女人的同一段话里,人们经常忽视苏格拉底要继续做的事情就是改写战争的法律。起初,孩子们会被授以战争的技艺。苏格拉底指出,"必须在(孩子们的教育)一开始,就使孩子们成为战争的观察者"。(467c)对一切怯懦行为的惩罚就是开除出护卫者的行列。不止如此,苏格拉底还暗示说:对于那些表现勇敢的人,应当将爱欲作为他们的奖赏。想想下面这项引人注目的提案——

> **苏格拉底**:"不过,我猜想,"我说,"你意料不到接着还会发生这事。"
> **格劳孔**:"什么事?"
> **苏格拉底**:"他会亲吻他们以及被他们每一个人亲吻。"
> **格劳孔**:"这绝对可以,"他说。"我提议把这一点定入法律,只要这一战役还在进行中,如果他想吻谁,谁都不能拒绝,这样的话,如果某人爱上了某个少年或某个姑娘,他就会更加迫切地希望获得上面所说的英雄奖。"
> **苏格拉底**:"很好,"我说。(468b-c)

20世纪一位相当古板的柏拉图解释者保罗·萧雷(Paul Shorey)对这个提案评论道:"这几乎是人们在柏拉图著作里唯一想要删掉的段落。"[①]

但是让我们想象一下,这样的诱惑会对今日的征兵工作造成什么样的影响!

---

① Paul Shorey, *The Republic*, in the Loeb Classical Library(Cambridge, MA: Harvard University Press, 1937), 5: 489.

作为和谐的正义

终于，我们抵达了《理想国》的主题，那就是"正义"。须知，柏拉图关于正义的理念与和谐有关，既是城邦也是灵魂中的和谐。我们知道，这两者具有结构上的相似性。正义有着不同的定义：它既是"联结城邦，使之成为一的东西"（426b，中英原书均查无），又是"干自己的工作"（433a）。换句话说，正义是由在自己干得最好的岗位上各司其职的所有人和事物构成的。苏格拉底说："对于其他城民也一样，根据每一个人的天生特性，我们必须把与他本性相称的工作分配给他，每人一份工作，这样，当每一个人只从事一项适合自己本性的工作，他就不会去充当许多人，而只是一人，这样，城邦上下就会形成一个整体，而不是许多城中之城。"（423d）

公正地说，这段话暗示了发现"劳动分工"的人不是亚当·斯密，而是柏拉图。但是，尽管斯密看到不断增长的专业化分工如何促进"国家财富"的总体增长（他举的著名例子是一座扣针厂），他同时也意识到这种劳动分工如何催生了工人的日渐狭隘与道德退化。悖论在于：尽管劳动分工促进了不断增长的社会繁荣，但它同样也使个体变得越来越愚笨。但柏拉图没有提出过类似的反对意见。对他而言，劳动分工使得心智能集中在一项或少数几项活动上去，这些活动就赋予生命以整全性、重心与目标。

这里所表达的观念就是，正义包含了一种"每个人只从事合乎他或她的自然的工作或任务"的严格的劳动分工。当然，人们可能会对此提出一些反对意见，亚里士多德就再次率先发声：柏拉图对统一的过分强调，摧毁了人的自然的多样性，而正是人组建了城邦。难道一个人只能将一件事情做到最好吗？如果真是如此，谁能决定这件事是什么呢？这样一种正义方案难道不会过分强制性地将人们逼入预先确定好的社会角色吗？难道个人不应该自由选择自己的生活规划，无论这会将他们带向何处吗？

不管可能怎样，柏拉图都坚信他已经在劳动分工的公式（即"各司其职"）中为正义奠定了一个基础。那就是说，如果城邦的工匠、辅助者与护卫者这三个部分通过各司其职、各尽其责而在一起工作，和平与和谐将盛行开来。而且，既然这个城邦只不过是一个放大了的灵魂，三个社会阶层也就不过是灵魂的三个部分的表达。只要欲望、血气和理性齐心协力，理性就像城邦中的哲人王统治战士和工匠那样统治血气和欲望，灵魂就是正义的。其结果，就是这个整体之各部分的某种完美平衡。城邦与灵魂两者就像一个金字塔：从一个宽广而平实的地基，直到完美的尖顶，如下图所示：

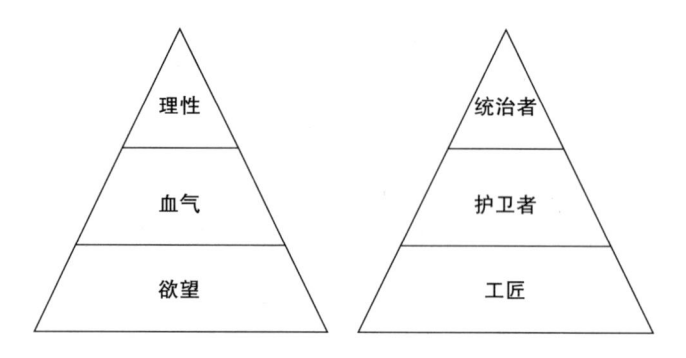

```
     理性                统治者
     血气                护卫者
     欲望                 工匠
```

但是，这就使我们回到苏格拉底起初的提议中去。城邦的结构真的能与灵魂的结构相等同吗？恐不尽然。例如，每一个体都是由灵魂的欲望、血气和理性三部分组成的，而我们每个人都被限制在社会等级秩序中的一个也是唯一一个任务里。为什么一个具有多重面相的存在者要被限制在一个社会角色里呢？我假定苏格拉底的意思是：尽管每个人都会或多或少地包含灵魂的这三种特征，但它们之中惟有一个会成为我们每个人的主要特征。有些人受欲望支配，而另外一些人受血气支配，以此类推。但是，这有意义吗？赚钱的能力不光需要欲望，也需要高瞻远瞩和精打细算，而且还要甘冒风险。打仗的本领也不单单需要血气，它也需要运筹帷幄的能力，需要一个人展现出领袖和将帅的品质。将个人限定在一个而且是唯一一个生活领域里，对我们内在道德和心理的复杂性似乎是一件不义之事，而正是这种复杂性使得我们成其所是。

　　城邦与灵魂的类比还有着更深层次的矛盾。城邦的正义在于每位成员在社会劳动分工中完成各自的任务。但这似乎与灵魂的正义相去甚远。灵魂的正义就是某种理性的自主或自制，理性引导欲望。就事实而论，很少有公民能过一种受理性主宰的自制的生活。大多数人都会受到矫正，在美好城邦的护卫者们的监护式管理下过日子。反讽的是，就算绝大多数公民都生活在柏拉图的正义之城里，他们中也只有很少的人会过上柏拉图式的正义生活。只有哲人是真正的正义者。哲人根据理性而生活，能够控制自己的激情与欲望，但其他人呢？城邦的和谐和自律的原因不能归结到它的每位成员。社会正义将是一种从功能上对劳动实行的强行划分的结果，这种划分是由谎言、神话和其他各式各样的欺骗的选择性使用所操作的。如果只有很少一部分公民能够过上正义的生活，这样一个城邦怎么能是正义的呢？

　　在《理想国》卷四里，阿德曼托斯向苏格拉底提出了一个问题："苏格拉底，你会如何答辩，如果某人说，你并没有使那些人感到特别幸福？"（419a）阿德曼托斯关心的是：苏格拉底对待护卫者太不公平，给了他们政治统治的所有责任，却毫无回报。如果一个美好城邦的公民被剥夺了我们多数人追求的善好或快乐，他或她如何能过上一种正义的或快乐的生活呢？苏格拉底回答说："我们的目的并非在于使某一社会阶层享受特殊的幸福，而是在于使整个城邦享受最大的幸福。"（420b）苏格拉底故意超出了正义之为自我监护或独立自主的定义，而将其定义为公共的福祉或和谐。为什么他要这么做？这样一种回答是否令人满意？它又能告诉我们关于苏格拉底的什么东西呢？

　　阿德曼托斯和格劳孔都没能反驳苏格拉底的回答，这一事实表明：他们共享了某种共同信念，即城邦的正义或公共福祉必须优先于个人的幸福。就本性而言，他们都不是禁欲主义者。他们渴望快乐，却也身处个人幸福与城邦幸福的冲突之中，而他们一致同意自己的利益和欲望必须放在第二位。但是，个人与城邦的冲突这一观念表明，美好城邦是不完满的。第二卷提出的城邦与灵魂的类比表明，正义之城就是一个城邦与灵魂两者间完美一致的城邦，在那里，个人的私人善好与城邦的公共福祉之间的冲突将得到统一。至少，建造这座城邦的任务尚未完成。唯有引入哲人王之后，这座城邦才能正式竣工，我们也才能见到正义"成为现实"。

哲　人

直到第三波也是最后一波浪潮之前，也就是"哲人王"的提议之前，柏拉图的理想国都是不完整的。苏格拉底断言道："除非哲人成为这些城邦的君主，或今日被称为君主和权贵的人们真诚地、恰当地热爱智慧……那么，我的格劳孔，这些城邦的祸患就没有终止。"（473d）苏格拉底将这一设想形容为"古怪的"。他说他料想到自己会"被嘲笑所淹没"。这就使得某些读者认为：苏格拉底的"哲人王"设想是一个反讽，柏拉图故意把它用作一个玩笑，以使正义之城的理念变得不可信，或者至少暗示出它是极不可信的。问题是，为什么苏格拉底认为哲人王对一个正义之城而言是必不可少的？

我当然不能肯定柏拉图真的认为哲人王的理念是不可能的，更不用说是荒谬的。柏拉图自己就进行了三次艰难的西西里之行，目的是要劝谏两位国王。尽管他想把这些叙拉古僭主改造成柏拉图式的哲人，但这样的使命统统宣告失败，而且致使柏拉图从此退出了政治事务。然而，柏拉图将哲学与政治联合起来的抱负，却是萦绕在此后的政治哲学心头的梦想。对苏格拉底和他的同伴们身上显得滑稽可笑之处，也许在其他时代、其他地方就会显得十分不同。"受到哲学教育的政治家"的理念（其未来的典范就是"开明的君主专制"）回响于整个近现代时期之中。以马基雅维利、霍布斯和卢梭为例，哲人们都想向政治领袖，或向那些能将他们的政治理念付诸实践的人进言。

大多数针对柏拉图哲人王的反驳意见都集中在这一理念的可行性上。不止如此，这个想法的说服力也很成问题。哲学和政治真的能联合吗？哲学的需要似乎与政治统治的需要大相径庭。你能想象苏格拉底愿意放弃他的对话，而投身于沉闷的立法与管理事务吗？柏拉图描绘的哲人是知道众多殊相背后的永恒形式的人。但是，这种知识又怎么能帮助我们应对瞬息万变、潮起潮落的政治生活呢？柏拉图未尝明言。哲人拥有关于型相的知识是远远不够的；这种知识必须由经验、判断和某种实践理性所支撑。此外，还有一个问题：哲人可能会滥用政治权力。哲人并非思考机器，他们是由理性、血气和欲望构成的人。难道执掌绝对的政治权力的哲人就不会被诱使去滥用他们的职位吗？

于是，我们必须自问的问题，就是哲人王也想要追问的问题。柏拉图似乎将我们的注意力拉向这一事实：政治权力就是哲学最深切的愿望。整部《理想国》就是苏格拉底想要统治雅典人的失败野心，以及柏拉图劝谏西西里僭主的失败尝试的替代品。我们至少可以从这种解读中得到两个言外之意。其一，柏拉图是革命传统的真正奠基者，他是一个试图将理论与实践、理性与现实联合起来的人，这在黑格尔与马克思的学说那里发挥到了极致。在这种解读下，柏拉图就是下述观念的奠基者：政治就是一项由知识分子、理论家和兼具哲人与神父于一身的人所领导的活动。这种政治观念一直以来都受到哲学传统里从亚里士多德到孟德斯鸠再到柏克的保守主义者攻击，这些人都对通过一项理性计划或程序来变革政治的做法深感疑虑。

但是，《理想国》还有第二种解读方式，它强调，将哲学与城邦联合起来在根本上是不可能的。它所强调的不仅是这么做对城邦所造成的危险，也有对哲学所造成的危险。将哲学变成某种政治统治的工具，这种做法必然会将哲学变成某种"意识形态"，变成某种宣传活动，为了确保自己牢牢掌握政治权力而不得不诉诸谎言、扭曲与半真半假的说辞。《理想国》中，有一处地方经常遭到人们忽视：城邦里没有一个非柏拉图主义者。对思想实行绝对控制不得不沦为僭主的行径。如果哲学还是批判的活动，而不仅仅是政治权力的工具，那么它就需要对城邦保持特定的距离和一定程度的独立性。从这个视角来看，哲人王的提议肯定会宣告失败。至少对某些读者来说，它阐明了政治与哲学之间必须保持一定距离。

洞穴与太阳

柏拉图有一个最为经久不衰的意象，哲学与政治权力的关系就是它的明确主题，这就是"洞穴"（514a-517a）。在此，苏格拉底向格劳孔发起挑战，要"把我们在教育或缺乏教育这方面的本性打一个比方"。（514a）这个意象就与洞穴有关，穴居人从小就身受枷锁束缚，面朝墙壁，只能一直看着他们身后的火光投射到墙上的影像。这个意象有点像是现在的电影院或电视屏幕，观看者也是全神贯注于他们面前的影像。结果，"囚徒"（因为这就是他们的本质）从来不能看到事物本身，也就是被投影到墙上的那些事物，只能看到它们的影子。苏格拉底宣称，这些被动而入迷的人们"就像我们"（515a）。被投影到墙上的事物被称作"人造物"，比如木制或石制雕像之类的东西，它们是被"傀儡师"所操纵的。这些傀儡师首先是城邦的立法者、缔造者和政治家，是带来法律与正义规则的立法者。其次，他们是城邦的诗人、神话作者、史家和艺术家；再其次，他们才是城邦的工匠、建筑师，是城邦的规划者和设计师。所有这些人塑造了城邦的共同体生活得以发生的视域。

但之后我们就面临这样一个问题：试想，某人"逼迫着"使其中一个囚徒解脱了束缚，让他逃脱，从而致使他再也看不到火光投射出来的影像了。这个人被带离洞穴，步入太阳的光辉之中；阳光才是赋予生命的力量，而洞穴昏暗无光，是受太阳的光辉所照亮的。苏格拉底把这一情境形容为一个人的"灵魂转向"，对应的古希腊词是 *periagogē*。这种"灵魂转向"相当于某种转变，它超出了《理想国》先前描述的那种实用性的政治教育：

> **苏格拉底**："教育并不是像某些人承诺的那样，声称它是这么一种东西。他们声称，他们能把知识放入缺乏知识的灵魂中，就如同把视觉放入盲人的眼中。"
>
> **格劳孔**："他们的确如此声称，"他说。
>
> **苏格拉底**："然而，我们目前的讨论显示，"我说，"这一存在于每一个人灵魂中的能力，以及这一每个人凭借来认识事物的器具，就像那眼睛并不能从黑暗转向光明，除非和整个躯体一起转过来，同样，这一认识事物的器具也必须和灵魂一起，从仍在生成的世界那边扭转过来，直到它面临世界的本质，并且能够忍耐目睹这一本质的最光辉之处；我们称这一器具为美好的东西。"
>
> （518c-d）

灵魂转向的隐喻，就是柏拉图关于教育的意象。这可不是什么愉快的经验。它要求我们质疑一切令我们感到舒适的确定无疑的东西，以前我们认为这些东西都是真、善、美的事物。研究柏拉图的著作普遍认为，这是某种宗教皈依。柏拉图的文字似乎也是在讲，哲学需要从社会中抽身而退，回到灵魂的内在壁垒之中。但是，这种哲学的禁欲模式解释不了洞穴经验。哲学根本上是一项社会的技艺，需要他人参与其中。哲学也必须要求某种严格的训练，一开始是数学，而顶峰就是对"辩证法"（即对话技艺）进行综合性的研习。教育哲人，不是要教他们不问世事，而是要教他们积极介入世界之中。

接着，苏格拉底要求读者想象一下哲人回到洞穴的情景。人们会如何对待他们？会像对待其他穴居人一样吗？是要重新适应光明，还是适应无光的黑暗？苏格拉底承认，当这样的人试图告诉穴居人自己在外面的所见所闻时，他们会给人留下邪恶的印象。这样的人也许会成为无知的取笑或善意的玩笑的对象，但是他们更有可能成为妒忌、嘲弄或蔑视的对象。在柏拉图的讲述中，他作为危害人民的分子，甚至可能遭受迫害、折磨与死亡的威胁。

就哲学与政治权力的关系这一点而言，洞穴的故事肯定是柏拉图最悲观的故事之一。这则故事恳请我们仔细思考这个问题：为什么哲人在逃离枷锁、见到太阳以后，会同意返回洞穴里去？难道人们不会宁愿疏远政治（苏格拉底将其喻为迁移至"幸福岛"的群落），而不是回到洞穴去面对必然的失败乃至死亡么？强迫哲人返回洞穴，分明不就是对他们行了不义，迫使他们不得不放弃最好的生活么？这是格劳孔在下面一段对话里提出的问题：

> **苏格拉底**："作为城邦的创建人，"我说，"我们的最大任务就是逼迫那些具有最优秀本性的人走向我们在前面所说的那种学习，看到那美好的东西，登上那一高地，当他们上了那处，得到了充分的观察，我们不可让他们做我们目前让他们做的事。"
>
> **格劳孔**："什么样的事？"他说。
>
> **苏格拉底**："停留在那个地方，"我说，"不愿意走下来，重新回到那些被锁链绑住的人中，和那些人一起分享劳动和荣誉，不管它们的种类低级或高级。"
>
> **格劳孔**："这样的话，"他说，"我们岂不得罪了他们，使他们过更差的生活，尽管他们能过上更好的生活。"（519c–d）

看起来，苏格拉底的意象发挥了神奇的魔力。它似乎使格劳孔释放了政治统治的欲望，哪怕只是一时半会儿也好。这个意象的核心在于：城邦，甚至是美好城邦，都只不过是某种洞穴，而与哲学的美好相比，它的住民不过是一群囚徒而已。正如它所揭示那样，我们每个人都是我们自己洞穴的住民。这个洞穴的好坏，完全取决于它的立法者、诗人和艺术家的本性，但它只是洞穴，除此之外什么都不是。面朝墙壁的囚徒并非象征着某些不好的或是未开化的特殊共同体；他们是任何可能存在的共同体的公民。到现在为止，就连格劳孔（这可是好战的格劳孔啊！）也在抱怨，强迫哲人回来治理城邦是不正义的。

洞穴的故事以一种不可比拟的清晰性，清楚揭示了苏格拉底在第二卷中提出的城邦—灵魂类比之限度。尽管个人与共同体在某些方面可能相似，但柏拉图想要表明：在最高层次上，在最关键的方面，它们根本上是彼此冲突的。灵魂想要逃离共同体的习俗约束的爱欲，一直是哲学最根深蒂固的冲动。即便是最佳城邦也会被某些人体认为某种监狱，而他们正要开始的是一场"灵魂转向"的漫长旅途，一场教育之旅。我们也许永远不能完全生活在共同体之外，但也不能终日在共同体中感到心满意足。从这方面讲，《理想国》不止是一部哲学著作；它还是古往今来最伟大的"教育小说"。

柏拉图的民主，我们的民主

对于我们美国的政制，苏格拉底会作出怎样的回应？最重要的是，从这样的遭遇中我们能学到什么？

一方面，《理想国》是古往今来最反民主的著作。它对哲人王的捍卫，就是对雅典民主的拒斥。它的正义观念，"各司其职"，就是对民主信念的某种拒斥。民主坚信，公民拥有足够多的全面知识来参与政府公务，但必须注意雅典的民主不是美国的民主。柏拉图认为民主就是多数的统治，他认为这与随心所欲的不加约束的自由是紧密相联的。它在许多方面都和美国的民主不同，后者的根基在于一个包括了三权分立、法治，以及为保护个人权利而建立的政府的宪政体制。就表面看来，雅典与华盛顿简直有着天壤之别。

即便雅典的民主制度，也不是柏拉图在反对民主政治时所想的那个民主。在现代民主生活中，有一种情况十分接近柏拉图的描述。柏拉图不只关心民主的政治，也关心民主的文化。想想下面这段话，它来自《理想国》的第八卷："他［民主人］会这么一天天生活下去，总以这样的方式满足最新出现的欲望，有时他喝得大醉，沉溺在笛子声中，有时他却只喝水，故意让自己消瘦，有时他参加体育锻炼，有时他却懒得不愿动，对什么事都不关心，有时他却在他所认为的哲学领域中大下工夫。他常常参与城邦的公共事务，常常从座位上跳起来，说出或做出自己即兴想到的事；如果他偶尔羡慕某些武士，他就会朝这一方向跑，如果羡慕做金钱生意的人，他又向那一方向跑。尽管他的生活中既无什么规律，也无什么必然使命，他却声称这是一种甜蜜、自由、幸福的生活，他一生就指望这个。"（561c-d）

这种解释一旦被用于现代的民主人，人们立刻就能对它的存在有所察觉，特别是节食、锻炼、时冷时热的放纵享乐，以及道德冷漠。和若干世纪以后的托克维尔一样，柏拉图从民主中看出了某种物质主义，它将快乐置于一切事物之上，并且培育了人们不愿意为理想而牺牲的态度。正如上文澄清的那样，通过激发出各式各样奇怪的兴趣和激情，民主培育了某种虚假的统一性。它使我们很难将注意力集中在少数事物上，而只有这些事物才能赋予生活以一种整全性和重要性。

然而，最困扰苏格拉底的地方在于：民主包括了某种道德的无政府状态的倾向，这种状态将自由混同于放任，将权威混同于压迫。阿德曼托斯在《理想国》的如下部分中问道："难道不按埃斯库罗斯的说法，我们将说出'此刻已到嘴边的东西'？"（563c）拥有"话到嘴边，想说就说"的自由，在柏拉图看来，这样的观念简直就是渎神，像是在说：不存在什么可耻的事物，一切事物都可以被允许。由于否定对我们的欲望的任何限制，或是出于一种由于所有欲望都是平等的因而一切都被允许的享乐主义信念，这里产生了一种放纵。

柏拉图对民主的看法并不总是消极的。毕竟，正是民主造就了苏格拉底，而且让他一直到70岁都能自由地从事哲学活动。这在古代世界的斯巴达或者其他任何一个城邦中肯定都是不被允许的。另外，柏拉图也许有理由对雅典民主进行一番重新思考，就在他大限将至所写的那封信里，他说与之后的时期相比，民主时期就是一个"黄金时代"。柏拉图似乎是同意温斯顿·丘吉尔的名言：民主制是糟糕的致制，却是人们所有尝试过的之中最好的。

那么，完美城邦有什么用呢？它所服务的目的是什么呢？哲人王也许是一个可以向往或希望的对象，但柏拉图意识到这样一位统治者的出现是不可期望的。哲学之城是作为某种比喻而被引入的，目的是帮助我们理解灵魂的教育。政治改良可能并非我们力所能及，但练习自我控制总归是我们可以做到的。对于那些想要参与政治改良的个人来说，他们最首要责任是改善自我。在《理想国》接近末尾的地方，苏格拉底没有谈论灵魂"大写的"情况（即城邦），而是"内部的城邦"（即灵魂）（591d），就阐明了这一点。这段对话再次从城邦转向灵魂：

苏格拉底："凭狗发誓"，我说，"当然会，至少在他自己的那个城邦，也许尚未在自己的祖国，除非某种神圣的命运和他相遇。"

格劳孔："我明白了，"他说，"你指的是，在那个我们刚才讨论过、由我们自己创建的城邦，那个依附于理论的城邦，因为，我相信，它并不属于大地上任何一个地方。"

苏格拉底："然而，"我说，"太空中也许屹立着一个典范，它为某个想看到它、并且想要根据自己所见而**在他自身之内创建一个城邦**的人而存在。这没有任何区别，这一城邦是否眼下或将来存

在于某个地方；因为他所能干的事务只属于这个城邦，而不属于任何别的城邦。"（592a–b）

人们常常忘记，《理想国》首要的是一部关于改善灵魂的作品。这并不是说它要教导我们卸下政治责任，绝非如此。哲学（当然是苏格拉底的哲学）需要朋友、同伴和对话，它不是孤身一人就能得手的东西。苏格拉底显然明白，那些想要改善他人的人必须首先改善自己，必须"在他自身之内创建一个城邦"，但许许多多想要模仿他的人不够细心。

我们很容易把《理想国》和僭主的秘术混为一谈，很多人也确实有这样的看法。整个20世纪都被那些自立为哲人王的人搞得乱七八糟：希特勒、哈梅内伊就是个中典型。但是这样的人皆非哲人，他们对正义的信仰只不过表达了他们的虚荣与野心。对柏拉图来说，哲学首先是一剂治疗我们激情的药方，是一种为我们欲望设下限制的方法。这恰恰是僭主的反面，柏拉图将僭主描述为一个拥有无尽欲望却缺乏最基本的治理能力的人，这种治理能力就是"自我治理"。

哲人与僭主的区别，阐明了两种十分不同的哲学观念。对某些人来说，哲学代表一种从混乱、野性难驯的激情与偏见中得到解放的方式，一种能带来安宁与满足的治疗。对另一些人来说，哲学是统治欲的源泉，是一切形式的僭主制的基础，也是我们刚刚经历过的那个意识形态岁月的基础。问题是，既然这两种倾向都在哲学内部发挥着作用，那我们怎样才能发扬一种倾向而非另外一种？伟大的哲学家马克思尝言："谁来教育教育者？"这句话说的很对。我们能向谁寻求帮助？

要解决这个问题，没有什么立竿见影的灵丹妙药。但据我所知，最佳的答案就来自苏格拉底。他展现了人们应当如何生活，应当如何死去，这两者同等重要。他活过，他死了，却与多数人的活法和死法都不一样，而是比他们更好，就连苏格拉底最激烈的批判者也承认这一点。

第5章

亚里士多德关于政制的政治科学

关于亚里士多德的生平，有一个故事是这么说的：他出生，他思考，他死去。亚里士多德的一生当然不只是这些事情，但它从某种程度上捕捉到了几个世纪以来人们对亚里士多德的接受方式：他是一位纯粹的哲学家。[1]

亚里士多德生于公元前384年希腊北部的斯塔基拉（Stagira），即现在的马其顿地区。大约17岁，也就是现在大学生的年纪，亚里士多德的

---

[1] 关于亚里士多德的政治学，最令我受益良多的著作包括Carnes Lord, *Education and Culture in the Political Thought of Aristotle* (Ithaca: Cornell University Press, 1982); Stephen Salkever, *Finding the Mean: Theory and Practice in Aristotelian Political Philosophy* (Princeton: Princeton University Press, 1990); Carnes Lord and David K. O'Connor, eds., *Essays on the Foundations of Aristotelian Political Science* (Berkeley: University of California Press, 1991); David Keyt and Fred D. Miller, eds., *A Companion to Aristotle's "Politics"* (Oxford: Basil Blackwell, 1991); Judith A. Swanson, *The Public and the Private in Aristotle's Political Philosophy* (Ithaca: Cornell University Press, 1992); Bernard Yack, *The Problems of a Political Animal: Community, Justice, and Conflict in Aristotelian Political Thought* (Berkeley: University of California Press, 1993); Clifford Angell Bates Jr, *Aristotle's "Best Regime": Kingship, Democracy, and the Rule of Law* (Baton Rouge: Louisiana State University Press, 2003); Jill Frank, *A Democracy of Distinction: Aristotle and the Work of Politics* (Chicago: University of Chicago Press, 2005)。

父亲把他送进雅典的柏拉图学园读书。但与多数大学生不同，亚里士多德在那儿待了二十年，后来还成为那里的教师。想想看，柏拉图和亚里士多德，这两位公认的西方传统的奠基者在同一个地方生活和教书，难道不是一件极不寻常的事情吗？我们只能猜测，在他们相伴的许多年里，两人之间会有什么样的对话。

柏拉图死后，或许由于柏拉图学园的继承人选拔的缘故，亚里士多德离开了雅典，先是去了小亚细亚，后来又回到马其顿。他应国王腓力二世所托，为马其顿的贵族子弟创办了一所学园。正是在那里亚里士多德遇见并教育了腓力的儿子亚历山大，这个人将征服整个希腊世界。后来，亚里士多德回到雅典，创办了自己的吕克昂学园。有一个故事讲道，亚里士多德遭到了雅典人的死刑指控，原因是又一波针对哲学的敌对风潮，情形和苏格拉底那时一样。但亚里士多德没有坐以待毙，而是选择离开雅典。他说，他不想看见雅典人第二次对哲学犯下罪行。即便这个故事真假难辨，它也还是富有启发性的。

人们经常把亚里士多德描述为第一位政治科学家，他的著作确实也很枯燥。亚里士多德不像他的精神教父苏格拉底那样述而不作，只是和别人无休无止地对话，也不像他的老师柏拉图那样，只是摹仿无休无止的苏格拉底对话来进行写作。亚里士多德写了大量涉及不同学科和主题的著作，从生物学到伦理学，从形而上学到文学批评，森罗万象。我们猜，亚里士多德肯定能在耶鲁任何一个学科得到教职，而苏格拉底连一个助教都评不上。就像拉斐尔名画《雅典学园》里的亚里士多德形象一样，亚里士多德的双脚稳稳地立在地上：他的著作没有飞来飞去的幻想，没有科幻小说，也没有想象的共和国。

这些差异之下还隐藏着一些别的东西。当柏拉图的对话在无边无际、令人着迷的问题和悖论里穿行时，亚里士多德似乎从未困扰于任何怀疑或困惑。他是第一位把结构和形式赋予了政治科学这门学科的人。他设定了这个学科的基础范畴和概念，详细阐明了它的基本问题和疑难之处，而且第一个使政治语汇具有了概念上的清晰性和严格性。实际上，在我们今日研究的问题当中，没有一个问题不是亚里士多德首先确定下来的。他把他的作品当作政治教育的著作，如《政治学》和《尼各马可伦理学》。它们与其是为了吸引潜在的哲人，不如说是为了塑造和教育公民和未来的政治家。他的作品不是"理论性的"，这里的理论性是指建构抽象的政治生活模型。相反，它们更像是提供建议，也就是充当公共纠纷的仲裁人。苏格拉底倾向于把政治生活贬低为"洞穴"，相反，亚里士多德严肃对待城邦的尊严，并且指明一条道路：哲学对公民和政治家可能同样有用。

有时人们会说，亚里士多德的政治理论与政治生活之间具有"直接的"关联。他并不打算破坏政治秩序，也不打算从根本上改变认识者的方向，就像柏拉图表面上所做的那样。亚里士多德的目的是更切近地认识我们已知的事物，将它们安置在更好的秩序之中。因此，普通人对他们生活的世界已经形成的意见（endoxa）更加受到他的尊重。亚里士多德思想的这一特征，在一位英国读者笔下得到了很好的刻画："亚里士多德说的很清楚，道德理论必须与既有的意见相融洽，必须将这些意见解释为更为普遍的原理的个案。一个品性良好、富有经验的未受哲学训练的人，通常能在实际事务上作出正确的考虑。因此，亚里士多德论证道，可接受的道德理论能为某些原理提供坚实的基础，通常正是这些原理指导了那些我们通常赞赏的人作出选择。可接受的理论不会破坏既有的道德意见，也不会导致体系性的道德转变。"[1]这段话表达了一个要求：理论与我们对世界的日常感知和经验"必须融洽"，这一点就是亚里士多德的政治技艺的关键。

但是，亚里士多德的政治著作依然留着一个深邃的谜：亚里士多德

---

[1] Stuart Hampshire, "Two Theories of Morality," in *Morality and Conflict* (Cambridge, MA: Harvard University Press, 1983), 10.

《政治学》中的"政治学"究竟是什么？亚里士多德生活的时代，正值自治城邦世界踏上历史的转折点。在他的一生里，亚里士多德看到雅典、斯巴达和其他希腊城邦纷纷遭到北方的亚历山大帝国吞并，这是后来我们所谓的"全球化"的第一次巨浪。我们认为属于古希腊黄金时代的事物，实际上都走到了终点。当时有一些与亚里士多德同时代的伟大的希腊思想家，尤其是一个叫德莫西尼的修辞学家，写了一系列名为《斥腓力》的演说，目的是向同时代的人发出警告，警告北方的马其顿人对雅典所造成的危险。但是，亚里士多德对这些天翻地覆的变化完全保持沉默。他究竟如何看待这些事情？

或许，亚里士多德保持缄默，是因为他是雅典的异邦人。他不是雅典人，因此不能享受一个公民应得的各项保障。同时，沉默可能也是对苏格拉底的命运和哲学遭受政治威胁的处境的一种回应。但是，对于这么一个众所周知的缄默人，他的作品却获得了正典的地位。亚里士多德成为了权威，而且在几乎所有事情上真的就是**唯一**权威。12世纪的迈蒙尼德把亚里士多德称为"知者的大师"（the master of those who know）。对于在13世纪著述的托马斯·阿奎那而言，亚里士多德干脆就被他称为"唯一的哲人"。一切到此为止，除了亚里士多德的哲学，再也没有别的哲学了。几个世纪以来，亚里士多德的权威几乎从未受到挑战。

当然，每位思想家都从自己的角度解读亚里士多德。阿奎那将他解读为君主制的辩护者，但丁在《论世界帝国》（De Monarchia）中认为他怀有一种基督徒君主领导普世帝国的理想。托马斯·霍布斯对他的解读则完全不同。对霍布斯来说，亚里士多德的《政治学》传授了共和政府的危险学说。霍布斯看到，该学说在当时克伦威尔统治的英国如何得到了实践，还被人们用来为弑君正名。霍布斯在《利维坦》中写道："人们读了这些书之后就从事弑君，因为在希腊和拉丁著作家自己的著作和政治论述中，任何人只要把君王事先称为暴君，他弑君的行为就被当成合法的和值得称道的行为。"（XIX，14）霍布斯相信，亚里士多德的"人是政治的动物"学说只能导致弑君。此外,亚里士多德的声音依然回荡在托克维尔到汉娜·阿伦特的民主政治理论家的著述当中。

这就把我们带回到亚里士多德的谜团。这个奇怪而难以捉摸的人究竟是谁?他究竟相信什么?我们开始探索的最佳出发点,便是亚里士多德对城邦自然性的看法。

政治心理学

也许,《政治学》最著名的学说就在亚里士多德的一句话里,即"人出于自然就是一种政治的动物"。这句话是什么意思?

亚里士多德在《政治学》第三页简要陈述了他的论证。他谈到,一切城邦都是出于自然而存在的,接着就推论说:人出于自然就是"政治的动物"(*zōon politikon*)。这里,他的论证在某些细节上还值得我们继续跟进。亚里士多德说:"很显然,和蜜蜂以及所有其他群居动物比较起来,人更是一种政治动物。就像我们常说的那样,自然不会做徒劳无益之事。"他指出,其他物种或许拥有能表达快乐和痛苦的声音,但语言(*logos*)远不止如此。"而语言则能表达利和弊以及诸如公正或不公正等;和其他动物比较起来,人的独特之处就在于,他具有善与恶,公正与不公正以及诸如此类的感觉,"亚里士多德如是说。(1253a)

话虽如此,但是城邦在什么意义上是"出于自然"的,人又是在什么意义上出于自然就是"政治的动物"?亚里士多德似乎给出了两种完全不同的解释。起初,他给我们的解释有点像是城邦的自然史。城邦是自然的,指的是城邦从较低级的人类联合体中生长起来:先是家庭,然后是由家庭联合构成的村庄,接着,村庄的联合体就构成了城邦。"城邦是自然的"似乎是说,城邦就是人类联合体最高级的发展形式。但是,"城邦是自然的"还有第二层意义,也是更重要的意义。城邦是自然的,因为它使人们能够实现和成全各自的自然目的（*telos*）。我们是政治的动物，因为实现人的卓越就需要参与城邦生活。亚里士多德说，一个没有城邦的人肯定非神即兽，要么比人性更低，要么比人性更高。（1253a）我们的政治本性构成了我们的本质特征。

亚里士多德主张人出于自然就具有政治性，他这么说可不是重弹老调，而是在发展一套力量强大、范围广阔的基本哲学原理。当亚里士多德说人出于自然就是政治的动物时，他的意思不是说存在着某种生物学意义上的根深蒂固的欲望，引导我们参与政治生活。后面这种观点隐含的意思是：我们参与政治的自发和热切，就像蜘蛛织网或蚂蚁筑巢那样。亚里士多德可不是爱德华·威尔逊（E.O.Wilson）那样的社会生物学家。

人是政治的动物，因为在所有物种当中唯有我们拥有语言的能力。语言或理性没有限制我们的活动，而是为我们的选择赋予某种自由，这是其他物种所不具备的。正是由于理性而非本能，使我们具有政治性。但是，理性或推理能力与政治之间的关系究竟是什么呢？理性赋予我们判断、商议和决定集体事务（例如战争与和平、自由与帝国）的能力。如亚里士多德所言，语言创造了一个共同体，创造了我们关于何谓正义、何谓不义的共识。

但是，人出于自然就是政治的动物，不止是说我们通过参与各自的城邦生活而成为完全的人，它的含义更加丰富。那些令我们实现完善的联合体一定是特殊的。亚里士多德相信，城邦是一个小型社会，今天我们可能称之为"封闭社会"。亚里士多德说，这样的城邦"容易一览无余"，"一目了然"（*eusunoptos*）。他写道："城邦在大小方面有一个尺度，正如所有其他的事物——动物、植物和各种工具等等，这些事物每一个都不能过小或过大，才能保持自身的能力……与此相似，一个城邦倘若过小就不能自足（城邦就在于自足），一个过大的城邦倒是可以在种种日常必需方面自足，就像某个部落那样，但不能算是一个城邦，因为难以建立起一个政体。谁能成为不计其数的人群的统帅，或者没有斯顿托勒斯那

样的嗓门,谁能给他们传令呢?"(1326a–b)

即使是在亚里士多德的时代,城邦是否真的被认为能够很容易就一览无余也是有疑问的。阿提卡的大小近似于罗德岛,即便按美国人的标准来看是小的,这块地方也很难"一览无余"。只有一个由熟人关系所主导,由信任、友谊和亲密关系所凝聚起来的相对封闭的社会,才能满足亚里士多德的城邦标准。只有当一个城邦小到能够让信任与友谊关系占据统治地位时,这样的城邦才能在真正意义上是"政治的"城邦。城邦的对立面就是帝国,它只能实行专制统治。

结论就是,城邦出于自然就不可能是一个普世国家,甚至也不是现代民族国家。普世国家或无所不包的社会,只能存在于一种较低级的人性之上,而随着时间流逝,一个封闭的社会能够为了自我完善而做出超乎寻常的努力。一个城邦总是与其他城邦或国家并存于世,而它们是基于不同原则建立起来的。这些其他城邦或国家可能成为自己的敌人,也就是说:即便最佳城邦也不能没有对外政策。身为一个政治的动物,就意味着要在公民同胞、朋友与敌人之间做出区分。民主制下的好公民不是另一种政体下的好公民。党派性和对自己生活方式的忠诚,都是一个健康的城邦不可或缺的东西。因此,敌人和朋友是政治生活中自然的、根深蒂固的政治范畴。正如我们不可能与所有人交朋友,城邦也不可能与其他所有城邦交朋友。对城邦而言,战争、战争所需的德性与和平所需的德性一样自然。

注意,亚里士多德并没有告诉我们哪种城邦或政制是最好的。那么,应当如何治理这样一个城邦?一人统治、少数统治或多数统治,还是上述三者的某种混合?在这一点上,我们只知道城邦最一般的特征。它必须小到足以凭借一种关于正义和公共善好的共同话语而进行治理。人人说同一种语言,这还不够,塑造一个城邦的东西是共同的经验和记忆。按亚里士多德的标准看来,现在那些通行多国语言、多元种族的庞大共同体恰恰缺乏互信和友谊的充足基础,而这两样东西对于人的幸福不可或缺。

这样一种城邦的公民只能通过积极参与城邦公职的方式以实现完善。另外，一个庞大的普世国家可能允许每个人拥有过自己喜欢的生活的自由，但这并非亚里士多德理解的自由。自由只能源于政治责任的履行，而这种责任就是一个人对公民同胞的幸福所负有的责任。因此，结论就是：自由并不只是意味着过自己喜欢的生活，而是必须赋予它一种道德约束，赋予它一种"不是什么事情都能被允许"的意识。好的社会是一个能够促进节制、约束和自制的社会，这些东西与自由是不可分的。上述一切，就是亚里士多德的"人是政治的动物"命题所揭示的道理。

奴隶制和不平等

无论我们怎么看待亚里士多德关于城邦的自然性的论点，我们也躲不开他的另一个著名的也是臭名昭著的学说，即奴隶制的自然性。亚里士多德相信，不平等是人与人之间的法则，而据说可以从中推出"奴隶制是自然的"这一结论。如果这是事实，亚里士多德的《政治学》似乎就应该被谴责为迄今以来最反民主的著作。那么，我们应当如何对待这本书呢？

首先，我们必须避开两种无益的回答。其一是要我们闭口不谈亚里士多德思想里的这些最难解也是最令人反感的部分，假装他从未说过。我们需要避免这种美化或净化亚里士多德的诱惑，这样做只不过是为了让亚里士多德显得政治上更容易接受而已。但是，我们也要抵制另一种相反的诱惑，仅仅因为亚里士多德和我们的观点不一致就要完全抛弃他。问题在于，亚里士多德讲的奴隶制究竟是什么意思？他认为谁出于自然就是奴隶？除非我们理解了他的这些根本问题的意思，否则我们没有理由全盘接受或全盘否定他的学说。

第一个值得注意的地方就是：亚里士多德没有简单地因为希腊人实行

奴隶制，就假定奴隶制是自然的。你会发现，他是以一种论辩形式而展开分析的。亚里士多德说，一些人相信奴隶制是自然的，因为统治与被统治是一对无处不在的区分；相反，另一些人认为主人和奴隶的区分不是自然的，而是源于长久以来的传统和习俗。（1253b）换言之，奴隶制是自然的，还是习俗的？即便在亚里士多德那个年代，奴隶制也饱受争议，人们对它有着大相径庭的看法。

亚里士多德的思想开放地几乎令人抓狂，这里就是其中一例。他对论辩双方的论据都怀有极大的兴趣。亚里士多德赞同那些否认奴隶制的正当性是由战争或征服所赋予的人。他评论道，战争并不总是正义的。因此，我们不能认为战俘变成奴隶就是正义的。同样，他否认奴隶制只适用于非希腊人，根本不存在什么种族或人种上的特征，能使我们做出自然奴隶和自然主人的区分。亚里士多德的思想根本没有一丁点我们所谓"种族主义"的暗示。他令人震惊地坦言，尽管自然或许倾向于区分奴隶和自由人，但"相反的情况也常常发生"。（1254b）现在我们完全被他搞糊涂了：先前他说自然不做徒劳之事，现在又说自然有时会弄错目标。这怎么可能呢？自然怎么会犯错呢？谨慎的读者应该对这样的混乱保持警惕。

与此同时，亚里士多德又对那些捍卫自然的奴隶制的人表示赞同。奴隶制是自然的，是因为一旦没有对激情的管束，我们就不能管好自己。在这一点上，亚里士多德表明自己是柏拉图的好学生。约束或者自制，是自由或自治不可或缺的东西。一个受激情所奴役的人无力展现出自由人的特征。此外，真正管好自己的激情和欲望，与真正管好和统治别人是一样的。正如存在着灵魂中的差等，即理性统治激情，理性人统治无知者的社会差等也是存在的。因此，主人和奴隶的自然差等，也是一种道德智性或理性自制力的差等。

但这是如何形成的？这种智力差等究竟是一种基因遗传的产物，还是环境和教化的结果？如果是后者，如果这种智力或理性的差等是后天的产物，那么奴隶制怎么能以自然的名义而得到辩护呢？如果一个人碰巧获得了特权和受教育的地位，而别的人注定只能过着默默无闻的生活，这难道不是不正义的吗？亚里士多德把人称作"理性的动物"，也就表明所有人都有着某种求知的欲望，渴望把自己的心智和生活培育为自由人的心智和生活。亚里士多德的《形而上学》开篇有一句名言："求知是所有人的本性。"（980a）"所有人"这个表述显然是说，求知的欲望是普遍的。如果所有人都有求知欲，那么所有人都追求理性。最佳政制似乎就将是某种贵族制，而且这种贵族制自身已扩展为与天才和智识相关的贤能政制。

亚里士多德一直认为，教育（真正的教育、自由的教育）是少数人的特权。这种训练和自制是受过教育的心智所必需的，也在人类当中遭到了不平等的分配。结果，依据自然的政制将是一种教育和训练的贵族制，一种受教育的精英为了所有人的善好而施行统治的贵族共和。亚里士多德的共和制致力于培养一种高水平的公民德性，这种德性就是自我管理所必需的头脑和心灵的能力。他相信，这些能力必然是少数人的特权，是少数公民能够在司法行政和城邦公职当中分享的特权。这一小部分人就构成了亚里士多德的统治阶层。

亚里士多德所设想的一种受过教育的贵族，与柏拉图的哲人王理念不尽相同，但也有所关联。这个想法与我们的经验隔得并不太远。亚里士多德所说的"教育"（*paideia*），并不是一种严格意义上的哲学，而是意义更加宽泛的智识文化，它还涵盖了博雅之艺、文学和音乐。这种"教育的贵族制"，在托马斯·杰弗逊写给约翰·亚当斯的一封信里得到了褒奖。杰弗逊在基于天才和智力的"自然的贵族制"与基于财富和出身的"人为的贵族制"之间作出了区分。他写道："我认为，自然的贵族制是自然为我们社会的教育、信任和政府所赋予的珍贵礼物……甚至于我们是否可以说，那种能够最有效地、毫不掺假地把这些天然贵族遴选担任公职的政府才是最好的政府？"对杰弗逊而言，代议制，特别是选举制度，就是甄别"小麦和麸皮,贵族和伪贵族"的最佳手段。①

至于那些看到杰弗逊竟然支持亚里士多德就感到惊讶的人,他们可以想想19世纪最伟大的自由主义者约翰·斯图亚特·密尔。密尔在《代议制政府》一书里深感忧心的是,选举权的扩大将导致大众民主的崛起,以及受过教育的少数派影响渐渐式微。因此,他拥护黑尔(Hare)和弗塞特(Fawcett)提出的投票办法,因为它支持在不同层次的选民中间实行"比例代表制",目的就是要抵消"一人一票"的弊端:

> 现代文明的代议制政府,其自然趋势是朝向集体的平庸,这种趋势由于选举权的不断下降和扩大而增强,其结果就是将主要权力置于越来越低于最高社会教养水平的阶级手中。但是有高度智力和优良品质的人虽然在数量上必然是少的,但他们的意见是否被听取则情况有很大不同……在古代的民主制是没有办法使有才能的人不被人们看到的,讲坛对他是开放着的;他不需要任何人的同意就能成为公众的顾问。在代议制政府则不是这样;如特米斯托克里(Themistocles)或者德莫西尼(Demosthenes),虽则他们的意见可能挽救了他们的国家,竟终生没有获得一个议席,这是代议民主制的最好的朋友也不能不感到不安的。②

在反对亚里士多德把共和解释为令人难以忍受的精英主义和反民主主义的做法之前,我们必须问自己一个棘手的难题:耶鲁大学除了是一个旨在对潜在领袖进行道德教育和智识教育的精英组织之外,还能是什么?

---

① Thomas Jefferson to John Adams, October 28, 1813, in *The Adams-Jefferson Letters: The Complete Correspondence Between Thomas Jefferson and Abigail and John Adams*, ed. Lester J. Cappon (Chapel Hill: University of North Carolina Press, 1987), 388-389.

② John Stuart Mill, *Considerations on Representative Government*, ed. Cumin V. Shields (Indianapolis: Bobbs-Merrily 1958), 114-116. [(英)约翰·密尔:《代议制政府》,汪瑄译,112—114页,北京:商务印书馆,1984年]

耶鲁是随便谁都能进的吗？它的大门应该向所有人敞开吗？难道它不需要那些取得成功所必需的品质，例如自制、富有纪律性和"延缓满足"之类的吗？耶鲁和其他精英院校的毕业生能在政府、商业、法律和学术领域中身居高位，难道这只是巧合吗？把耶鲁的阶级视作某种自然的贵族，某种并非基于财产或传统而是基于天才和功绩的贵族，这是一种不公平或不理智的做法吗？在我们把亚里士多德视为反民主的精英主义者而予以拒斥之前，不妨好好看看你们自己。你们就是这个样子，否则就不会在耶鲁了。

关于政制的政治学

亚里士多德对政制类型的比较性分析，占据了《政治学》第三卷到第六卷的核心章节。"政制"（*politeia*）是亚里士多德政治科学的核心概念。事实上，它也是柏拉图《理想国》一书的标题，而那本书论述的正是最佳政制或美好城邦。亚里士多德用这个词来描述一个共同体最基本的宪制结构。政制就是一个共同体的形式化的制度设计，也近似于我们所谓一个民族的生活方式或者文化，以及他们独一无二的习俗、生活方式和习惯。

亚里士多德对宪制展开理论探讨，一开始就追问：什么是一种政制的同一性？是什么使它在时间中得以存续？我们能区分出政制的**质料**与**形式**。政制的质料就是公民，即那些构建了一个城邦的人的品质。亚里士多德不承认政制是由居住在一片共同领土内的人所定义的。他谈道："什么情况下可以认为住在同一个地方的人属于同一城邦呢？当然不能以城墙为界。"（1276a）换句话说，地理上的邻近并不是政制的特点。同样，亚里士多德也不同意把政制视作抵抗外来入侵的"防御同盟"。用我们的话来说，北约组织就不是一种政制。最后，亚里士多德也否认了，当一批人出于贸易目的而建立商贸关系时，政制就能存在。所以北美自由贸易区或WTO也不是一种政制。这些都不是政制。亚里士多德写道："显而易见，一个城邦并不是空间方面的共同体，也不是单单为了防止不公正的侵害行为或保证双方的贸易往来。"（1280b）那么，政制是什么？

于是，我们可以说，一种政制是由它的公民所构成的。公民就是那些共享了一种共同生活方式，因而能够参与政治统治的人。亚里士多德说："单纯意义上的公民，就是参与法庭审判和行政统治的人，除此之外没有任何其他要求。"（1275a）或者，如他接下来所言："凡有资格参与城邦的议事和审判事务的人都可以被称为该城邦的公民。"（1275b）公民不仅受到法律的保护，还要参与法律的制定，参与政治统治和议事。亚里士多德甚至还注意到，他对公民所下的定义最适用于民主制的公民。他有一个著名的表述：民主制的公民人人都知道如何"既能统治他人又能受他人统治"。（1277a）正是对公民性质的反思，促使亚里士多德去思考：好公民是否等于好人？最好的公民一定就是最佳类型的人吗？

亚里士多德或许故意把他对这个问题的回应弄得模棱两可。他评论道，好公民是相对于政制而言的。民主制的好公民不等于君主制的好公民。公民德性是相对于政制而言的。只有在最佳政制下，好人和好公民才是等同的。但这套公式有点像循环论证。因为，什么是最佳政制？存在一种好人等同于好公民的最佳政制吗？至此，亚里士多德没有明说。重点在于，有几种政制类型，就有几种对应的公民身份。每种政制不单单由其质料所构建，也是由其形式所构建的。这也就是说，政制是由塑造了公民的一整套制度和形式结构所构建的。政制或宪制包含着各式各样决定一个共同体内部的权力分配的方式或程序。

我们已经看到，构建了一种政制的公民并不仅仅是占据了一个共同的空间，也不只是为了集体防御和公共便利而团结一心。除此之外，他们还由于公共的友爱、忠诚、信任和友谊的纽带而联成一体。亚里士多德这么说是什么意思？他写道："这些（政治伙伴关系）都是情感的结果，因为情感是人们选择共同生活的初衷。"（1280a）亚里士多德指出，友爱乃是"城邦最高的善"，因为一旦人们彼此间怀有友爱，他们就不那么容易陷入冲突之中。（1262b）亚里士多德用希腊语"友爱"（philia）一词，强烈暗示一种相同命运下的人们彼此之间的同志情谊。政治的友爱也可能因为政府公职和政治荣誉的缘故而产生紧张的对立和竞争。公民的友爱并不是完全没有某种强烈的兄弟竞争的元素。在这种竞争当中，每个公民努力要为着公共善好的缘故而胜过其他人。我们都知道，兄弟或许就是最好的朋友，但这并不能排除旨在赢得父母瞩目的强烈的竞争乃至冲突元素。公民同胞就像兄弟，为了得到城邦的尊敬、偏爱与承认，一切人都与别人相互竞争，而这里的城邦就等于家长。

亚里士多德说公民通过共同的友爱而联为一体，这句话是有所特指的。公民的纽带绝不仅是私人利益的集合，这是后来的霍布斯和当代许多政治科学家才有的主张。我们不能只在理性计算利益的层面上思考政治。但是，亚里士多德所说的友爱也不是私人友谊所特有的那种亲密关系。公民不需要亲密，但他们必须把自己当作一项共同事业的一员。他们是一项事业的一员，而我所说的事业就是一种共同努力。一旦缺少了它，一旦公民信任遭到破坏，人们就不能成为真正意义上的公民。亚里士多德所说的公民友爱，更像是忠诚和同志的纽带，它们将一群人凝聚成一支队伍或社团。它们绝不只是相互便利的纽带，而是需要社会学家称为"社会资本"的忠诚，以及相互承认。当血气旺盛的人说"团队之中没有自我"的时候，表达的就是这样的感觉。他们是集体的一部分，而集体大过各部分的总和。亚里士多德写道："由此可以得出结论，政治共同体的确立应以高尚的行为为目标，而不是单单为了共同的生活。"（1281a）

如果说一个政制的质料关涉到它的公民构成，那它的形式就在于权力的分配。亚里士多德在《政治学》里两次定义了严格意义上的政制的形式。第一处在第三卷第六章里，他写道："政制就是针对城邦中各种官职的某种制度或安排,尤其是对一切事情拥有最高权威的官职。因为,无论何处,城邦的权威一定是政府(governing body),而政府就是政制。"(1278b)

第二个定义在第四卷第一章里,亚里士多德写道:"一种政制即是对城邦中各种官职的一种设置,以某种方式对官职进行安排,确定该体制中的权力所在和每一城邦共同体的目的所在。"(1289a)

从这两个定义当中,我们能学到许多东西。首先,亚里士多德区分各种政制的基础是它们的统治者或统治阶层。一种政制关心的是共同体内部权力分配的方式。当亚里士多德说政制就是"对城邦中各种官职的一种设置"的时候,他就是这个意思。换言之,一切政制的基础都是某种有关权力应该如何分配的判断,权力应该被分配给一人、少数还是多数。在任何政制中,上述三者总有一个会发挥主导作用,也就是亚里士多德所谓的"统治者"或统治阶层,而这种政制的本性就此得到了定义。因此,亚里士多德的政制分析涉及或许是最古老的政治问题:"谁来统治?"

一切政制都是由一人、少数人或者多数人统治的。但亚里士多德的典型做法,是在区分了三种基本的政制形式之后,旋即就把最初的构想变得更加复杂。他又区分出良序的政制和败坏的政制。他的政制分析并不只是经验性的,而且也是规范性的。良序的政制包含了君主制、贵族制和混合政体(polity),败坏的政制包含了僭主制、寡头制和民主制。一个人的统治可能是君主制,也可能是僭主制;少数人的统治可能是贵族制,也可能是寡头制;多数人的统治可能是宪政,也可能是民主制。他的政制分类如下表所示:

	良序	败坏
一人	君主制	僭主制
少数	贵族制	寡头制
多数	混合政体	民主制

那么，亚里士多德区分良序的政制和败坏的政制的标准是什么呢？

亚里士多德相信，一个正派的政制秩序必须具备两个特征。首先是法治。一种政制不应当遭受少数人或多数人出于自利的统治之苦，否则就不配称作"政制"。我们后来会看到，法治也不一定能保证正义，但亚里士多德可以肯定的是：正义，以及由此而来的政治正当性，绝不可能脱离法律的框架而存在。法治以及法律对公民所负有的责任，就是亚里士多德所谓的"混合政体"或"宪政"的最低限度的必要条件。良序政制的第二个特征是稳定。只要现存政制还保持着一丝秩序上的稳定，通常亚里士多德就不愿意谴责它，哪怕它是一种糟糕的政制。实际上，他对各种不同类型的政制的优劣给出了理性论证。我们甚至可以发现，他在"如何使政制更加稳定"这个问题上向僭主谏言。亚里士多德认为，任何一种政制都不可能完全没有一点善好，以至于毫无必要予以维护。

例如，我们可以发现，亚里士多德为民主制辩护的理由就在于：多数人共同具有的智慧可能优于少数人，这个论证经常被称为"多数的智慧"。在第三卷第十一章里，亚里士多德写道："因为，众人中的每一成员都部分地具有德性与明智，当他们聚到一起时，众人就仿佛成了一人，多手多足，兼具多种感觉，在习性和思想方面也是不拘一格。"（1281b）我们甚至听到亚里士多德对陶片放逐法的赞美，这一民主制举措就是要流放那些在人们眼中德性或某些品质太过卓越的人。

在第三卷第十五章里，他表达了类似的观点，将民主审议的过程比作聚餐会："公民大会的成员，单独而论恐怕是不如最优秀的人；但城邦原本是由众多的公民构成，正如由众人筹资举办的宴席胜于由一人出资举办的宴席一样，在许多事情上众人的判断要优于一人的判断。此外，多数的事物较之于少数的事物更加不易腐败，恰如大量的水比少量的水更加不易腐坏。"（1286a）就一场宴席而言，重要的与其说是菜品的数量，不如说是菜品的多样性。

同样，我们也能发现亚里士多德为君主制和一人统治作辩护。在第三卷第十六章里，他考察了"那些在所有事情上均凭自己的意志行事的君王"。（1287a）亚里士多德所设想的这类君王，有点像是柏拉图的哲人王理念。亚里士多德用一个希腊词称呼它，*pambasileia*，字面意思就是"全权君主"。他并没有排除这样的可能性，即一个超凡出众的人物能够高踞众人之上，成为他们的自然的统治者。

我们怎样才能把亚里士多德所思考的全权君主与他先前强调的多数人的智慧相调和呢？他提出的全权君主，是否暗示了他的政治思想里有一种更像是源于马其顿祖国的"亚历山大式"的隐秘血统，而非他所吸收的雅典思想呢？在之后的《政治学》里，亚里士多德发展了一个论题，即只要条件有利，希腊人也可以对其他国家建立霸权。思考一下第七卷第七章里一段著名的话："在寒冷地带居住的人群和欧洲各族的居民都生命力旺盛，但在思想和技术方面则较为缺乏，所以他们大都过着自由散漫的生活，没有什么政制组织，也缺乏统治邻人的能力。亚细亚的居民较为聪颖而且精于技巧，但在灵魂方面则惰性过重，故大多受人统治和奴役。至于希腊各族，正如位于这些地方的中间地带一样，兼具了二者的特性。因为希腊人既生命力旺盛又富于思想，所以既保持了自由的生活又孕育出了最优良的政制，并且只要能形成一种政制，它就具有统治一切民族的能力。"（1327b）

这段话相当重要。亚里士多德相信一个人能统治所有希腊人，同样认为在适当的条件下希腊人也可以在所有民族之中建立起一个普世帝国。他没有排除这样的可能性。亚里士多德本质上是一位宪政多元主义者。他认为，不同的政制适合于不同的环境。对政治生活而言，不存在任何一劳永逸的模式，好政制也可能具有许多不同的形式。政治科学家的任务不是支持任何一种政制，而是要认识到：许许多多不同的政制都是正当的，它们能够满足不同的处境的需要。

尽管如此，亚里士多德深知我们不能巴望一个具有超凡德性的人出现。政治事务更多地是应对不那么好的情况。出于实际考虑，大多数政制都是寡头制和民主制的某种混合,即亚里士多德所谓的富人与穷人的混合。第一个发现了阶级斗争的事实的人是亚里士多德,而非马克思。但与马克思不同,亚里士多德意义上的阶级斗争不只是为了控制资源和生产方式而展开的斗争,而是围绕着荣誉、地位尤其是政治统治地位的斗争。简单地说,决定政制的不是经济动机,而是政治冲突。

人们普遍误以为亚里士多德更强调和谐与共识,而非冲突与党派斗争。这种看法显然是错的。每一种政制都是一个论争平台,各种相互竞争的正义和统治的要求彼此间展开激烈的较量。不仅各种政制之间存在着党派性,政制内部也有党派性,公民往往因为相互竞争和不可调和的正义观念而迸发活力。民主派的成员,也就是穷人,相信因为人人平等所以就应当在一切事情上都人人平等;寡头派的成员,也就是富人,相信因为人人不平等所以就应当在一切事情上都人人不平等。一切政治都具有这种对立。妄图消除冲突的根源,缔造一个利益共同体,也就是妄图根除政治。政治是一门讲究如何娴熟地驾驭冲突的艺术。那么,如何才能调解党派斗争的肇因,以免它们发展成革命和内战?

宪政与法治

亚里士多德设想了几种药方,以克服不同党派争强好胜,而且潜在具有战争倾向的争斗。最重要的药方就是法治。法律确保所有公民得到平等对待,以免一人、少数或多数人恣意专政。亚里士多德写道:"法律不偏不倚,崇尚法治的人可以说是惟独崇尚神和理智的统治的人,而崇尚人治的人,他们崇尚的是野兽;因为欲望就带有兽性,而血气自会扭曲统治者甚至包括最优秀之人的心灵。法律即是摒绝了欲望的理智。"(1287a)然而,法治并非结束,而只是开始。亚里士多德问,比起人治,甚至是最好的人的统治,法治是否更好?与往常一样,他从不同的视角考察了这个问题。

一开始，亚里士多德似乎捍卫柏拉图提出的最好之人的统治。他写道："墨守成文法规的政制**不会**是最佳政制。"（1286a）法律是一件笨重难用的统治工具，因为法律应对最普遍的事务，而不能应用到具体的处境之中。不止如此，法治似乎应该兼具立法者和政治家的手腕，它必须始终准备好应对难以预料的新形势。

同时，亚里士多德也为支持法律提供了理由。无论个人的判决多么睿智，它都会受制于偏见，这种偏见源于激情、利益甚至仅仅是人类理智的易错性。法律是对智慧的摹仿，法律的主权取代了作为人的统治者的主权。除此之外，亚里士多德还指出，谁也不能注意到一切事情。这是一个可行性问题。然而，亚里士多德为法律辩解的另一个理由在于：人们不会相信一个自己裁断自己事务的法官。医生生病的时候，他们也要让别的医生来给自己看病，正如训练师向其他训练师咨询健康也在情理之中。只有中立方才能作出适当的判决，这里讲的中立方指的就是法律。法律可以取代个人统治者的主权。

那么，我们应该变革法律吗？如果是，怎么变？亚里士多德在这个问题上又给出了不同的观点。在第二卷第八章里，他将法律比作其他的技艺与科学，表明科学（例如医学）就有着进步和变革，这一点也适用于法律。法律的古老性并不是要继续沿用法律的正当理由。亚里士多德不是一个信奉"祖传即善好"的柏克式的保守主义者。他表示："通常人追求的是善好，而非传统。"（1269a）

但是，他又承认即使变法能带来某些改善，这种做法也是危险的。亚里士多德写道："轻率地变法是一种极坏的习惯……如果变法使人失去顺从的习惯，那么城邦得到的还不如失去的多。"（1269a）突然变法或频繁变法，即便旨在改善法律，也会引起人们不愿意看到的后果。与所有德性一样，守法是一种行为习惯。即便是不服从一个不正义的法律，这样的习惯也会导致谁都不把法律放在眼里。亚里士多德说："法律无法强

迫人们顺从，只有习惯才能这样……所以，不断地变旧法为新法会削弱法律的威力。"（1269a）

解决党派问题的关键办法就在亚里士多德在第四卷里提出的"混合政体"理论之中。事实上，**混合政体**（polity）和政制（politeia）是同一类词，可以用于一般意义上的各种政制，大概可以翻译成我们所谓的"宪政"或"立宪政府"。混合政体或宪政的本质特征就在于，它代表了寡头制和民主制两种原则的混合，从而避免受任何一方极端所支配。通过对少数派和多数人的要素加以融合，中间阶层的统治就成了混合政体的特征。由此可见，比起少数派或多数人纯粹出于自利而进行统治的政制，一种拥有中间阶层的混合政体更加稳定，也更加尊崇法律。中间阶层能获得极端党派双方的信任，如果它足够庞大的话，阶级冲突就可以避免："凡是中间阶层庞大的地方，公民之间就很少有党派纷争。由于同样的原因，大的城邦比小的城邦更少有党争，因为大的城邦中的中产者人数较多。"（1296a）

《联邦党人文集》的读者想必会对这段话备感亲切。他们会回想起詹姆斯·麦迪逊的提议：不要废除党派或宣布党派非法，而是让它们在一个庞大的共和国中彼此监督和制约。宪政的优势就在于，每一方党派都能说它的政制是民主制或寡头制。宪制政府是民主的，因为它有一个普遍的教育系统，并且"一个富翁绝不可能与一个穷人有什么不同"；宪制政府是寡头的，又是因为政治职务总是由选举而非抽签决定的。①简而言之，每个人都能得到一点东西，而"城邦的诸分子或成员中无一具有组建另一个政体的意愿"。（1294b）亚里士多德关于混合寡头制和民主制的提议，令我们想起麦迪逊所呼吁的权力分立的政府。借用《联邦党人文集》第五十一篇的一句话，为了避免滑入专政和内战这两种极端，"必须用野心来对抗野心"。早在美国宪政诞生以前，亚里士多德似乎就已经发现了它！

---

① 关于选举原则的设置是为了将寡头制元素引入大众政府的论述，见 Bernard Manin, *The Principles of Representative Government*（New York: Cambridge University Press, 1997）。

政治科学与政治判断力

什么是亚里士多德的政治科学？提出这个问题就已经采纳了一种主张。难道亚里士多德真的有一门政治科学，一门关于政治的科学吗？如果是，它的内容又是什么？要回答这个问题，甚至仅仅是开始思考这个问题，我们都需要回到亚里士多德的文本，追问一些与它相关的根本问题：亚里士多德所说的政治是什么意思？政治学研究的目的或意图是什么？亚里士多德研究政治事物的方法有着怎样的独一无二之处？

亚里士多德政治科学的关键，就建立在他所发现的某类知识的基础之上，这就是明智（*phronēsis*）。他把实践的知识与另外两类知识区分开来：一是 *epistēmē*，即科学的或理论的理性；二是 *technē*，即技艺的或创制的知识。理论智慧寻求必然真理或普遍真理，无论何时何地都为真，譬如我们在数学或逻辑中发现的真理。技艺性的技术知识是一种工具性的知识，它涉及实用物品的创制。相反，实践知识是关于正确行动的知识，在此，行动的目的就在于行动自身"做得好"。它并不需要某种工具性的推理活动，即知道实现一个目标的最有效的手段。相反，行动需要某种鉴识力，是要知道在特定处境中做什么事才是正确的。

亚里士多德主要是想把道德和政治知识的研究，与诸如数学和物理学那样的纯粹理论追求区分开来。与理论科学不同，政治学的主题千变万化，因此不能将它一般化归纳成类似于法律那样的东西。实践知识总是暂时性的，它能够产生的真理只是大部分成真，例外总是存在。实践判断与理论知识和创制知识的区别，就在于一种合适或适当的意识，一种对特殊处境的细微差别或具体细节的关注。明智的人（*phronimos*）能从一个处境的纷繁复杂的布局之中，捕捉到最合适或适当的东西。最重要的是，这样的人具有洞察力和辨识力这样的特殊才能，这就使他们与那些更具有纯粹理论或推理的性情的人区别开来。

因此，实践理性这类知识就适用于公民大会、法庭或其他议事场所的人。它既非以抽象真理为目标的理论知识，亦非人们用来制造实用器具的创制知识。这种实践智慧带来的是眼光与深思熟虑。只有在有所选择之时，我们才会对事物进行深思熟虑。我们进行深思熟虑的着眼点就是保守抑或变革。这种知识将是老练的政治家的技艺，他们关心的是在特定形势下应当如何行事。它不是一批真命题或者可普遍化的命题，而是一种知道如何行事的敏锐感，或者说"政治头脑"。最伟大的政治家都具有这种能力，例如宪政的奠基者们，他们创立永恒的制度框架，以便不够伟大之人和后来之人处理变局。

在英国政治哲学家以赛亚·伯林的一篇论文里，虽然没有直接提到亚里士多德，这种亚里士多德式的实践智慧却得到了极为出色的阐发。在这篇名为《政治判断力》的文章里，伯林问，成功政治家的知识具有什么样的智识长处，而这种长处与其他形式的知识和理性相比有何不同。伯林写道："我力图描述的才能是成功的政治家（不管他们是邪恶的还是高尚的）对社会生活或就此而言的个人生活所具有的特殊理解力。具备这种才能的有俾斯麦、塔列朗、富兰克林·罗斯福，此外还有加富尔、狄斯累利、格莱斯顿、土耳其之父基马尔等人，伟大的心理小说家们同样具有这种天赋，而它在更具备纯理论天才的人，如牛顿、爱因斯坦、罗素甚至弗洛伊德身上就明显欠缺。"[1]他接着写道："我们把这类能力叫做什么呢？也许叫实践理性，或者说是一种知道什么'行'、什么'不行'的感觉。首先，这是一种综合的而非分析的能力，是获得某种知识的能力，这种知识就像驯兽员对动物、父母对孩子、指挥对乐队的那种知识。与之相反的，则是化学家对试管里的药品的知识，或数学家对数学符号所遵循的规律的知识。缺少这种能力的人，无论他们拥有别的什么长处，无论他们多聪明、博学、富有想象力、善良、高尚、迷人，无论在别的

---

[1] Isaiah Berlin, "Political Judgment," in *The Sense of Reality*: *Studies in Ideas and Their History*, ed. Henry Hardy（New York：Farrar, Straus and Giroux, 1997），47.［（英）以赛亚·伯林：《现实感》，潘荣荣、林茂译，52—53页，引文有改动，南京：译林出版社，2004年］

方面多么富有天赋，要说他们可能政治上愚蠢，这样的看法也是对的。"①

政治判断力所必需的东西，就是伯林所说的"现实感"。这不仅仅是指对什么行、什么不行的知识，还是一种对什么可能、什么不可能的感觉。判断力并不只是找到实现目标的合适方法，而是要知道在特定处境中做什么样的事才称得上合适或适当。政治中的良好判断力，就像我们判断个人身上的良好品质的能力一样，并不一定就要拥有更多信息或知晓更多事实。相反，它是一种在其他人做事之前就能看清某些东西，知道谁值得信任、谁不值得信任的能力，而且，它也甘愿为自己的错误负起责任。

但我们想知道，谁拥有政治判断力？谁是这样的高贵典范，能够充当正确行动的标准？道德判断力是习惯的产物，还是说更近似于自然或恩典的赐予，就像绘画或外语学习的天赋那样？这样的能力究竟是某些人生来就有，还是说可以通过实践和习惯获得？事实上，我们的自然天赋和能力分配得十分不平等，与我们的价值或功过没有任何关系。在很大程度上，这些东西都是运气的结果。为什么一个人就拥有弹钢琴的天赋，而另一个人就是乐盲呢？为什么一个人拥有赚钱的本领，而另一个人就得一次又一次碰壁呢？自然只提供了未经加工的质料，而习惯和实践赋予这些质料以形式。但是，判断力终究是要获得一种鉴识力，以使一个人能够辨别适当的和不适当的、真实的和伪造的东西。也许，亚里士多德的格言可以写成："辨识，永远辨识下去。"

亚里士多德的实践判断力概念的特征就在于，它明显不是写给政治科学家和哲学家，而是写给公民和政治家看的。亚里士多德的语言始终没有逾越日常语言的界限。这种语言不要求通过科学净化掉一切模糊性，相反，它采用的检验标准适用于公民大会、法庭和议事会的辩论。当代政治科学主要关注的是发展科学（即真命题的集合）的主张，但亚里士

---

① Berlin,"Political Judgment," 47.[（英）以赛亚·伯林:《现实感》，潘荣荣、林茂译,53页，引文有改动，南京：译林出版社，2004年]

多德更关心的是找到能为充满冲突的处境带来和平的方法。他的政治科学非常具有实践性，或者我们可以说，具有"规范性"。最有能力的政治家都拥有这种能力，譬如特米斯托克里和伯里克利，更不用说林肯和丘吉尔。亚里士多德的方法并不要求比政治领域站得更高，或者超然于政治领域之外，就像从一个遥远的星球上观看人事，或者像昆虫学家一样观察蚂蚁的行为。亚里士多德的政治科学具有公民精神或爱国主义。它想要知道，为什么政治秩序值得保存和改良，甚至我们所生活的不那么好的政治秩序也是如此。因此，从今天的视角来看，亚里士多德的方法似乎根本上是"非科学的"，因为它的顶峰不仅仅是知识，还包括行动。这种行动的目标就是政制的维护和保存。

当然，今日政治科学家并不是保持完全中立的。他们经常把自己的"价值"插入他们的讨论之中。但他们认为这些价值是纯粹"主观的"，与他们谈的那门科学没有关系。但这就导致了一个问题。因为，如果说一切价值都是主观的，如果谁都无权将自己的价值强加给别人，那么结果就是：唯一正当的政治秩序会对其公民的各种生活方式保持中立，它会在私人的价值领域和法律的公共领域之间建立起严格的区分。但是，这种在公私之间、法律与道德之间坚持严格区分的政治秩序，也只不过是一类特殊的政治秩序而已。我们称它为自由主义政制，它对其公民的各种生活方式保持全然中立。问题在于，是否有哪种政制——即便是自由主义政制——能对其公民的生活方式保持全然中立呢？要求我们保持价值中立，难道不就像要求人们彻底摆脱任何特殊立场而去看待某种物理对象吗？这是不可能的。或许，人们最终会思考哪种方式是更加科学的：一边是亚里士多德的方法，它显然也必然具有评价性，并就"如何看护政治秩序"这一问题为我们提供建议和忠告；另一边是当代政治科学，它宣称是中立和无党派的，但又暗中把自己的价值和偏好塞了进来。

第6章

圣经中的政治

为什么一门政治哲学课会有一部分讲圣经呢？提出这个问题既有必要，也属正当。政治哲学是西方知识传统的一部分，而这一传统由两大要素构成：一部分源于希腊的哲学传统，而另一部分源于圣经，源于东方。圣经的影响力，就是东方影响西方的明证。我们可以将这两种要素或两股思想称为雅典与耶路撒冷。单凭其中一个不足以描画出整个西方。西方包括了两者之间持续了数世纪之久的交流、对话和论争。雅典与耶路撒冷之争到底指的是什么呢？

很久以来人们相信，信仰和神圣之城耶路撒冷与哲学之城雅典，它们处于整个西方传统的两极。传统上，雅典精神被理解为理性、民主和科学这些范畴在最广泛意义上的化身；耶路撒冷精神则表现为爱、信仰与道德同样是最广泛意义上的化身。对许多思想家来说（我想到的是伟大的德国哲人黑格尔），现代性就奠基于耶路撒冷与雅典、伦理与科学的综合之上。现代性及其进程，只有在综合这两个伟大思想潮流的基础上才是可能的。但两者是否一致？我们要再问一遍若干世纪以前基督教教父德尔图良提过的问题:"雅典与耶路撒冷有什么相干呢?"①

表面上看,耶路撒冷与雅典似乎代表了两种根本不同的甚至是敌对的道德准则或生活方式。希腊哲学将理性,即人的理性,视作生活不可或缺的东西。希腊哲学在苏格拉底这个人身上达到极致,他说:"一个未经省察的生活是不值得人过的生活。"只有将生活置于独立自主的人类理智的教化之下,这样的生活才称得上是人的生活。然而,圣经并不认为自己是一种哲学或一种科学,而是一套律法,一套要求无条件服从的不可更改的神圣律法。事实上,圣经的前五卷在犹太传统中被称为托拉(Torah),而托拉的字面翻译就是"法"。圣经教导的立场不是某种自我反思或批判性省察的立场,而是对上帝的服从、信仰和信靠。如果说雅典人的典型就是苏格拉底,那么圣经英雄的典型就是亚伯拉罕:他服从了一个不可理解的命令,而准备献祭他的亲生儿子。②

面对这两个选项,问题就在于如何做出选择。每一方都要求我们的拥护,但双方似乎也相互排斥。如何选择?一个答案是:我们要对二者持开放态度,要首先倾听,然后决定。但这就暗示我们要基于自己最佳的判断而做出选择,这看起来是选择了支持雅典而反对耶路撒冷。但是另一方面,我们可以说任何对"谁是对的,希腊人还是犹太人"这一问题

---

① 见 Leo Strauss, "Jerusalem and Athens: Some Preliminary Reflections," in *Studies in Platonic Political Philosophy*, ed. Thomas Pangle (Chicago: University of Chicago Press, 1983), 147–173 [(美)列奥·施特劳斯:《柏拉图式政治哲学研究》,潘戈编,张缨等译,北京:华夏出版社,2012年];参见 Leo Strauss, "Progress or Return," in *The Rebirth of Classical Political Rationalism*, ed. Thomas Pangle (Chicago: University of Chicago Press, 1989), 227–270 [列奥·施特劳斯:"进步还是回归",载《古典政治理性主义的重生》,潘戈编,郭振华等译,北京:华夏出版社,2011年];参见 Lev Shestov, *Athens and Jerusalem*, trans. Bernard Martin (Athens: Ohio University Press, 1966)。[(俄)舍斯托夫:《雅典与耶路撒冷》,张冰译,上海:上海人民出版社,2004年]

② 现代哲人对亚伯拉罕故事的思考,见 Soren Kierkegaard, *Fear and Trembling: A Dialectical Lyric*, in *Fear and Trembling and Sickness unto Death*, trans. Walter Lowrie (Princeton: Princeton University Press, 1974) [(丹麦)基尔克果:《恐惧与战栗》,赵翔译,北京:华夏出版社,2014年];参见 Emile L. Fackenheim, "Abraham and the Kantians," in *Encounters Between Judaism and Modern Philosophy* (New York: Schocken, 1973), 33–77。

的回答，其基础都是某种信仰行为。这样一来，耶路撒冷似乎就胜过了雅典。一种建立在信仰基础上的哲学不再会是真正的哲学。那么，如何选择？

开　端

阅读圣经的方式有很多种。你可以把它当作一本为最困难的人生问题提供永恒教导的书来读；你也可以把它当作一本处在一个从未中断的传统中，由上帝交给摩西、又由摩西传给历代族长的圣书来读；你还可以把它当作一本为近东地区的古代世界提供考古学和人类学信息的历史著作来读；或者像我打算的那样，你也可以把它当作一本政治著作来读，它就下列问题给我们提供了一种独一无二的解释：人类起源、最初的家庭的诞生、文明的兴起，以及人类最终分散为各不相同的民族和国家。之后，圣经叙述了一个特定的民族，即以色列人。这些叙述包括：首先，他们从相互竞争的各个民族中崭露头角、遭受奴役，并最终获得解放；然后是他们的律法，以及他们获得的一份土地；还有他们为自治所作的各种尝试，以及最终一个由唯一君主支配的统一国家的出现。但在考虑这些之前，我们还是回到开端吧。

圣经吩咐我们回到开端。[1]一切开端的开端，与《创世纪》的开篇有关。这本书开篇就用了一个著名的词语："太初"（In the beginning），

---

[1] 我对《创世纪》的思考源于 Leo Strauss, "On the Interpretation of Genesis," in *Jewish Philosophy and the Crisis of Modernity*, ed. Kenneth Hart Green（Albany: SUNY Press, 1997）, 359-376［施特劳斯，"论《创世纪》的解释"，载《犹太哲人与启蒙——施特劳斯讲演与论文集：卷一》，刘小枫编，张缨等译，北京：华夏出版社，2010年］；参见 Umberto Cassuto, *A Commentary on the Book of Genesis*（Jerusalem: Judah Magnes Press, 1964）; Robert Alter, *Genesis: Translation and Commentary*（New York: W. W. Norton, 1996）; Leon Kass, *The Beginning of Wisdom: Reading Genesis*（New York: Free Press, 2003）。

某些译本里就翻译成"起初"(In beginning)。谁说的这句话？上帝吗？也许是，但在别处，上帝之言总是以"神说"开头。说这句话的是某个人吗？也许是，但我们也知道，当时不可能有人见证这个开端。上帝在太初就创造了天地，而"大地无形，一片混沌，黑暗笼罩深渊"。这是不是意味着，早在上帝创世之前，大地在某种意义上就已经存在了呢？或许，上帝充其量只是为大地赋予了形式，就像一个雕塑家为雕像赋形，而不是从无中创造出它。

众所周知，上帝在六日之内创造了世界和一切在世界之中的事物。祂是通过一系列划分来推进这项工作的。第一日，祂造了光与暗；第二日，诸天；第三日，陆地、海和植物；第四日，日、月和星辰；第五日，水里的动物和鸟类；第六日，陆上的动物，以及人。我们如何去理解这些划分，而它们又象征了什么呢？

最显而易见的困难就在于，白昼是在太阳之前引入的，而太阳直到第四日才被创造出来。我们是根据地球绕日运动来记录日子的，那么，太阳被造出来以前怎么可能有白昼或晚上呢？当然，我们都听说过创世的六日不等于地上的日子，有可能创世一日就持续了数十亿年之久。尽管如此，创世的秩序却遵循着某种合理的计划。一切在头四日被造的存在物都没有自我运动的原理。太阳、陆地和海洋或许遵循了某种固定的模式，但它们决不能自我运动。最后两日创造的存在物，包括水里的动物、陆上的动物和人，都包含了某种行动主体的原则。这里就引入了某种等级秩序，它以发起行动的能力为基础。这一点也得到了下述事实的佐证：只有人是按照"神的形象"造的，并被授予了支配其他一切存在物的权力。不止如此，上帝在结束每一日时，经上的描述都是"上帝看了，觉得很好"，但只有在创造了人之后，上帝才对他的作品"觉得非常之好"。

造物的次序似乎确立了一种造物的等级秩序，它们包括日、月、星辰和大地这样的客体，以及各式各样在造物次序中位处较低等级的客体，还包括了各种动物，最后是据有最高等级的人。毫不夸张地说，人就是造物的顶峰。圣经明确禁止崇拜日月。这种对天体的贬抑，正是圣经的宇宙论最鲜明的特征。人被授予了某种根本性的统治权力，去统治上帝不曾予以命名的地上万物。万物得到了名字，从而也就得到了自己的身份；命名是人的特权。我们没有被告知，语言的力量究竟是我们天生固有的，还是后天发展出来的。但正是借由语言，人对各种各样受造的客体宣示了他所拥有的统治权力。

众所周知，《创世纪》第一种创世解释在第一章里，而第二章给出的第二种创世解释却使前者变得更加复杂。在第一种解释里，人是按照上帝的形象造的；而在第二种解释里，人是从地上的尘土而被赋形的。在第一种解释里，男人和女人是一起被造的；在第二种解释里，男人先被创造，而女人是后来被造的。我们所知道的有关创造女人的全部事情就是，男人孑然一身是不好的。男人本不该过孤独的生活，相反，男人活着就要成为夫妇或家庭的一分子。

到第二章末尾为止，人类历史的舞台已经准备好了。上帝造的人不知晓善恶。上帝告诉亚当：他可以从伊甸园中的任何树或植物那里自由地获取食物，但唯独不能动知善恶之树；如果他吃了知善恶之树的果子，他必死。对于一个对"人必有一死"毫无经验的人，这样的死亡警告究竟意味着什么，这一点我们并不清楚。我们也不明白，为什么上帝想要独占关于善恶的知识，为什么唯独这种知识是禁止人所知晓的呢？

蛇，所有造物中最狡猾者，用"你就会像上帝一样"的许诺，诱骗女人去吃了知善恶之树上的果子。为什么女人不理会上帝的命令？首先要记住，上帝只亲口告诉过亚当：知善恶之树是禁区；亚当显然也把这命令传达给了夏娃。夏娃违逆的似乎并非上帝的命令，而是亚当的命令。她只是间接地听到了神圣的禁令，也可谓是通过"传统"的方式听到的。其次，女人表现出某种自然的好奇心，这是亚当完全没有的。亚当差不多就等于零：上帝命令，他就傻乎乎地遵行。唯有夏娃表现出某种哲人的品质：她有一种自然的好奇心，一种对经验的开放态度，一种求知欲。她在想,"像上帝一样"究竟是个什么样子?但最重要的是,圣经告诉我们:我们的源始处境是一种没有道德知识的单纯状态(simplicity)。道德知识是人类历史发展的钥匙。道德知识,即关于善恶的知识,使得我们成其为人。亚当夏娃在犯罪之前,缺乏人性的这一本质性面向。吃下知善恶之树的果实,象征着我们向人性的实现迈出了决定性的第一步。

我们最初的父母亚当与夏娃的故事,就是发现道德知识的故事。显然,我们最早的祖先的生活并没有关于善恶的知识,这种知识的获得是引起人性大幅度转变的原因。这就是圣经上"两人一吃,眼就开了"这句话的意思。他们注意到的第一件事就是自己赤身裸体,羞耻感油然而生。你也许会说,羞耻感就是《创世纪》中真正的人的最初时刻。一个感受不到羞耻的人,就像伊甸园中的亚当夏娃,在"人"这个词的全部或恰切的意义上是不成其为人的。只有具备羞耻感的造物,只有能作出道德区分的存在物,才完完全全称得上是"人"。基督教神学常常援引的"堕落",其实是用词不当。我们与其说是堕落,不如说是上升到一种更高层次的道德自觉意识。因为,如果人感受不到羞耻,区别不了善恶对错,那么人又是什么呢?

从这段文字中引申出来一个核心问题,差不多成了许多世纪以来《创世纪》注解的主题。吃下知善恶之树的果子,究竟是象征了人对神圣律法的首次反叛与违逆行动,还是象征人首次向自己人性迈出试探性的一步?蛇究竟是诱惑者和败坏者,还是恩人?为什么上帝要垄断这种知识?确定无疑的是,这种知识是我们人性与众不同的特征,那为什么祂不愿意将善恶知识赠予亚当及其子孙?还是说,上帝像任何好的教师一样为人准备了某种"可教的时机"(teachable moment):先是给了亚当夏娃及其繁衍的整个人类一个机会,好让他们运用选择、意愿和深思熟虑这些标志了我们自我认识之成熟的能力?

有一种观点认为,蛇对亚当夏娃的诱惑并非诅咒,而是迈向我们与众不同的人性的第一步。就这一点而言,没有什么作品比约翰·弥尔顿的《失乐园》更有说服力了。路西法的格言 *non serviam*（"我不伺候了"），表达了一种大无畏的新兴冒险精神和操劳不息（restless）的个人主义，我们会在之后霍布斯和洛克的哲学中看到这种观念的类似形式。当然，对亚当夏娃反叛的惩罚就是流放与失去家园，但它也使旅行的经验和前所未见的新鲜机遇得以产生。从某种意义上说，他们是从一种永远无忧无虑的青春状态中毕业，而迈向一种成年的责任。想想《失乐园》结尾的几行诗就可以了，耶鲁毕业生在每年的学士学位告别训辞上都会听到它们：

> 世界整个放在他们的面前，
> 让他们选择安身的地方，有神的意图作他们的指导。
> 二人手携手，慢移流浪的脚步，
> 告别伊甸，踏上他们孤寂的旅途。①

善恶之争是圣经里下一部伟大戏剧的主题，即该隐与亚伯兄弟俩的故事。该隐是哥哥，作了耕作土地的农人；亚伯作了羊群的牧人。因为一些圣经未曾言明的缘由，上帝更悦纳亚伯的祭品。愤怒的该隐杀了弟弟，并对上帝的盘问报以轻侮，他问："我怎么晓得，我又不是他的看护！"按圣经的标准来看，该隐所受的惩罚相当之轻。他被迫在大地上漫游，并成为地上第一座城的建立者。该隐一系发明了文明生活所必需的工具和手段。圣经传达的信息十分明确：政治与文明技艺建立在罪行之上，就像罗慕路斯与雷穆斯两兄弟，以及建立在兄弟相残基础上的罗马一样。

我们现在就能看出，希腊和圣经的道德与政治生活观念具有根本不同的态度。对亚里士多德而言，人是政治的动物，城邦里的生活就是他

---

① John Milton, *Paradise Lost*, ed. David Scott Kastan（Indianapolis：Hackett, 2005），XII（p. 406）.［英］约翰·弥尔顿：《失乐园》，朱维之译，480页，上海：上海译文出版社，1984年］

的目的，人的德性就是公民身份和政治技艺所必需的德性。相反，圣经赞美虔敬和谦卑的人，也就是像亚伯那样的人：羊群的牧人和游牧的生活，这样的人会自觉或不自觉地拒斥城市文明的诱惑。希伯来圣经通篇都有这一主题。想想犹太人始祖亚伯拉罕的迁徙，他离开了处在文明世界中心的美索不达米亚城市吾珥，为的是追求一种远离城市奢华生活的游牧生活。为了逃离城市腐化堕落的影响，亚伯拉罕为他和他的后代寻求一种新的生活。

对城市、国家和政治权威抱有怀疑，这是圣经通篇都在反复强调的主题。它又出现在摩西的故事里：在摩西与上帝初次相遇，上帝将他派回埃及去终结希伯来民族的奴役状态之前，摩西就丢下了麦西（埃及的希伯来语称呼）的骄奢淫逸的生活，像他的亚伯拉罕先祖那样成为羊群的牧人。摩西就是先知的原型，他根据某种超越于国家之上的更高权威而谴责了统治者，也就是法老。先知观念是圣经对政治思想所作的最重要贡献。对政府的直言控诉构成了圣经的政治教诲中很大一部分，而他们控诉的就是法律的不正义和统治者的道德过失，无论犹太人还是非犹太人政府都是如此。就我所知，任何一部古代文学作品都不像圣经那样，将个人的良心置于政治统治者的权威之上。

在希腊思想中，只有苏格拉底的位置最接近先知：他诉诸他的守护神（*daimon*），它作为反对者保护苏格拉底免受不正义之害，但苏格拉底也只是和先知相似而已。不妨回想一下《申辩》中的段落："也许有人会说：'苏格拉底，你要是沉默不语，在从我们中流放后，不就可以过日子了吗？'要在这方面说服你们中的那些人，是最难的。因为，如果我说那是不遵从神的，因此我不能保持沉默，你们不会被说服，好像我在出言讥讽。如果我又说，每天谈论德性，谈论别的你们听我说的事——听我对自己和别的人的省察，听我说，一个未经省察的生活是不值得人过的生活——这对人而言恰恰是最大的好，你们就更不可能被我说服了。"（37e—38a）这里，苏格拉底诉诸的这种我们所谓"公民不服从"的东西，就是希腊人最接近于圣经所主张的先知要谴责他们的领袖的地方。

对国家和统治权威这类制度的根本怀疑，构成了圣经最重要的政治合法性。圣经认为政治中什么地方是很成问题的呢？偶像崇拜的诱惑，就是国家和政治统治经常会遇到的危险。禁止偶像崇拜的诫命，或许是圣经中最重要的教导。偶像崇拜不单单是指崇拜金制或泥造的对象。偶像多种多样。它们是一个社会珍视什么和崇拜什么的晴雨表，可以是钱、名望、健康、地位之类的东西。如果说圣经教了我们什么，那就是只有一个上帝，而且只当尊崇这个上帝。具体地说，我们必须避免将神替换成我们自己的制度和统治我们的人，避免将这些东西变成崇拜的对象。圣经特别要警告的正是人类这种将统治者变成神的现实倾向。

对偶像崇拜的恐惧，不只是一种古代迷信。偶像崇拜一直是人类的一种永久性倾向。这是拜物教的一种形式，要为一个人、一样东西或一种仪式赋予某种超人的力量。偶像崇拜不仅仅与被赋予了如此这般力量的对象有关，也与它所源出的某种激情有关。20世纪一位伟大的神学家埃米尔·法肯海姆对偶像崇拜的心理基础作了一番出色的考察："古代的偶像崇拜在一个外在客体上投射某种感受：恐惧、希望、愉悦、痛苦，人因而崇拜那个对象。就此对象方面而言，它已经不纯粹是个客体了；被投射的感受赋予它自身以生命，并且可能，甚至一定会有某种献祭仪式，生命借此而被注入对象之中。因为对象**不同于**崇拜者且**高于**他，因此就有了**崇拜**；而因为这种对象是**有限的**，或即使仅仅因为它**是**一个对象，崇拜就等于是**偶像崇拜**。"[①]

即便在以色列王权建立的时候，偶像崇拜的嫌疑也如影随形。直到犹太人完全入主迦南之前，他们都认为是不同的先知在管理自己：先是以利，然后是撒母耳和他的儿子们。但是，先知也可能滥用权力；没有人能

[①] Fackenheim, "Idolatry as a Modern Possibility," in *Encounters Between Judaism and Modern Philosophy*, 185–186.

免于堕落,即使先知也不例外。这也是人们渴望一位君王的原因,这样他们就能被统治,"好像列国一样"。当人们要求一位君王时,撒母耳告诉他们:

> 那要统治你们的王将这样治理你们:他必征用你们的儿子,派他们作他的战车兵、骑兵、在车前奔走的前锋,又派他们作千夫长、五十夫长,替他耕田、收他的庄稼、替他制造作战的武器和战车上的装备。他必征用你们的女儿作配香膏的、烧饭的和烤饼的。他必夺去你们最好的田地、葡萄园和橄榄园,赐给自己的臣仆。你们撒种所得的和葡萄园所出的,他都征收十分之一,赐给他的太监和臣仆。他又必征收你们的仆婢、最精壮的青年和驴,替他工作。你们的羊群,他要征收十分之一;连你们自己也作他的奴仆。(《撒母耳记上》8:11 以下)

我实在想不出任何比这段对政府的控诉更加强硬的作品了。它的观点很简单:王权是坏的。这并不意味着圣经赞同民主制。相反,一切人类政府的建立都象征着对上帝的反叛。或许有人会像苏格拉底那样梦想一位哲人王的出现,但圣经的观念就是:一切政治都是强制和僭政。战争、不断备战、奴役和课税都是王权的代价。不过,人们并不相信,他们还是嚷嚷着需要一位君王,上帝似乎在这一点上作了让步。祂对撒母耳说:"众民对你所说的一切,你只管听从,因为他们不是厌弃你,而是厌弃我,不要我作他们的王。"(《撒母耳记上》8:7)我要补充一句,与这个新政府相伴的竟是对未来如此微小的应许,人类历史上还从未有过这样的情况。

圣经的政治

就撒母耳对王权的控诉而言,圣经提供了一种政治教导,它最伟大的代表就是大卫。[①]以色列人要求撒母耳为他们指定一个君王,以取代先知统治,接着就有了大卫的故事。这种想要"好像列国一样"受到统治的愿望,被上帝认为是拒斥祂的权威,但尽管如此祂还是让撒母耳满足人民的要求。在撒母耳警告君王将堕落为僭主和不义之后,扫罗被任命为以色列第一位君王。这就是大卫出现的背景。

由于在以拉山谷与非利士人战士歌利亚进行的著名战斗,大卫的形象深深铭刻在今人的心中。大卫与歌利亚甚至成了弱者与既有强力(established power)之战的代名词。但大卫不止如此。大卫是一位君王和军事首脑,一位朋友、爱人、奸夫和诗人。他是爱人和斗士。大卫也许不是哲人,但他是诗人,他是《诗篇》的作者;他是用剑高手,也是演奏竖琴的大师。作为一位政治领袖,他介乎柏拉图的哲人王与马基雅维利的君主之间,兼具了两者的要素。简单说来,大卫的经历就是古往今来最卓越不凡的政治生活之一。

乍一看,大卫与其他许许多多的圣经英雄没什么两样,他出身于最卑下的阶层。他是伯利恒人耶西的第八个也是最年轻的儿子。当我们第一次遇见他时,大卫的父亲正派他去军营给军中的兄长们捎去一些食物和乳酪。他是一个牧人,把时间都花在照料自家羊群上,而他的兄长们上阵与非利士人厮杀。至此为止,还没有任何迹象向我们暗示出后来大卫在军事和政治上的卓越能力,但我们确实能感觉到他那几近于骄傲的

[①] 我对大卫传说的解读,大部分来自Robert Alter, *The David Story: A Translation and Commentary of 1 and 2 Samuel* (New York: W. W. Norton, 1999); Robert Pinsky, *The Life of David* (New York: Schocken, 2005); Israel Finkelstein and Neil Asher Silberman, *David and Solomon: In Search of the Bible's Sacred Kings and the Roots of the Western Tradition* (New York: Free Press, 2007)。

自信。当大卫主动要求与歌利亚较量时,其他人对他心怀蔑视,但同意让他一试。扫罗将自己的武器和盔甲送给大卫,但大卫拒绝了,他说:"那曾救我脱离狮爪和熊掌的耶和华,也必救我脱离这非利士人的手。"(《撒母耳记上》17:37)他只带了一个投石器上阵;我们会看到,马基雅维利对这个故事有一个略微不同的讲法。

大卫战胜了非利士人,一下子拔高了他那卑贱的出身,尽管这场胜利并非没有代价。大卫招致扫罗的忌妒和愤怒,因为扫罗认为大卫是争夺权力的敌人。当扫罗听见女人们唱着"扫罗杀死千千!大卫杀死万万!"(《撒母耳记上》18:7)而倍感奚落时,一切就此开始。大卫展开了一系列冒险,主要是为了躲避扫罗的迫害。很多时候他都是被追捕的荒野逃犯,甚至后来不得不向非利士人寻求庇护。然而,大卫的处境因为两个人的帮助而有所改善,他们非常关心大卫,也会在大卫的故事中成为主角。一个叫米甲,是扫罗的女儿;一个叫约拿单,是扫罗的儿子。当大卫努力逃脱扫罗的迫害时,三颗灵魂之间的纽带将保护大卫。

大卫之所以能与那么多其他的圣经人物区分开来,最重要的就是他最伟大的才能:爱和友谊。大卫与约拿单的友谊是所有文学作品中最伟大的友谊,可以与荷马《伊利亚特》里阿喀琉斯与帕特洛克罗斯的友谊相媲美。只因为大卫与拔示巴闹出一个更有名的恋爱事件,他对米甲的爱才蒙上了少许阴影。最重要的是,大卫有一颗伟大的心,或者用希伯来语来说就是"灵"(*ruah*)。或许,"灵"是希伯来语中最接近希腊"血气"(*thymos*)的概念。它指的是一颗富有激情的灵魂,是使我们既能具有爱与友谊、又能具有愤怒和复仇欲的根本品质。大卫是历史上伟大的爱人之一。如果你愿意,不妨把他的本性与苏格拉底作一番对比。苏格拉底也是一个伟大的爱人。他是一个有爱欲的人,但爱的是哲学。苏格拉底是真理的爱人,也是经过省察的人生的爱人。他爱上了某种理念。这样一种人是否真的能爱上另一个人呢?我很怀疑;不止怀疑,我认为答案恐怕是不能。相反,大卫既爱男人和女人,也爱上帝。他的本性富有激情,这种本性在战斗、唱歌、跳舞和做爱中得到最高表现。

起初，扫罗答应要把自己的大女儿嫁给大卫，但因某些未曾言明的缘故，圣经告诉我们她已被另许他人。大卫娶的是扫罗的二女儿米甲。"扫罗的女儿米甲爱大卫。有人把这事告诉扫罗，扫罗就欢喜。"（《撒母耳记上》18：20）但这段故事的核心是大卫和约拿单的友谊。我们读到："约拿单的心和大卫的心就深相契合。约拿单爱大卫如同爱自己的命。"这究竟是何种友谊？经文把它描述得差不多像某种陪嫁："约拿单与大卫立盟约，因为他爱大卫如同爱自己的命。约拿单把自己身上的外袍脱下来给大卫，又把自己的战衣、刀、弓和腰带都给了他。扫罗无论差派大卫到哪里去，他都去，并且凡事亨通。于是扫罗立他作军兵的将领。所有的人民和扫罗的臣仆都非常高兴。"（《撒母耳记上》18：3-5）早在比《断背山》古老得多的年代，约拿单似乎就已经说出了这句话："我希望我能知道如何戒掉你。"①

结果就是，约拿单和大卫难舍难分，并因而大大加剧了约拿单和他父亲关系的紧张。作为一个富有激情的人，大卫激起了富有激情的关系。扫罗斥骂他儿子与大卫的友谊，他警告说："因为只要耶西的儿子还活在这世上，你和你的国就不能稳固。"但约拿单并不信服，他问："为什么要把他处死呢？他作了什么事呢？"抗争的口气相当明显。面对这种叛逆的举动，扫罗的愤怒爆发了：他把枪掷过去，差点儿刺中了约拿单。"约拿单怒气冲冲地从席间退去，初二这天，他没有吃饭；因为他父亲羞辱了大卫，他就为大卫担忧。"（《撒母耳记上》20：31-34）

大卫对约拿单的深厚友情，最终表现在大卫得知扫罗和约拿单死讯的时候。直至这时，大卫还是个生活在荒野，甚至不得不向非利士人求

---

① Larry McMurtry and Diana Ossana, *Brokeback Mountain: A Screenplay*，剧本改编自 Annie Proulx 的同名短篇小说《断背山》，详见 Annie Proulx, Larry McMurtry, and Diana Ossana, *Brokeback Mountain: Story to Screenplay*（New York: Scribner, 2005), 83。

助的流亡者。扫罗和约拿单在与非利士人的最后一战里双双殒命。大卫得知此事,哀恸不绝:"大卫就抓住自己的衣服,把它们全都撕裂。所有与他在一起的人也都是这样。他们为了扫罗、他的儿子约拿单、耶和华的子民和以色列家的缘故悲哀、哭泣、禁食直到晚上,因为他们已经倒毙在刀下。"(《撒母耳记下》1:11–12)

大卫不光流泪、禁食,也为此歌唱。他是诗人和歌手。他唱道:"勇士怎么会在战阵上倒毙,约拿单在高处被刺死!我的兄弟约拿单啊!我为你悲痛,你是我最好的朋友,你对我的爱情远超过妇女的爱情。"(《撒母耳记下》1:25–27)

大卫与拔示巴

这时,距大卫与扫罗的史诗之战已过去了许多年,大卫三十而立,作了犹太人的王。这些年间,他有了许多夫人和孩子。他在米甲之后娶了亚比该、玛迦、哈及、亚比他、以格拉。他也有许多孩子,其中包括暗嫩、基利押、押沙龙、亚多尼雅,当然还有后来的所罗门。但米甲出了什么事情?难道她仅仅是被抛弃或忘掉了吗?这倒不见得。

这段时期,大卫无论作为军事指挥还是政治领袖都取得最伟大的胜利。大卫统治着一个统一的以色列长达四十年,而他本人活到了70岁。为了纪念他的成功,大卫决定在一个音乐、唱歌和跳舞的列队游行中,把约柜迎进他的新国都耶路撒冷。下面是对这个场景的描述:"这样,大卫和以色列全家,以欢呼和角声,把耶和华的约柜抬了上来。耶和华的约柜运进大卫城的时候,扫罗的女儿米甲从窗户往外观看,看见大卫王在耶和华面前跳跃舞蹈,心里就鄙视他。"(《撒母耳记下》6:15–16)

绝对没错,这里暗示出某种恼怒。本来就身为国王的女儿的米甲,目睹了他丈夫雀跃舞蹈,在民众面前表现得丝毫不觉害臊,她就为此而鄙视大卫。但大卫对此毫不关心。他声称，民众会因为他在他们面前跳舞而热爱他：

> 大卫回去要给自己的家人祝福。扫罗的女儿米甲出来迎见大卫，说："以色列王今天多么荣耀啊！他今天竟在众臣仆的婢女眼前，赤身露体，就像一个卑贱的人露体一样。"大卫对米甲说："我是在耶和华面前跳舞；耶和华拣选了我，使我高过你父亲和他的全家，立我作耶和华的子民以色列的领袖，所以我要在耶和华面前跳舞作乐。我还要比今天这样更卑贱，我要自视卑微。至于你所说的那些婢女，她们倒要尊重我。"（《撒母耳记下》6：20–22）

这段非比寻常的话反映了大卫灵魂中的某些东西。要亚里士多德的伟大君主在雅典公民面前几近裸体地跳舞，这简直不可理喻。但是，大卫说他不介意在民众面前把自己弄得卑贱，因为他们会因此而爱他。难道大卫是一个无耻的煽动家？恰恰是在他伟大胜利的巅峰时刻，我们看到他在贬抑自己。而大卫的激情带来了什么结果呢？米甲遭到不孕的惩罚："扫罗的女儿米甲，一直到她死的日子，都没有生育。"（《撒母耳记下》6：23）这是怎么造成的？

和一切伟大的故事一样，伟大的胜利终将导致伟大的悲剧。大卫拥有统一的以色列，而且经上记着，他"以公平和正义对待所有的人"。（《撒母耳记下》8：15）还有仗要打，还有战争要赢，但大卫已安坐在耶路撒冷这个统一王国的首都之中。他作为战士的岁月已经结束，作为王和统治者的人生已经开始。我们应当回想一下撒母耳对人民的警告，他警告的是君王的危险，以及他们可能变得不义。而这就是大卫和拔示巴故事的背景。

一天晚上，当大卫备感无聊而在王宫的平顶上闲逛时，他看见了一个女人：一个美丽的女人在附近屋子里洗澡。他一眼看去，就深深迷恋上她，并派使者查明她的身份。使者回报说她的名字叫拔示巴，是赫人乌利亚的妻子。圣经将接下来发生的事情尽可能以精炼的语言讲了出来："于是大卫差派使者去把她接来。她来到大卫那里，大卫就与她同房。那时她的月经刚得洁净。事后，她就回家去了。后来那妇人怀了孕，就打发人去告诉大卫，说：'我怀孕了！'"（《撒母耳记下》11：4-5）

现在大卫碰上麻烦了。怎么办？想想看，他已经有了很多夫人和孩子，多一个又怎样？乌利亚算什么？难道大卫不能就这样做他想做的事吗？毕竟，他是君王。但很显然，作了王并不足以使他获得无视一切约束的完全自由。大卫要臣服于某种道德约束，就算是一个王也不能违背这些约束。

大卫决定设计掩盖拔示巴怀孕一事。他借口要得到前线的消息，就把离家在外并且在大卫军中服役的乌利亚召了回来。事情将如何展开呢？大卫为乌利亚举办了一场宴会，让他大吃大喝，想把他灌醉，然后送他回去躺在妻子身边，这样就能掩藏起他的罪行。但是，大卫万万没有想到，乌利亚是一位忠诚的士兵。他谨守军人的誓言，要在战事期间保持贞洁。乌利亚没有回家，而是和臣仆一道睡在王宫门外。

现在，大卫是在对一个纯洁的人，一个忠诚的士兵做不光彩的事。他派乌利亚送了一封信给乌利亚的长官约押；在信里，他指示约押要把乌利亚派往战争的最前线，在围城开始时把其他部队撤到后面，任由乌利亚一个人被敌军杀死；果然，这事就这样发生了。（《撒母耳记下》11：14）

大卫成功掩饰了他的罪行，但这么做却犯下了一件更大的罪过。他对一个正义之人的死负有责任，而这人没有对他做过任何错事。更恶劣的是，大卫甚至让乌利亚充当毫不知情的棋子，去送这封等于是宣判了他的死亡的信。后来，当他接到前线报告，得知赫人乌利亚已死时，他向战地指挥官回话说："不要为这件事难过，因为刀剑有时吞灭这人，有时吞灭那人。"他其实是说，不要忧心，乌利亚是个附带的损失。继而，

守丧期一过,大卫就娶了拔示巴,但我们也知道,"大卫所作的这事,耶和华看为恶"。(《撒母耳记下》11:25,11:27)

现在,我们迎来了大卫的王权(或许也包括一切君主制的王权)中一个真正不同寻常的时刻。经上说,耶和华派智者拿单去大卫宫中,对他讲了个故事:"在一座城里有两个人,一个富有,一个贫穷。那富有的有极多牛羊,那贫穷的除了买来养的一只母羊羔以外,什么也没有。那小羊在他家里和他的儿女一同长大,小羊吃他的食物,喝他杯中的饮料,睡在他的怀里,就像他的女儿一样。有一个旅客来到富翁那里,他舍不得从自己的牛群羊群中取一头出来,款待到他那里来的旅客,却取了那穷人的母羊羔,款待到他那里来的客人。"(《撒母耳记下》12:1-4)听完故事后,大卫中计了:"大卫就非常恼怒那人,对拿单说:'我指着永活的耶和华起誓,作这事的人该死。他必须四倍赔偿这羊羔,因为他作了这事,又因他没有怜悯的心。'拿单对大卫说:'**你就是那人!**'"(《撒母耳记下》12:5-7)

大卫意识到自己正处在那个偷窃穷人的富人的位置上,顿觉遭到五雷轰顶一般,而这也告诉了我们关于大卫的某些事情。尽管犯下了一件不义的事,大卫却并不对正义的呼求充耳不闻。他对拿单的寓言的解释十分正确,也为他犯下的错事感到羞愧。在我们刚经历过的一个世纪里,大多数统治者经常摇身变成谋杀犯。面对大卫承认自己对一个人行不正义之事,我们怎么会不觉得感动呢?"我得罪了耶和华了,"大卫悔恨道。(《撒母耳记下》12:13)大卫的罪也不会得到宽恕,因为尽管大卫能活下去,他的孩子却得死。

也许,这个故事中最耐人寻味的地方就在于:大卫选择了**听从**拿单的话。我们能否想象,现在的总统或政治领袖能真正听取类似于拿单对大卫的责难?因为有一点,除非这个进谏者经过全面审查,并且已经确定了他所属的政治党派,否则他连得到一个见面机会都绝无可能!但大卫确实听了。在撒母耳任命扫罗作以色列第一位王之后,先知的统治或许就迎来了终结,但是先知没有丢掉他们作为民族良心的角色。这一点就把圣经的政治理论与其他作品区分开来:先知所扮演的角色,甚至扩展成了儆戒统治者的人和良知的呼声。政治领袖必须臣服于道德法则,听取良知的声音,这一点或许是圣经最独特的政治教导。当然,即使大卫王也不得不听。

大卫深感悔恨,意识到自己对耶和华犯了罪。但他是不是对乌利亚犯过罪呢?大卫的这段话引起了数不清的评注。例如,《利维坦》中,霍布斯以一种十分特殊的方式利用大卫的故事和拿单的寓言。霍布斯论证说,作为君主,作为他的国家的合法主权者,大卫确实对上帝犯了罪;但是,作为一切权威的来源,他没有对乌利亚犯下任何不义之事。换句话说,主权者对它臣民的所作所为,决无可能是不义的,因为主权者是一切正义的来源;霍布斯就是这么说的。

大卫与拔示巴的故事以一段模棱两可的记述而告终。他们的孩子得了病,大卫就禁食并接连七天睡在地上,补偿他的罪过。他祷告道,不要带走这个孩子,但孩子终究还是死了。当大卫的仆人把这消息通报他之后,大卫从地上起来,洗澡,换上干净衣服,吃东西,准备处理事务。大卫的仆人困惑不解:他在孩子活着时禁食自戕,却在孩子死后不为他哀悼,为什么?大卫的回答相当果断而实际:"孩子还活着的时候,我禁食哭泣,因为我想:'也许耶和华怜悯我,让孩子可以活着。'现在他死了,我为什么还要禁食呢?我还能使他回来吗?我要到他那里去,他却不能回到我这里来。"(《撒母耳记下》12:22-23)

换句话说,我能怎么办?能做的都做了,我们还是继续吧。大卫也许感到了悔恨,但他有着一种坚毅果敢和实用精神,这对君主统治而言是必需的。

大卫与押沙龙

要是不提及大卫对他的孩子们所怀有的深刻而恒久的爱,一切关于大卫的生平记叙都将是不完整的。我们已经知道大卫对约拿单的爱,以及他对拔示巴的爱欲激情。而现在是他对后代中最成问题的人的爱,也就是押沙龙。只有父母能够懂得,像大卫爱押沙龙那样去爱自己的孩子究竟意味着什么。大卫和押沙龙的故事不仅仅是父母与孩子的故事,也是叛乱和内战的故事。

大卫和押沙龙故事的背景相当复杂。押沙龙是大卫和玛迦的儿子,他有个妹妹名叫他玛。押沙龙的异母兄弟暗嫩对他玛怀有一种暴烈的情欲。但他玛是处女,也是暗嫩的异母妹妹,所以她是个禁区。但有人给暗嫩出了个点子:假装生病,然后当你的父亲大卫来看你时,就说你想要他玛来你房间,为你烤饼。计划就这样付诸实施了。他玛来暗嫩的房间为他烤饼,暗嫩强奸了她。之后发生的事几乎和强奸一样糟糕:"事后,暗嫩非常恨她;他对他玛的恨比以前对她的爱更大,所以暗嫩对她说:'你起来!走吧!'"(《撒母耳记下》13:15)他玛先是被利用,旋即遭到抛弃。当她回家后,押沙龙知道发生了什么事情。他让他玛不要作声。大卫这会儿意识到暗嫩利用了自己,心里十分恼火,但押沙龙保持缄默。"押沙龙什么话都没有对暗嫩说。押沙龙恨暗嫩,因为暗嫩污辱了他的妹妹他玛。"(《撒母耳记下》13:22)换言之,押沙龙在等候时机。

两年过去了,两兄弟间无话可说,押沙龙却在谋划复仇。于是,押沙龙决定为大卫王所有的儿子及其家庭和仆从举办一场宴会。和《教父》里的一个场景一样,押沙龙的计划是让暗嫩放松警惕,然后除掉他。他告诉仆人:灌醉暗嫩,让他完全放松,但要确保不让他活着离开这场宴会。果然,这事就这样发生了。暗嫩一死,其他兄弟立刻惊慌逃散,而一开始传到大卫那里的消息是说押沙龙杀了所有兄弟。押沙龙不得不逃亡,而这一逃就是三年。经上说"大卫的心不再怀恨押沙龙"(《撒母耳记下》

13∶39），因为他的父亲爱他。但押沙龙不能回家，至少不能马上回家。

当押沙龙流亡了三年以后，约押，大卫的打手和执行人（有点像《教父》里的卢卡·布拉西），想出一个办法让押沙龙回到耶路撒冷。但押沙龙仍然背负着杀害大卫继承人的罪名，所以不能简简单单地恢复原位。最后达成一致的是，就算允许押沙龙回家，他也不能出现在大卫王的眼前。在这种持续了两年的内部流放之后，押沙龙越来越愤怒。他传唤约押，但约押不来。于是他决定做点事来引起约押的注意，这多多少少反映了他的人格。他派人去烧了约押的田地。这招有用。押沙龙责骂约押：为什么我被准许回家，却像个逃犯一样生活在自己的国家里？约押去大卫那里替他说情，然后大卫召见了押沙龙，押沙龙脸伏在地拜他，他父亲就亲吻了他。

押沙龙的妹妹被侵犯；押沙龙进行报复；然后就是惩罚和宽恕。故事就这样完了？当然不会，这只是开始。押沙龙刚刚复归原位，就开始谋划一场推翻父亲的叛乱；押沙龙这个名字现在已是"叛乱"和"背叛"的同义词。他为自己备下一辆战车、一些马匹和五十个人，站在大卫王宫门前。押沙龙奉承民众，说他们的诉讼是合乎正义的，从而不让民众接近君王，并借此煽起民众的不满。他对他们说："但愿有人立我作这地的审判官，这样，有案件或诉讼的人，都可以到我这里来，我就给他公平的审判。"凭这样的手段，经上说："押沙龙暗中迷惑了以色列人的心。"（《撒母耳记下》15∶4-6）

押沙龙是一个十分骄傲而有野心的人，他不想只做父亲王室里的一名随从。再加上他又是个虚荣心强的漂亮男子。在一处罕见的旁白里，经文停下来描述了一下押沙龙："在全以色列中，没有一个人像押沙龙那样英俊，得人称赞，从脚底到头顶，都没有一点缺陷。"（《撒母耳记下》14∶25）他最引人注目的特征就是有一头漂亮的长发，对此他尤为得意。

四年来，押沙龙在父亲眼皮底下继续暗中蛊惑民众，直到有一次他征得大卫的允许，离开耶路撒冷去探访他在希伯伦的老家。于是押沙龙就在那里称王，开始向耶路撒冷进军。一开始，押沙龙看似取得了成功。一个信使报告大卫，称"以色列人的心都归向押沙龙了"。(《撒母耳记下》15：13）结果，大卫不得不带领一帮随从逃离耶路撒冷。

大卫逃离他的国都或许确实是被逼无奈，但他还没被击败。押沙龙的军队和大卫的军队间的战斗一触即发，让我们不禁回想起前代的大卫和扫罗之战。大卫组织起他的军队，准备投入战斗，但他的部下对大卫说他们绝不能失去他，因此大卫必须留在后方。大卫同意了，但在此之前人们听到他叮嘱部下："为我的缘故，你们要宽待那年轻人押沙龙。"(《撒母耳记下》18：4）

这场战斗奠定了押沙龙的败局，他的军队一败涂地。有人目击押沙龙最后骑着骡子落荒而逃，但他漂亮的长发被一棵大橡树的树枝紧紧挂住。他挂在那儿，被不顾大卫命令的约押所杀。大卫赢得的胜利重建了他的王权，但代价是家庭的破裂。当整个城市准备欢庆胜利时，有人告诉约押，大卫王正为他的儿子哀悼哭泣："那一天，众人胜利的欢乐变成了悲哀，因为他们听说王为他的儿子伤痛。那一天，众人偷偷进城，就像军人从战场上逃跑，羞愧地偷偷回来一样。王蒙着脸，大声哀哭，说：'我儿押沙龙啊！押沙龙，我儿，我儿啊！'"(《撒母耳记下》19：2-4）在读到大卫为押沙龙哀悼这一段时，只有铁石心肠的人才感受不到大卫那巨大的爱的能力。

但这还不是故事的结局。就在大卫发出他著名的哀哭（"押沙龙，我儿，我儿啊！"）之后，约押直截了当也是自拿单以后最为坦率地斥责大卫，说："你所有的臣仆今天救了你的性命，和你儿女妻室的性命，你今天却使他们满面羞愧；你爱那些恨你的，恨那些爱你的。因为你今天表明了你不重视将帅和臣仆；我今天才明白，如果押沙龙活着，我们大家都死去，你就欢喜了。"(《撒母耳记下》19：5-6）

当然，约押是对的，大卫也立刻明白了这一点，押沙龙曾是大卫的劲敌，许多人也为大卫而丧生，这才使得押沙龙终归落败。大卫哀悼敌人的举动，暗示了他更关心他那战败的儿子而非为大卫牺牲的人，对此他们会作何反应？与之前先知拿单的事例一样，我们看到，大卫听取了劝告，并且依此行事。大卫拥有一颗伟大的心，也有敏锐的判断力。他的政治实用主义意识告诉他，如果他还想重建他的权威，成为一名极具影响力的领袖，他就必须把丧子之痛放在一边。因此，故事的结局是，大卫离开了他刚在那里哀悼的房间，坐在了城门前："有人告诉众民说：'看哪！王坐在城门口。'于是众人都来到王的面前。"（《撒母耳记下》19：8）

结　论

列奥·施特劳斯曾经评论道，耶路撒冷与雅典的差异代表了两种根本不同的道德准则或生活方式之间的冲突。希腊伦理学的顶点是亚里士多德的《尼各马可伦理学》，亚里士多德伦理学的顶点就是所谓的"大度"（*megalopsychia*）的德性，或称灵魂的伟大。灵魂的伟大，正如这个名字所暗示那样，就是与荣誉有关的德性。他认为，具有伟大灵魂的人索取得很多，因为他应得的很多。这种人最关心的就是别人如何看他，当然也要配得上别人对他为公共事业所做贡献而给予的承认。具有伟大灵魂的人，其极端就是傲慢。

但如果你愿意，可以拿圣经赞颂的英雄来与它对比一番。这些英雄都深深明白自己的不完美，明白自己在上帝面前毫无价值，并且被一种深深的罪感和不足的意识所折磨。圣经里的英雄都是典型的最谦卑的人。但更重要的一点在于，两者之中到底谁更值得赞赏呢？是知道自我价值，并为自身的完善而感到骄傲的亚里士多德式人物；还是知道自己毫无价值，依靠着圣爱的圣经式人物呢？

这些差异还可以变得更深。哲人的神，是亚里士多德著名的"不动的推动者"。不动的推动者有点像是纯粹思想，这就是柏拉图和亚里士多德都相信孤独沉思的活动能使我们最接近于神的原因。纯粹的沉思（Theōria），正是希腊人相信最近似于神的活动。不用说，亚里士多德式的不动的推动者不像圣经中的上帝，它不关心人和人的命运。无论别人怎么说，亚里士多德的上帝也绝不会是亚伯拉罕、以撒、雅各的上帝。这位圣经里的上帝被认为是按自己的形象创造了我们。这就意味着，我们需要的不是沉思，也不是哲学，而是悔改，以及对良心纯洁的决绝要求。悔改，希伯来文 t'shuva，意思是回归一种早先的纯洁和单纯状态中去。圣经中全能的上帝不是一个思想着的实体，而是一个寓于无尽黑暗中的存在，他的道路不是我们的道路。

然而，这些区别看上去也并不十分正确，至少在大卫这个例子中。与其他圣经英雄一样，大卫或许的确出身于卑贱阶层，但他是一个智谋过人、狡猾而富有智慧的人物。他有诗人的灵魂，战士的心。不止如此，他深信自己适合统治。与他那矜持的贵族夫人米甲不同，大卫在神圣的约柜回到耶路撒冷时快乐起舞。有一个关于大卫的故事特别耐人寻味，它出自马基雅维利。在重述大卫和歌利亚的故事时，马基雅维利说，扫罗要把自己的武器赠给大卫，大卫拒绝了，而是选择只带一个投石器和一把刀子去面对他的敌人。每个圣经读者都熟知，大卫去见歌利亚时只带了他的投石器和五颗石子。(《撒母耳记上》17：38-40）为什么马基雅维利要给他一把刀子呢？圣经里的大卫不需要刀子，因为他依靠的是神圣的应许，但马基雅维利的大卫对耶和华的护佑感到怀疑，所以要带把刀子以防万一。虽然这是在歪曲圣经的原意，但这个故事捕捉到大卫人格中的某些东西。无论大卫身上有着什么圣经式的谦卑，其地位都会因他的无畏、大胆、对自己力量的自信和十足的放肆而遭削弱。大卫真的是一位"四季之人"*（a man for all seasons）。

---

* 《四季之人》是一部改编自英国著名政治家托马斯·莫尔爵士生平的电影。时任大法官的莫尔爵士坚持自己的正义原则，面对亨利八世的威逼利诱不为所动，最终遭迫害致死，所以片名"四季之人"可解作"纵然四季流转，自己的原则却永远不会随季节改变"。——译注

第 7 章

马基雅维利与建国的技艺

马基雅维利是佛罗伦萨人。知道这一点,你就知道了你需要知道的几乎所有关于他的事情。当然,这么说有点夸张,但重点在于,佛罗伦萨是一个"城市国家",一个共和国,而马基雅维利的一生都在为这个共和国鞠躬尽瘁。马基雅维利生活的佛罗伦萨恰好是文艺复兴盛期的中心,他想在政治上大有作为,就像他同时代的莱昂纳多·达·芬奇和米开朗琪罗在艺术和雕塑上取得的成就一样。马基雅维利想要复兴古代世界和古代人的精神,但要凭借他自己的经验而予以修改和订正。正如他在《君主论》的献词中所言,他的书是"对现代大事的长期经验和对古代大事不断钻研"(Dedication/3)①的产物。

---

① 近年关于马基雅维利的重要研究,见 Leo Strauss, *Thoughts on Machiavelli*(Seattle: University of Washington Press, 1958)[(美)列奥·施特劳斯:《关于马基雅维里的思考》,申彤译,南京:译林出版社,2009 年]; Isaiah Berlin, "The Originality of Machiavelli," in *Against the Current: Essays in the History of Ideas*(New York: Viking, 1980), 25-79 [以赛亚·伯林,"马基雅维利的原创性",载《反潮流:观念史论文集》,冯克利译,南京:译林出版社,2002 年]; Vickie B. Sullivan, *Machiavelli's Three Romes: Religion, Human Liberty, and Politics Reformed*(DeKalb: Northern Illinois University Press, 1996); Harvey C. Mansfield, *Machiavelli's*(接下页)

不可否认，马基雅维利不是一个普通的佛罗伦萨人。他生于1469年，在佛罗伦萨第一家族美第奇家族的统治下长大，但他也见证了这个家族被一位名叫萨伏那洛拉的多明我会修士所罢黜的景象。萨伏那洛拉试图在佛罗伦萨建立起一种神权政治，一个具有基督教德性的共和国，但佛罗伦萨人还是原来那副样子，他的试验最终相当短命。皮耶罗·索德里尼（这个名字在《君主论》中也出现过几次）所领导的共和国取而代之，马基雅维利则获得了第二秘书团的秘书一职，主管外交事务，从1498年一直到1512年长达十四年之久。在共和国陷落、美第奇家族复归之后，马基雅维利饱受酷刑折磨，从佛罗伦萨被流放到他的那块位于佛罗伦萨市郊的小庄园里。在这段流放岁月里，马基雅维利就在这个地方写出了他最重要的政治著作：《君主论》《李维史论》和《战争的技艺》。[①]

也正是在这个地方，他给朋友们写了数不清的信，询问政治事件和最近发生的大事。在一封写给弗朗切斯科·韦托里的信中，他讲述了自己是如何写就他的最著名的著作的。他写道："黄昏时分，我就回家，回到我的书斋。在房门口，我脱下了沾满尘土的白天工作服，换上朝服，整我威仪，进入古人所在的往昔宫廷，受到他们的热心款待；我在只属于我的精神食粮中汲取营养，这是我天生就适于食用的。在那里，我毫无顾忌地和他们交谈，问他们出于什么动机而做出那些行动，他们亲切地回答我的问题。在四个钟头里，我丝毫感不到疲倦，我忘记了一切烦恼，

（接上页）*Virtue*（Chicago：University of Chicago Press，1996）[（美）哈维·曼斯菲尔德:《男性气概》，刘东译，南京：译林出版社，2008年]；Louis Althusser，*Machiavelli and Us*，trans. Gregory Elliott（London：Verso，1999）；Mikael Hörnqvist，*Machiavelli and Empire*（Cambridge：Cambridge University Press，2004）；John P. McCormick，*Machiavellian Democracy*（Cambridge：Cambridge University Press，2011）。

[①] 关于马基雅维利的最佳传记，见 Roberto Ridolfi，*The Life of Niccolò Machiavelli*，trans. Cecil Grayson（Chicago：University of Chicago Press，1963）；还有一本较晚出版的传记，见 Maurizio Viroli，*Niccolò's Smile：A Biography of Machiavelli*，trans. Anthony Shuggar（London：I. B. Tauris，2001）[（意）维罗利:《尼可洛的微笑：马基雅维利传》，段保良译，上海：上海人民出版社，2007年]；以及一本新出版的传记，见 Miles Unger，*Machiavelli：A Biography*（New York：Simon and Schuster，2011）。

我不怕穷，也不怕死，我完全被他们迷住了。但丁说过，已知道的东西不等于学问，除非把它记录下来；他们的谈话对我大有助益，我记下了一切，写成一本小册子《君主论》(De principatibus)。在这本书里，我尽我所能专研这个主题，探讨君主国是什么，它们有哪些类型、如何获得、如何维持以及为何丧失。"①

《君主论》是一本具有欺骗性的书。我们还能指望学到什么？这是一部人人皆知的作品，或许也正是这一点使得每个人对它都有了多多少少的先入之见。这本书激励了许许多多的仿效者。其中有些是严肃的作品，例如卡恩斯·洛德（Carnes Lord）的《新君主论》(The Modern Prince)，它处理的问题是战争年代的领袖；还有詹姆斯·伯南（James Burnham）的经典研究《马基雅维利主义者》(The Machiavellians)，它要捍卫现代社会中精英统治的作用。但是，也有像《马基雅维利的风流指南》（作者好像是一个叫尼克·卡萨诺瓦的人）、《黑帮大亨：通向马基雅维利式的公司》这样的书，还有一本《服饰：如何穿出马基雅维利式的男人味》是我的最爱。我们都知道或者自以为知道《君主论》这本书讲的是什么。马基雅维利这个名字已经是欺骗、背叛、狡诈和谎言的同义词。只要看看他的肖像就知道了：他的微笑（其实是得意的笑）就像在说，"我知道某些你们不知道的事情"。阅读马基雅维利的困难在于，我们自以为已经知道了一切有待知道的东西，其结果就是我们没有小心谨慎地对待他，而他应该得到这样的谨慎对待。但是，这还远远不够。

最重要的一点，马基雅维利是一个革命家。在《李维史论》的前言中，他自比克里斯托弗·哥伦布，因为他发现了"新的方式与制度"。哥伦布为地理学所做的，正是马基雅维利要为政治学而做的，即发现一片新大

---

① Machiavelli to Francesco Vettori, December 10, 1513, in *Machiavelli and His Friends: Their Personal Correspondence*, trans. and ed. James B. Atkinson and David Sices（DeKalb: Northern Illinois University Press, 1996），no.224（p.264）.［（意）马基雅维利:《马基雅维利全集:书信集》，段保良译，511页，吉林:吉林出版集团，2013年］

陆和一个新世界。马基雅维利的新世界，也就是马基雅维利的新的方式与制度，将要求取代昔日的世界。马基雅维利在《君主论》第十五章一开始就声明了这一点，他写道："我的观点与别人的不同，可是，因为我的目的是写一些东西，即对于那些通晓它的人是有用的东西，我觉得最好论述一下事物在实际上的真实情况，而不是论述事物的想象方面。许多人曾经幻想那些从来没有人见过或者知道在实际上存在过的共和国和君主国。可是人们实际上怎样生活同人们应当怎样生活，其距离是如此之大，以致一个人要是为了应该怎样办而把实际上是怎么回事置诸脑后，那么他不但不能保存自己，反而会导致自我毁灭。"（XV/61）但是，马基雅维利的革命究竟是关于什么的革命？

人们通常认为，这段话展现了马基雅维利的现实主义本质，人们常常称之为"现实政治"。他呼吁从理想转向现实，从"应当"转向"是"。[①] 马基雅维利号召人们要清楚了解"事物的有实效的真理"：不要看人们说了什么，而是要看他们做了什么。不可否认，马基雅维利集中关注的是现实的重要特征，包括谋杀、阴谋和政变。他更关注人们所作的现实的恶，而不是人们盼望的善好。你甚至可以说，马基雅维利津津乐道于我们崇高的意图和行动的现实后果之间存在的鸿沟，这一点令我们十分懊恼。

但是，单凭"现实主义"一语还是不能道尽马基雅维利，这个词可能具有很深的误导性。马基雅维利讲的都是政治的革新、重建乃至于拯救。这本书利用了圣经的先知话语，而马基雅维利认为自己就是一位解放的

[①] 这方面的经典研究，见 Friedrich Meinecke, *The Doctrine of Raison d'État and Its Place in Modern History*, trans. Werner Stark（New Brunswick, NJ: Transaction, 1998）；参见 Ernst Cassirer, *The Myth of the State*（New Haven: Yale University Press, 1946）[（德）恩斯特·卡西尔:《国家的神话》，范进等译，北京：华夏出版社，2003年]；Maurizio Viroli, *From Politics to Reason of State: The Acquisition and Transformation of the Language of Politics*（Cambridge: Cambridge University Press, 1992）。

先知。在上述段落中，他勇敢地宣告自己与一切先前时代的人都已决裂，事实上还抛弃了他们。马基雅维利既替换也结合了基督教与罗马共和的因素，目的是创造出一种显然为他所独有的政治组织的新形式，即"现代国家"。马基雅维利是现代主权国家的缔造者，这种国家后来在霍布斯、洛克和卢梭的著作中得到了理论上的表达，更不用说当代左翼和右翼的作家：从马克斯·韦伯和卡尔·施米特，一直到安东尼奥·葛兰西，后者写了一本书，名字就叫《现代君主论》。

《君主论》的形式与献词

马基雅维利支持新事物。但正如一切开拓者，他常常将自己的新奇与习俗的虔敬和形式结合在一起。马基雅维利的著作是大胆与谨慎的奇妙结合。他的习俗性外表背后总是隐藏着一颗反习俗的内心。我们只需要想想《君主论》的形式和献词，就能发现这点。

《君主论》表面上是一本最具习俗性的书。它自身就像是一部处于"君主宝鉴"的悠久传统下的作品，也就是说，它是一本建议君主如何行事，建议君主统治应做与不应做什么事的手册，这种讲法也没错。这类书中最古老的就是色诺芬的《居鲁士的教育》(*Cyropaideia*)，马基雅维利一方面把这本书列为必读书目，另一方面又把它和别的书搞混了（XIV/60）。不止如此，这本书的开篇也佐证了它的习俗性外表："按惯例"。马基雅维利把自己包裹在传统的大衣里。他有意要拿这本书来讨好洛伦佐·德·美第奇，这个人名就出现在献词里。

但让我们再仔细瞧瞧。想想前三章的结构：马基雅维利在第一章的开篇就说，"从古至今，统治人类的一切国家，一切政权，不是共和国就是君主国"。（I/5）随后他称，他在这本书里只考察君主国，不会讨论在《李维史论》中已经讨论过的共和国。在区分了君主国和共和国，并把它们列为唯一值得注意的两种政制之后，马基雅维利进一步区分了两种不同的君主国：通过传统和血缘而取得权力的世袭君主国，比如洛伦佐；还有一种，就是新君主国。

但是，马基雅维利随即告诉读者，这本书的唯一主题是新君主。这当然不是指洛伦佐，而是那种能够凭借个人的狡诈、武力和奸计而取得权力的君主。这本书的真正读者一定也就是潜在的君主，他们具有足够的政治胆识以创立自己的权威。《君主论》就献给这种新的领袖，他们做好了准备要"从虚无中"创造自己的权威。严格说来，只有一个造物主能够从无中造物。马基雅维利的君主似乎是在回应《创世纪》开篇讲的造物主。《君主论》描述了这样一种新政治领袖：他们从权威与德性的传统形式中挣脱出来，而且生来就有野心和对荣誉的爱，同时具备先知式权威的种种要素，我们今天会把这样的人称为"卡里斯马"。

武装的与非武装的先知

那么，这种新君主的特征是什么？他与传统的君主权威又有何不同呢？在这本书一个题为"论依靠自己的武力和能力获得的新君主国"著名章节里，马基雅维利讨论了新君主的特征。（VI/21–25）他一开始就强调（或许也夸张了）一个人创立起个人权威的困难程度，他写道："一个明智的人总是应该追踪伟大人物所走过的道路的，并且效法那些已经成为最卓越的人们。这样一来，即使自己的能力达不到他们那样强，但是至少会带有几分气派。"（VI/22）人们应当像一个射手那样行事：当他试图射中一个遥远的目标时，他会将弓抬得更高一些，因为他知道重力会使射出去的箭往下坠落。换言之，你要把目光放得高远些，因为你得知道自己有可能达不到目标。那么，一个明智的人应该把谁当作自己效仿的君主统治的"伟大典范"呢？

这里，马基雅维利列举了一串民族和国家的创建者英雄的名字：摩西、居鲁士、罗慕路斯、忒修斯，等等。他写道："当我们研究他们的行迹和生活的时候就会知道：除了获有机会之外，他们并没有依靠什么幸运，机会给他们提供物力，让他们把它塑造成为他们认为最好的那种形式。"（VI/23）一言以蔽之，这些建国者和圣经里的上帝一样，是从无中造物的；他们所拥有的东西只不过是行动的机遇，以及善加利用自身处境的必要的"能力"（virtue）*，或曰"心智的力量"。马基雅维利接着写道："因此这些机会使得这些人取得成功，同时由于他们具有卓越的能力，使他们能够洞察这种机会，从而利用这些机会给他们的祖国增光，祖国也因而兴旺。"（VI/23）

正是在这个地方，马基雅维利引入了他最著名的区分：武装的先知与非武装的先知。他总结说："所有武装的先知都获得胜利，而非武装的先知都失败了。"（VI/24）这好像是一种彻头彻尾的权力政治的观点，事实也的确如此。一位20世纪的马基雅维利主义者说，枪杆子出政权。但是这句话的意思不止如此。为什么马基雅维利要把新君主比作先知？先知是什么？先知就是上帝向他说话的人，这是一个最常见的答案。圣经里的先知是因为统治者的不义和滥权而斥责他们的人，拿单就是完美的例子。然而，马基雅维利的先知是武装的先知，他们要获取权力。从严格的意义上讲，马基雅维利开出的单子里只有一个人能被称作先知，那就是摩西。马基雅维利将摩西称作"纯粹的执行者"：他不应当因他的能力而受称赞，而是因为"上帝给予他的恩典才使他有资格同上帝谈话"。（VI/22）

但是，马基雅维利意义上的先知同样是一个胸怀民族梦想的人。人们服从先知，这还不够，人们必须信仰先知。一个耐人寻味的例子就是

---

* 古典政治哲学里的virtue一词兼具道德和政治的含义，传统上译为"德性"。但马基雅维利是要将道德从政治中分离出来，单单强调从事政治所需要的"能力"、"才干"，因此下文在马基雅维利语境下统一译作"能力"。——译注

萨伏那洛拉的遭遇，他是马基雅维利那个时代一位失败的先知。可以说，正是他的言辞使他遭到失败，马基雅维利写道："当大众一旦不再相信他的时候，他就同他的新制度一起被毁灭了，因为他既没有办法使那些曾经信仰他的人们坚定信仰，也没有办法使那些不信仰的人们信仰。"（VI/24）类似于萨伏那洛拉这样的教训数不胜数。萨伏那洛拉之所以失败，并不是因为他是一个典型的非武装的先知，造成失败的原因不止是没有武装，也是由于言辞的失败：大众不再信仰他了。马基雅维利的先知或许不是宗教人物或神圣知识的领受者，但他们一定是具有超凡人格的人，这使他们能制定法律、塑造制度，还能改变支配着人们生活的种种观念。马基雅维利的武装的先知不仅仅是匪徒，也是一位教育者。

虽然，"武装的先知总会胜利，非武装的先知总会失败"，这样强硬的说法确实是马基雅维利的特点，但他也清楚意识到这条规则有很多例外。最明显也最重要的例外，即非武装的先知获得胜利，就是耶稣基督。耶稣单凭他的言辞就获得了胜利，言辞帮助他一开始建立了一个小团体，小团体后来变成了宗教，再后来成了帝国。言辞或许也是一件威力不亚于枪炮的武器。此外，马基雅维利自己不也是一个典型的非武装的先知么？他既无一兵一卒，又无半分疆土。但很显然，通过转变我们关于善良与邪恶、德性与恶行的理解，他是在试图获得更大领域里的胜利。为了让人民服从，你必须先使他们信仰。马基雅维利的先知式君主必定具有哲人和宗教改革者的许多品质。

午夜善恶花园

经常有人认为，马基雅维利把一种新的非道德主义引入了政治学。从第十五章起，他开始用一个著名的准则来教导君主，即"如何作恶"。在一本迄今或许最重要的马基雅维利研究著作中，施特劳斯认为马基雅维利是"授恶之师"①。实际上,《君主论》每一页都有着好与坏、善与恶的问题。马基雅维利不仅是一位仅仅教人调整手段以切中目标的实用主义教师,他还对关于善恶的基本道德词汇进行了一番几乎全方位的价值重估。

为了使他对基督教道德所作的转换产生影响,为了教导君主"如何作恶",马基雅维利有必要追溯道德的起源。为了对实际统治着我们生活的那些基本准则施加影响,马基雅维利有必要深入到这些准则的根基,而这种根基只可能奠立在宗教中。说来也怪,宗教似乎并**不是**《君主论》的主要论题。在第十八章一段值得回味的话里,马基雅维利建议君主总是要装出一副敬虔的外表。"他应当表现出完全的仁慈,完全的信义,完全的信用,完全的人道,完全的敬虔,"他写道,还加了一句,"没有什么比显得具有最后一项品质更重要的了"。(XVIII/70–71)意思很清楚:敬虔在外表上是好的(当然这里指的是基督徒的敬虔),但实践它却会带来伤害。

马基雅维利的重点在于:如果你想要自由,你就必须知道如何变得不良善,至少是基督教意义上的良善。如果你想要"做得好"而非单纯"做个好人"的话,你就必须抛弃诸如谦卑、把另一面脸转过来让别人打、对人的罪予以宽恕这些基督徒的德性。你必须学会弄脏自己的双手。在基督徒的无辜和马基雅维利新道德的世俗性之间,绝不存在任何和解。这是两种不可调和的道德立场,但马基雅维利走得更远。无辜的人喜欢安全,他们的自由就是过着一种无可指摘的生活,享受不受惊扰的睡眠,但这样的自由完全取决于君主的清醒,甚至取决于君主对权力的无情使用。真正的政治家必须作好准备,在他对共同善好和自己的人民的爱当中混入一切伟大统治者都需要的几分残忍。这不过是又一个例子,证明

---

① Strauss, *Thoughts on Machiavelli*, 9. [(美)列奥·施特劳斯:《关于马基雅维里的思考》,申彤译,1页,引文有改动,南京:译林出版社,2009年]

了道德善好源于并且需要某种作为背景的道德恶。马基雅维利的建议相当清楚：如果你不能接受政治生活的责任，如果你不能接受这种需要几分残忍、欺骗甚至谋杀的严酷的必然性，那么请你退出。不要试图把你自己高尚的无辜（有时候也称为"正义"）强加为政治技艺的必要条件，因为这只会带来失败。在当代，吉米·卡特总统任期经常被认为是融合了基督徒人道主义与国家利益的一个重要证据。

在法国哲学家让-保罗·萨特写的一部名为《肮脏的手》(*Les Mains sales*) 的哲学文学作品中，这就是著名的"脏手"难题。脏手难题正是下述两者的冲突：一边是政治的残酷要求，而另一边是对人要求过高的愿望，即保持道德纯洁的愿望，远离尘嚣的愿望。萨特这部戏的背景是在二战期间一个虚构的东欧国家里，一位名叫贺德雷的共产主义抵抗斗士责备一个满脑子理想主义的新党员。这个年轻人收到一则命令，要求他执行一场政治暗杀，但他畏缩了。贺德雷对他解释说，共产主义者和其他党派的成员没有任何不同。为了胜利，他们会做任何必须去做的事情："我的孩子，你简直太洁身自好了！你是有多害怕弄脏自己的手啊！好吧，保持纯洁吧！这对你有什么好处？为什么你要加入我们？纯洁，这是瑜伽士和僧侣的理想。我呢？我有一双脏手，一直脏到臂肘上。我把手伸到大粪和血污里去。但你想要什么呢？你以为人们可以不干坏事就掌权吗？"①

或者，还有一个例子：卡罗尔·里德的伟大电影《第三个人》。一个名叫霍利·马丁斯的美国人到二战后的维也纳投奔他的儿时伙伴和偶像哈里·林姆，但是，这位无辜的人发现哈里卷入了一场涉嫌谋杀的黑市交

---

① Jean-Paul Sartre, *Dirty Hands*, in *No Exit and Three Other Plays* (New York: Vintage International, 1989), act V (p. 218) [（法）萨特：《萨特精选集》，柳鸣九编译，1081页，引文有改动，北京：燕山出版社，2005年]；有关这一问题的更加哲学性的讨论，见Michael Walzer, "Political Action: The Problem of Dirty Hands," *Philosophy and Public Affairs* 2 (1973): 160–180。

易。两人坐在摩天轮上,从城市上空鸟瞰地上的人群,接着哈里就问道:"如果地上任何一个小黑点再也不动了,你真的会觉得遗憾吗?如果每停下一个小点,我给你两万英镑,老兄,你真的会不要这笔钱吗?还是说,你会算下有多少小点是你能忍痛割爱的?"正当他们准备离开摩天轮时,哈里发表了一番足以让马基雅维利感到自豪的讲话,他说:"在意大利,在博尔贾统治的三十年间,那里有战争、恐怖、谋杀、流血,但是他们孕育了米开朗琪罗、莱奥纳多·达·芬奇和文艺复兴。而在瑞士,那里的人有兄弟般的友爱,他们有五百年的民主与和平。可是他们创造了什么呢?咕咕钟而已。"①

我们可以再找一个例子:约翰·勒卡雷的冷战惊悚小说《冷战谍魂》(*The Spy Who Came in from the Cold*)。一位名叫阿列克·利马斯的英国特工与一位理想主义的英国女人一起执行一项任务,这个女人本来是出于核裁军和世界和平的目的而加入共产党。故事里,他们被上级利用,目的是保护一个东德特务,而这个特务其实是英国情报部门的人。他们对自己在这起阴谋中的角色毫不知情,而当他们明白过来以后,利马斯就解释了所谓"高级间谍"的世界到底是个什么样子:"这场游戏里只有一条法律:暂时结盟能给自己带来好处。你以为间谍是什么?一群拿着上帝或卡尔·马克思的话去比对万事万物的道德哲学家么?不!他们只是一帮手段卑鄙的混蛋,我也是。他们不过是小人、酒鬼、同性恋,一帮怕老婆的家伙。这群公仆扮演牛仔和印第安人,好点缀点缀他们糟糕透顶的小日子。你以为他们像僧侣一样坐在伦敦,成天衡量对与错吗?"②

我可以把上面这些例子称为"伪马基雅维利主义":知识分子开展这种粗暴的谈话,表明他们真的丧失了理想主义,这对知识分子而言无异于失去了贞操。它表明,这个世界被划分为两极:一边是强者,以及能看

---

① Graham Greene, *The Third Man*, www.dailyscript.com/scripts/the_third_man.html.

② John Le Carré, *The Spy Who Came in from the Cold* (New York: Coward-McCann, 1964), 246.

到事物实际是什么样的现实主义者;另一边是弱者,以及需要道德幻象的慰藉的理想主义者。

与其说马基雅维利是在拒斥"善好"这一观念,不如说他是打算重新定义它。他自始至终谈论的都是"德性"(virtue),虽然这个词实际上是"能力"(virtù):它还保留着"人"这个词的拉丁词根,而且翻译过来就类似于我们所说的"男子气概"(manliness)。马基雅维利对这个词的使用,最突出的特点就在于:他试图在某些极端处境中界定它,例如建国时刻、政制变革、战争,国内国外都是如此。马基雅维利把极端处境当作正常状态,因而让道德适应于极端,这种尝试就是马基雅维利区别于他的前辈们的独特之处。他举的例子都是一个社会的生存或独立已到**危急关头**之类的情况。只有在这样的处境里,违背日常道德规范才能得到允许。马基雅维利通过这种危急的极端状况确定自己的方位,并且力图使它们成为常态。

马基雅维利没有否认,在日常时期(我们可称之为常态政治时期),正义的规则也许能占上风。他只是表明,常态政治自身就取决于例外政治,也就是危机、无政府以及革命的时期。在这种时刻,常态的游戏规则遭到了悬置。也正是在这种时刻,拥有卓越能力的人最有可能出现。马基雅维利对极端处境的偏爱,表达了他的信念:只有在巨大的政治危机的时刻,在社会面临生死存亡关头的时候,人的本性才会充分暴露出来。他的著作传达出一种紧迫感,这种紧迫感促使我们有必要采取最为极端的行动。尽管亚里士多德式的政治家相当重视稳定和实现稳定的必要手段,但马基雅维利的君主寻求战争,因为一个人只有在最极端的处境中才有望取得成功。

马基雅维利的伦理学是一种公然的非道德主义。他希望君主能把荣耀、名声和荣誉看得最重。"最杰出的人们"都谋求它们,例如摩西、忒修斯、居鲁士,或许也包括切萨雷·博尔贾。但其他人,比如阿加索克利斯,就缺少它们。荣誉伦理是一种十分独特的非道德的善好。它并不指向正义、公平或友谊，而是旨在培养能使人建功立业、名垂千古的才能。马基雅维利相信，这些才能在"大政治"的世界中能得到最引人瞩目的展示，尤其是在增强自己城邦或国家的力量，以使它能在世界历史的游戏中有所作为的时刻。对马基雅维利而言，历史成了真正作出裁断的法庭，只有它是能力的最终奖赏。马基雅维利建议君主要为自己的城邦创立纪念碑，让某些事情为人铭记，不论它们是善是恶。他建议公民要为自己国家的崇高成就感到自豪，并为谱写它的历史记录贡献出自己的力量。

正是下面这个问题为马基雅维利的《君主论》注入了生命力：除非从政者怀有不择手段弄脏自己双手的觉悟，否则他们是不能为自己的国家服务的。但是，一个人如何既保持内心正直，又屈从于正派人绝不会采用的手段，例如谎言、污名和背叛？他们怎么可能做到这点？恺撒、汉尼拔和博尔贾都选择弄脏自己的双手，而马基雅维利没有讨论过这些英雄们的内心世界或心智结构。这样的人是如何看待他们自己的，我们无从得知。他们也许没有内心生活，这一点是可以让他们心绪平稳的原因。马基雅维利似乎认为，它的唯一报偿就是随着国家的建立或强大而得到的荣耀。马基雅维利的建议好像是说："如果你怕热受不了，那就别待在厨房。"你可能会因为政治生活的要求而变成另一种人，如果你不喜欢，那就老老实实待在家里吧。

暴力美学

具有马基雅维利式的"能力"的典型人物，就是文艺复兴时期的政治家和将军切萨雷·博尔贾（Cesare Borgia）。在《君主论》第七章里，马基雅维利为博尔贾的实际能力提供了一个有力的例证。马基雅维利告诉我们，博尔贾怎样任命他的一个副官雷米罗·德·奥尔科，"一个冷酷而机敏的人物"，派他协助治理一块离佛罗伦萨城郊不远的领地。雷米罗是一个能干的军官，而且很快就建立起了秩序。但是，博尔贾为了表明自己才是真正的统治者，就派人谋杀了雷米罗，把他的尸体和一把血淋淋的刀子扔到城镇广场上示众。马基雅维利总结道："这种凶残的景观使人民既感到痛快淋漓，同时又惊讶恐惧。"（VII/30）

在此，博尔贾对残暴的使用正是马基雅维利所谓"妥善地使用残暴手段"的一个例证。马基雅维利写道："妥善使用的意思就是说，如果可以把坏事称为好事的话，为了自己安全的必要，可以偶尔使用残暴手段，除非它能为臣民谋利益，其后决不再使用。"（VIII/37-38）所以，马基雅维利批评叙拉古的僭主阿加索克利斯，说："他的野蛮残忍和不人道，以及不可胜数的恶劣行为，不允许他跻身于大名鼎鼎的最卓越的人物之列。"（VIII/35）对此，谢尔顿·沃林有一个最为清晰的说明。他称之为马基雅维利的"暴力经济学"，强调迅速、有效而果决的残暴行动的必要性，而我们只能根据其效果来评价这样的行动。沃林写道："他希望通过他的暴力经济学去促进的，是权力'纯粹的'使用，不受任何傲慢、野心或心胸狭窄的报复动机的玷污。"①

这充其量只说对了一半。马基雅维利对"暴力经济学"这样的术语没有什么兴趣，真正令他感兴趣的是"景观"。比起暴力经济学，他更喜欢"暴力美学"。他不是作为一个算计着成本和收益的经济学家，而是作为一位关注暴力所能取得的景观效应的美学家参与政治的。在读过他关于政治暗杀、征服和帝国的叙述之后，没有人不会对创造性的暴力行为产生某种强烈的钦佩，甚至是颂扬。因此，马基雅维利高度赞扬汉尼拔，"只是由于它的残酷无情，同时他具有无限的能力，这就使他在士兵的心目中感到既可敬又可畏"。（XVII/67）但马基雅维利也不是虐待狂。他并不为着残暴本身的缘故而颂扬它。在一处意味深长的段落里，马基雅

---

① Sheldon Wolin, *Politics and Vision: Continuity and Innovation in Western Political Thought* (Boston: Little, Brown, 1960), 223. [（美）谢尔顿·沃林：《政治与构想：西方政治思想的延续与创新》，辛亨复译，232页，上海：上海人民出版社，2009年］

利批评了阿拉冈的费尔迪南多在驱逐西班牙的犹太人这件事上"出于虔敬的残暴"举动。（XXI/88）马基雅维利不是把暴力视作受政治必要性所迫而产生的不幸的副产品，而是视作一种至高无上的政治能力：通过暴力，形式被强加于质料之上。

与马基雅维利的暴力美学相关联的是这样一个信念，即历史上的伟大文明都源于残暴、统治和征服的行为，例如波斯人、希伯来人和罗马人。过去和现在的政治领袖都不是僧侣或道德哲学家，这些人只是清楚界定了各种精致美妙的正义理论，而拥有一双"脏手"的人们却做好了准备，运用欺骗、残暴乃至谋杀的手段来实现令人瞩目的伟业。马基雅维利说，繁荣而成功的文明最初都取决于弑亲、谋杀和内战；他会对挑明这样的事实感到一种反常的快乐。

马基雅维利所说的"能力"总是带着一种暴力和掠夺的特征。"能力"首先是善于审时度势的能力，也就是马基雅维利有时候所说的"形势"（occasion），这种形势是"命运"（fortuna）交付给我们的。对马基雅维利而言，"能力"和"命运"是一对互补的概念。若不存在某种能使人施展能力的适当形势，也就无所谓能力；同样，若是人不能创造机会来正确施展自己的技能和才干，那也就没有什么形势可言。因此，在著名的第二十五章"命运在人世事务上有多大力量"里，马基雅维利一开始就思考了这样一个看法：人类生活大部分受到机运所影响，以至于我们在影响人事进程上能做的事情相当之少。对当时的这种看法，马基雅维利表示同意："这种意见在我们这个时代更觉得可信，因为事物具有那么大的可变性。"（XXV/98）

马基雅维利思考了这个命题，但是表示不同意。虽然政治事务大多是意料之外、机运和纯粹的偶然事件，人的智力、谋划和高瞻远瞩仍然有用武之地。"不能把我们的自由意志消灭掉，"他猜想，"命运是我们半个行动的主宰，但是它留下其余一半或者几乎一半归我们支配。"（XXV/98）这句话是说：如果命运支配了我们一半的生活，那么能力的作用就是塑造另一半生活。另外，在一段著名的段落中，他把命运比作一条滔滔大河，或者一场大洪水。接着又说，借着高瞻远瞩，能力可以创造出类似于堤坝那样的人工障碍，以此来控制难以驾驭的事物，使本性混沌无序的事物变得有序。结论就是，那些过分依赖机运的力量的人都将毁灭，例如一直盼望自己买彩票能中奖的人；相反，那些顺应时代的人更有机会取得成功。这看起来像是"命运偏爱有准备的人"的翻版。

但是，马基雅维利走得更远。能力可不只是顺应时势，也包括要迫使时势来顺应你。在马基雅维利关于顺应时势的思想中，存在着某种暴力和侵略性的维度。他写道："我确实认为是这样：迅猛胜于小心谨慎，因为命运之神是一个女子，你想要压倒她，就必须打她，冲击她。"（XXV/101）换句话讲，命运更倾向于回应迅猛而非小心翼翼，回应英勇果决而非温和适度。马基雅维利的能力不过是一种先发制人的策略。不止如此，马基雅维利告诉读者：这样的策略更招年轻人喜欢，他说年轻人都"在小心谨慎方面较差，但是比较凶猛，而且能够更加大胆地制服她"。（XXV/101）

两种血质

马基雅维利认为什么类型的政府是最好的？正如他在《君主论》开篇揭示的那样，存在着两种政制：君主国和共和国。但是，两者都建立在某些彼此对立的意愿，或者他所谓的"血质"（humors）之上。在第九章里，马基雅维利写道："因为在每一个城市里都可以找到两种互相对立的血质：一边是人民不愿意被贵族统治与压迫，另一边是贵族要求统治与压迫人民。"（IX/39）

在此，马基雅维利用一个心理学（甚至是准医学）的概念"血质"，来命名人的两大阶层，它们是一切国家的基础。马基雅维利关于两种血质的理论，不禁让人回想起柏拉图关于灵魂三层次的解释，只有一点不同：城市的每一阶层都受制于一种"血质"，但无论哪种血质都和理性没有紧密的联系。每个国家都被划分为两大阶层：一方是贵族（*grandi*），一个富裕的、有权力的阶层，他们想要统治；一方是人民（*popolo*），一群只想不受人打扰的普通人民，他们既不想统治也不想被统治。我们或许以为，一个写了《君主论》的人会更加偏爱贵族。难道马基雅维利一直歌颂的东西不就是关乎名誉和荣耀的贵族式目标吗？

但是，马基雅维利接着就全力反对各种贵族德性，他说："人民的目的比贵族的目的来得正直。前者只是希望不受压迫而已，而后者却希望进行压迫。"（IX/39）马基雅维利似乎是在建议，君主应该把他的权力奠立在人民之上，而不是贵族。贵族始终是君主的一大威胁，因为他们对权力怀有野心，而一个以人民为基础的君主能更容易、更自信地施行统治。马基雅维利将古典政治观念作了一个有趣的颠倒：他把贵族说成是易变而不可信任的，把人民说成是相对坚定而可靠的。马基雅维利写道："君主能够预料到那些敌对的人民干出最坏的事情，就是他们将来把自己抛弃了。但是，对于那些敌对的贵族，君主不仅害怕他们抛弃自己，还害怕他们会起来反对自己。"（IX/39–40）

因此，政府的主要事务就是知道如何控制贵族，因为他们始终是导致冲突的潜在原因。君主必须知道如何遏止贵族和强人的野心，让骄傲者低声下气。我们将看到，这是霍布斯政治哲学的一个主题。君主或主权者的统治，需要控制他人野心的能力，而且要通过有所选择的处决、公开指控和政治审判等手段来实现这一点。记住雷米罗·德·奥尔科的例子，记住对他的处决怎样使人民"既感到痛快淋漓，同时又惊讶恐惧"。既要控制住贵族的野心，又要迎合人民的欲望，这就是一个完美的例子。

尽管马基雅维利的君主并非一个民主主义者，但他也知道人民本性的正直，知道让他们保持忠诚的必要。马基雅维利说的正直，意思是他们没有野心，没有施行统治和发号施令的欲望。但是，这种正直并不等于善好。因为，人民身上总有一种倾向，使他们堕落到马基雅维利视为"懒散"或放荡的地步。不愿压迫他人的欲望也许是很正直，但与此同时，教会人民如何捍卫他们的自由也是必不可少的。由于长达一千五百年的基督教统治，人民变得虚弱，不能利用政治责任感或政治资源来保卫自己免遭侵害。正如君主必须知道如何控制贵族的野心，君主也必须知道如何增强普通人民的欲望。

某些马基雅维利的读者（其中不乏敏锐者）想过，马基雅维利的君主其实是一个民主主义者，而《君主论》的意图就在于警告人民一个篡权的君主所具有的种种危险。我们可以想想斯宾诺莎的《政治论》："马基雅维利或许想要说明，获得自由的民众应该如何慎于将自己的身家性命完全信托给一个人……因为马基雅维利维护自由，而且为此提过一些非常有益的意见，如果这样解释这位贤哲的思想，我觉得更为可信。"[1]或者，如果你不认同斯宾诺莎，我们还可以想想卢梭在《社会契约论》里的评论："马基雅维利无疑是一个很诚实的人，是一个好公民，但由于他依附于美第奇家族，所以不得不在他的国家遭受压迫的情况下，把他对自由的爱伪装起来。"[2]

这些评论都极富启发性。这些伟大的政治作家都认为马基雅维利是一个宣讲自由的传道士。斯宾诺莎认为他是在警告人民，君主统治具有什么样的危险；卢梭认为，由于美第奇家族的专制统治，他故意把自己对自由的爱伪装了起来。他们都认为，马基雅维利暗中站在人民的一边，反对贵族。

斯宾诺莎和卢梭或许夸大了事实，但他们肯定说对了某些事情。在

---

[1] Baruch Spinoza, *The Political Treatise*, in *The Political Works*, ed. and trans. A. G. Wernham (Oxford: Clarendon Press, 1958), V, 7 (p. 313). [（荷）斯宾诺莎:《政治论》，冯炳昆译，44—45页，北京：商务印书馆，1999年]

[2] Jean-Jacques Rousseau, *On the Social Contract*, in *The Social Contract and Other Later Political Writings*, trans. Victor Gourevitch (Cambridge: Cambridge University Press, 1997), III, vi, 95. [《社会契约论》，81页]

古典共和制里，统治的人是贵族，也就是拥有财富和闲暇，因而能够作出判断的绅士；而在马基雅维利的国家里，人民成了占据统治地位的社会和政治力量。马基雅维利想要从贵族手中夺得权力，交给人民。为什么？首先，他断定，人民比贵族更值得信赖。一旦人民学会珍视自己的自由，学会对侵犯他们自由的行为予以反击，一旦人民变得像凶猛而警惕的看家狗，而不再是卑躬屈膝的奴才，人民就能成为一国之伟大和强力的可靠基石。君主如果站在人民一边，他的目标就更容易实现：既为他的人民创造出生机勃勃的公民生活，又使自己获得永恒的荣耀。

就像马基雅维利说的那样，一个君主必须知道如何顺应时代。这一点对君主理所当然，对马基雅维利也同样如此。一个人必须同时知道君主和人民的本性。在《君主论》献词里，马基雅维利自比为一个描绘风景的画家，要想画好平原就必须立于高山之巅，要想画好高山就必须置身平原之中。在古典共和制里，找到约束民主的激情的方法是十分必要的，而在共和制已成陈迹的现代世界，最重要的事情就是教会人民珍视他们的自由。古代最杰出的君主，例如摩西，能够立下万世不变的法律，从而使人民有能力治理自己。相应地，在《君主论》最后一章里，马基雅维利向他的同胞们发出号召，号召他们从外国侵略者的手中解放自己和整个意大利。

马基雅维利的乌托邦主义

现在让我总结一下上述对《君主论》的这种分析，我会把它称为马基雅维利的乌托邦主义。表面上看，这个用语好像是一种矛盾修辞。马基雅维利难道不是劝告我们只思考事物的"有实效的真理"，而非想象出来的原理吗？换句话说，马基雅维利难道不是鼓励我们去观察人们做了什么，而非他们说了什么吗？马基雅维利难道不是让我们去观察"是"，而非"应当"吗？然而，尽管他公开承认自己对古典乌托邦主义的拒斥，马基雅维利却让他的读者以各民族和国家的最伟大的建国者作为榜样。这些建国者无疑生来就有超凡魅力或先知的特质，这些人不单单靠武力，也靠他们的能力获取权力。这种观念可以清楚证明，马基雅维利的思想中有着一种理想主义甚至是乌托邦主义的调调。

任何地方都不像《君主论》最后一章那样清楚展现了马基雅维利的理想主义，这就是第二十六章"奉劝将意大利从蛮族手中解放出来"，这一章引发的争论或许比本书的任何地方都多。对许多读者来说，这本书似乎只是一本关于"怎么办"的政治工具书，但为什么马基雅维利要以一场激情洋溢的对解放的呼声来结束它呢？一些读者甚至认为，马基雅维利在1513年写成了此书的前二十五章，隔几年才写出最后一章。对他们而言，最后一章关于从蛮族手中得到解放和对拯救意大利的呼唤的言论，只可能在大约1518年写成。①

这些思考决不是事后诸葛亮，它们实际上是深深沉迷于马基雅维利的全部著述的结果。他对意大利城市的弱小和分裂的回应，就是君主的神话：一个象征着能力、力量和超凡魅力的人物，他的拯救之力能指明通往新罗马的道路。实际上，这位君主展示真正能力的机运也取决于当时的社会沉沦状况，正如"为了表现摩西的能力，必须使以色列人在埃及成为奴隶"。（XXVI/102）先知与他的人民紧紧联系在一起。没有人民的先知，没有救世主的拯救，都是不可能的。马基雅维利企盼一位作为救世主的君主出现在当前的沉沦状况中，这一点在他1513年8月26日写给韦托里的信中表达得特别清楚，而其时的他正在写作《君主论》："我当然不认为，他们（瑞士人）会像罗马人那样创建一个帝国，但我确实认为，由于他们毗邻意大利，由于我们内部乱得一塌糊涂，他们将会成为意大

---

① 有关《君主论》最后一章写成时间的争论，见 John M. Najemy, *Between Friends: Discourses on Power and Desire in the Machiavelli-Vettori Letters of 1513-1515* (Princeton: Princeton University Press, 1993), 177-184。

利的主人。这令我不寒而栗,因此我希望进行补救;要是法国不能胜任,那么我不知道有什么办法了,现在我准备同您一起痛哭,为我们的毁灭和奴役而痛哭,这种毁灭和奴役,即使今天或明天不到来,在我们有生之年也一定会到来。"[1]

面对意大利的沉沦状况,马基雅维利相信政治上的拯救一定会随之出现。甚至,拯救意大利的事业要想成功,它的沉沦状态也是必不可少的。马基雅维利似乎意识到他可能像摩西一样,等不到看到应许之地的那一天了。他知道自己只是一个非武装的先知,至多能为新君主指明走出荒野和进入新耶路撒冷的道路。马基雅维利明白,这位救世君主也许不会"在我们这个时代"到来,意大利可见的未来仍然是一派虚弱、无序的景象,但他一定会来。一旦来了,他决不会是一位和平的君主,而是另一个博尔贾、汉尼拔,或者亚历山大。马基雅维利的写作,就是为了加快这位救世君主到来的步伐。他完全可以加一句:"愿他在我们的时代就速速到来。"

马基雅维利的《李维史论》

对马基雅维利的严肃的研究者而言,《李维史论》(全称是《论提图斯·李维〈罗马史〉前十卷》)一直被视为他最重要的作品。这部作品并不像《君主论》那样被人们一读再读,部分是因为它的篇幅和主题编排。实际上,这两本书的关系一直都是困扰着历代读者的谜题。

《君主论》出版于1513年,正值马基雅维利被罢官的次年。《李维史论》的写作日期更难确定。最可靠的猜测是这本书写于1513到1517年间,尽管它直到1531年才出版,其时马基雅维利离世已有四年。即便如此,

---

[1] Machiavelli to Francesco Vettori, August 26, 1513, in *Machiavelli and His Friends*, no. 222(pp. 259—260).[(意)马基雅维利:《马基雅维利全集:书信集》,段保良译,502—503页,长春:吉林出版集团有限责任公司,2013年]

他似乎同时写作了这两本书。在《君主论》第二章里，他作了一点暗示，指的似乎就是《李维史论》。马基雅维利说，《君主论》论述的只是君主国，而他把自己关于共和国的论述放在了别的著作里。通常，人们认为这是在说《李维史论》。

就两部著作的主题而言，马基雅维利这句话确实向我们透露了一些东西。《君主论》依循帝王宝鉴的体例，它是一本关于如何获得并保持君主权力的工具书。《李维史论》通常被视为马基雅维利论述共和国的著作，它的体例是对李维的罗马史《自建城以来》前十卷进行历史评论和政治评论。李维被公认为最伟大的罗马史家。他讲述了罗马自建城以来（其实是多次建城），到共和国的建立，直到其力量达到巅峰的历史。尽管这本书的写作是在奥古斯都统治时期，李维却没有详述共和国陷入内战，并且转变为一群皇帝统治罗马的君主制的历史。李维记述的历史一直都被人们视为共和政府的圣经。马基雅维利选择评论这位最伟大的罗马史家而提出自己的教导，这样做就将读者的注意力引向难以企及的罗马的伟大。谁要想理解伟大，谁就必须理解罗马。马基雅维利转向罗马尤其是罗马共和国的历史，暗示了他站在古代人和共和制的一边，反对现代人和君主制。

两篇献词

《君主论》和《李维史论》的献词提示出两本书的差异。《君主论》被献给洛伦佐·德·美第奇。马基雅维利一开始就说，地位卑下的人将自己的作品献给身居高位者乃是惯例。相反，《李维史论》被献给马基雅维利的两个年轻朋友，他们的名字分别是扎诺比·布昂德尔蒙蒂和科西莫·鲁切拉伊。据马基雅维利所言，这两人"强迫"他写了这本他自己绝不会主动写的书。我们不禁感到好奇，马基雅维利是怎么遭到强迫的？这两个年轻人和马基雅维利一样,都是某个文学团体的成员。①比起他们是谁,更重要的是他们象征了什么。从社会学层面上看,两人都属于贵族阶层,也就是佛罗伦萨未来统治阶层的一分子。马基雅维利的听众包括布昂德尔蒙蒂和鲁切拉伊这样的年轻人,而他们是有教养的贵族,经常出没于意大利各城市的富豪名流的社交集会中,在洛伦佐的宫廷里共商国事,也十分关注"奥里切拉里花园"(the Orti Oricellari,堪比柏拉图学园)的小说与时下戏剧的创作。很显然,正是在这些花园的树荫之下,马基雅维利第一次向他的美第奇式听众们朗读了他颂扬共和国的部分段落!

但是,这么说并不恰当。马基雅维利确实是在写一本颂扬共和国的书,但他把这本书献给两个无论从出身、教育还是成长而言都注定会敌视一切共和政府事业的贵族。无疑,马基雅维利最好的朋友都是这个阶层的成员。其中最著名的两个人,一个是他的朋友和佛罗伦萨驻罗马大使弗朗切斯科·韦托里,他们保持了很长一段时间的通信;另一个是历史学家弗朗切斯科·圭恰迪尼。马基雅维利的目的是什么?看上去很清楚,他有意把《李维史论》写成一本面向年轻贵族的教育著作。马基雅维利自视为一个教师,一个教育者。这部书是对一位古代史家的评述,它的长度和学术体例或许吸引了两位年轻的佛罗伦萨人文主义者。不管怎样,马基雅维利总是知道如何让他的读者感到满意:"我……决定首先向你们而不是向其他任何人呈献我的这本《史论》。这既是因为,通过这样做,我觉得表达了我对所受到的那些恩惠的一点感激;也是因为,我觉得可以超脱于那些著述者们的惯常做法,他们总是习惯于将他们的著作献给某个君主,并且因为被野心和贪婪所蒙蔽,他们在本应对于他的种种恶习指责他的时候,却赞扬他的所有那些有德行的品质。"(Dedication/201–202)

---

① 关于马基雅维利献词所指的"权贵"(*Ottimati*)的社会圈子,见 J. G. A. Pocock, *The Machiavellian Moment:Florentine Political Thought and the Atlantic Republican Tradition*(Princeton:Princeton University Press, 1975),114–155, 185–186。[(美)波考克:《马基雅维利时刻》,冯克利、傅乾译,南京:译林出版社,2013年]

在献词里，马基雅维利似乎进行了某种自我批判，他否定了自己将《君主论》献给洛伦佐的做法。他接着写道："为了避免这样的错误，我选择的不是那些身为君主的人，而是那些配做君主的人……那些拥有治国知识的人，而不是那些不懂如何治国却能够统治一个王国的人。"（Dedication/202）马基雅维利乐于强调他的听众们的年轻。实际上，《李维史论》第一卷的结尾就提到，正是"年轻人"为罗马赢得了胜利。无论在献词里，还是统观全书，马基雅维利都自视为年轻人的向导。

当然，马基雅维利不免有夸大之嫌。如果这本书所面向的年轻读者已经懂了如何治国的话，那他写《李维史论》就是多此一举了，谁也不会写一部这么长的书来教导已经知道这些事情的人。马基雅维利偷偷赢得了他的读者的欢心，目的是增强他们的信心。我想指出，他的意图是说服这一阶层来支持共和主义事业，向他们展示一个良序的共和国，借此使他们能再度创建出这样的共和国。《李维史论》展现了马基雅维利的野心和理想主义，他的欲望不过是创建一个新罗马而已。

"新的方式与制度"

在《李维史论》前言里，马基雅维利希望能激起读者对罗马的强烈渴望。他所宣称的著名发现，"新的方式与制度"就是在这里提出的。他自比为"寻找未知的海洋与陆地"的哥伦布，而且扬言自己"踏上了一条还没有人走过的道路"。（Preface/205）但结果表明，马基雅维利的航海梦最终并不是发现了一块人们从未涉足过的大陆，确切地说，他发现的是一块被遗忘的大陆，一块已经被岁月所忘却的土地。这块新大陆正是罗马。

马基雅维利知道自己的宣告看起来很怪异。他生活在古物盛行的文艺复兴时期的佛罗伦萨，同时代的人文主义者们就对古物很是沉迷。因此，为了将自己与他们区别开来，马基雅维利反对他同时代人美化古人的倾向，而他对待古人的方式是为了让他的读者回到罗马共和国的基本原则上去。马基雅维利并不赞美那些搜集罗马雕塑来装饰房子花园的门外汉，而是向读者指出罗马人实际做出的事业，这些事业正是李维所讲述的："看看历史向我们显示的，由古代的王国和共和国，由国王、将领、公民、立法者和其他为其祖国而不辞辛劳的人所做的极其有德行的行为，人们宁愿钦佩，也不去仿效它们；相反，每个人在所有最小的事情上都对它们避而远之，以致古代德行在我们身上踪迹全无，对此我不能不既感到惊诧同时又感到遗憾。"（Preface/205-206）

马基雅维利的嘲讽之情溢于言表。他暗示说，他的同时代人只不过是对罗马的艺术风格感兴趣，也就是绘画、雕塑和建筑。他们关注的是我们所谓的"艺术史"，却忘了政治教诲才是最重要的。马基雅维利说，眼下回到罗马相当重要，因为我们自我治理的能力已经渐渐蜕化。就那些促进自由的品质而言，现代人已经比不上古代人了。马基雅维利把衰落的原因部分归咎于基督教，但更主要的是因为：阅读技艺已经蜕化。马基雅维利的书就是一门漫长的阅读课，他这样描写这本书的受众："在阅读历史时，既没有从它们中获取其意蕴，也没有品味到它们所具有的趣味。由此导致无数人阅读史书，沉湎于其中包含的各种历史掌故，却从来不曾想去效仿，他们断定这种效仿不仅困难，而且是不可能的；这就仿佛苍穹、太阳、各种元素和人类自身在运动、秩序和力量等方面已经发生了变化，今时已不同于往日了。"（Preface/206）

马基雅维利鼓舞读者，不要只是懒惰地、选择性地思考他们读到的东西，而是要积极效法古代先人们的伟大事迹。他说，正是这一点促使他写一份对李维罗马史的评述。事实上，如果想正确理解《李维史论》，我们就要不断联系李维的罗马史和马基雅维利的其他著述。可以肯定的是，《李维史论》决不是一部简简单单的注疏。马基雅维利对李维的应用相当随便，而且有很长一段时间李维从马基雅维利的文本里完全消失了。

马基雅维利希望改进李维，从而改进罗马。马基雅维利不会把自己局限在研究他的古代大事上，他也要不断"比较古今大事"，为的是从中汲取"实用的教益"。接下来就让我们思考其中一二吧。

古今共和国

《李维史论》的核心悖论就在于：马基雅维利所宣告的"新奇"，也就是发现新大陆的航海梦，实际上却是对古代的方式和制度的重新发现。马基雅维利究竟如何使一个十分古老的事物显得像是前所未有的新奇呢？一种回答是说，在"一个良序的共和国是由什么构成的"这个问题上，马基雅维利将李维这位可敬的权威用来支持自己的思想。他躲在李维的权威背后，为的是让自己也分享一点名望，从而充分利用自己作为一个注疏家的豁免权。我要指出，马基雅维利的共和国的"新奇"具有四个特征，而它们和我们美国的共和国有一些相似之处。

《李维史论》开篇就反思了一个问题：一个政制要么是由一个立法者建立，要么是在岁月流逝之中偶然长成，那么这两者谁更可取呢？前者的典型是斯巴达，斯巴达的法律和根本大法是由一个名叫莱库古（Lycurgus）的人创立的，历经八个世纪未曾动摇。后者的典型是罗马，它的政制是偶然的结果，或者用马基雅维利的话说，是"命运"的结果。罗马没有一个唯一的立法者，而且在崛起之路上不得不多次重新立国，顺应时势。马基雅维利认为，两者之间存在着一场争辩，而他思考的是双方的利弊。但出乎我们预料的是，马基雅维利得出了一个令人惊讶的结论："虽然罗马没有一个像莱库古那样的人可以在一开始来治理它，使它能够长期自由地生活；但是，由于平民与元老院之间的不和而在罗马发生的那些事件是如此之多，以致**统治者未做之事，竟偶然做到了**。因为即使罗马注定没有第一次的运气，它也会有第二次运气：因为它的那些最初的体制，虽

然不完善，但没有偏离可以将它们引向完美的正道。"（I.2/215）

罗马的长治久安与自由不是源于自觉的设计，而是偶然和机运的结果；这一主张只是为马基雅维利更加大胆醒目的主题作了铺垫而已。马基雅维利声称，罗马的伟大主要应当归功于冲突，而非共识。赋予罗马力量的是分裂，而非统一。马基雅维利首先是一位论述社会冲突和阶层冲突的理论家。他认为，这种冲突只要保持在一定界限之内，就是一种积极的善好。

马基雅维利拒斥同时代的人文主义者无比热爱的阶层共识或和谐的范式，为此一直饱受争议。他在《李维史论》第一卷第四章里回到了这个主题："那些斥责贵族与平民之间纷争的人，在我看来，他们斥责的是作为保持罗马自由的首要原因的那些因素，这些人更多地考虑由这些纷争产生的争吵和喧嚣，而不是考虑这些纷争所收到的良好效果；并且他们没有考虑在每个共和国都有两种不同的血质，即人民的和贵族的，所有有利于自由而制定的法律，都源于这两派之间的不和。"（I.4/218；有改动）

这段话有两个重点。其一可以追溯到马基雅维利在《君主论》里所说的话，即人们应当盯住"事物的有实效的真理"。结果才是最重要的，我们不应被其他想法所误导。其二，冲突深深地扎根于人的心理之中，它根植于两种血质，即贵族对统治的欲望和人民对自由的欲望之中。国家的力量和伟大正是这些对立血质的产物，与共识没有什么似是而非的关系。在马基雅维利看来，**一切**的政治都是**党派**的政治，共识是骗人的。诉诸共识，只不过是一个阶层为了统治而施展的障眼法。人的生活，本质上就是一场不可逃避的战斗。声称我们可以超出党派，所有人一致拥护某种共同善的理念，只不过是慰藉人心的幻象之一，而这样的幻象都属于"空想的君主国"。政治的目标不应该是消除冲突，而是使它有条有理，使它服务于国家的伟大事业。

《李维史论》的第二个主要思想是在第一卷第五章里的一场争论中提出的，这场争论的核心就是马基雅维利所说的自由的"守护者"问题。

他问道，权力最好是托付给人民，还是贵族？我们再次看到，他是把这个问题作为一场争论提出来的，并给出了双方的理由。斯巴达和威尼斯是追随贵族制模式的共和国，它们把权力授予贵族。他们这么做有很好的理由。贵族阶层是最想要统治的阶层，因此，把政治权力交给他们也就满足了这种欲望。此外，把权力授予贵族可以抵消人民的躁动不安（restlessness）。众所周知，人民都是激动不安、反复无常的。另一方面，罗马就是一个权力集中于人民的共和国典范。人民的权力是造就罗马伟大的首要因素。尽管斯巴达的存在时间可能更长，但罗马展现了更伟大的德性。马基雅维利坚定地站在罗马一边。

马基雅维利这种对人民（即普通人）的偏爱，或许是第一次出现在政治理论当中。[①]不同于亚里士多德式的政制典范，也即在不同党派和阶层之间寻求平衡的宪政政府，马基雅维利显然更加偏爱亚里士多德所谓的民主（demos）统治。马基雅维利相信，人民就是自由最可靠的支持者。亚里士多德的均衡政体，在马基雅维利那里变成了民主共和。在《李维史论》第一卷临近结尾处，马基雅维利又回到了这个主题。在第五十五章里，他捍卫那些建立了广泛的社会平等的共和国。进而，他声泪俱下地控诉那些"游手好闲、靠着他们的地产收益过着富裕的生活"，对共和国没有任何实质贡献的贵族。（I.55/335）这个阶层是共和国的蛀虫，应该予以消灭。换句话说，要想保持共和国的纯洁，偶尔的清洗就是必不可少的。后来，这一教诲被法国和俄国的革命者们所接纳，这群人血腥清洗了一批被视作"人民公敌"的人。无疑，这是马基雅维利最为狂热嗜血的时刻之一。

这个论据在第一卷五十八章被进一步展开了，这一章名为"人民比君主更明智、更坚定"。这里，马基雅维利表明他与李维的不同之处。李

[①] 关于马基雅维利的民主或平民倾向，见 John P. McCormick, *Machiavellian Democracy*（Cambridge: Cambridge University Press, 2011）。

维说人民是最反复无常的党派，马基雅维利则彻底更改了这一命题。他宣称："我想要为之辩护的论点，是我已经说过的所有作家都反驳的一个论点。"（I.58/341）就在第五十五章里他对血腥清洗贵族宣告支持后，他现在又称："通过说理为任何观点辩护，而不是借助权威或暴力，这并没有错。"（I.58/341）很奇怪，这本书本来是要帮助我们成为更好的读者，但这里的马基雅维利却似乎以为我们早忘了刚刚才读过的那几页东西！

马基雅维利捍卫民主共和国的论据，源于《君主论》第九章"人民比君主更为正直"的说法。比起君主，人民作为一整体而非个人或团体，能表现出更好的明智和判断力。马基雅维利论证道，伟大的预见力和智慧属于人民。他声称，当两个具有同等修辞天赋的人拥护不同的立场时，人民总能作出正确的决定。我不能肯定什么证据支撑这里的主张。马基雅维利注意到，整个罗马历史上，令人民感到后悔的判决不超过四次，虽然他没说是哪四次。进一步讲，让某个统治者败坏，总比让所有人民败坏来得容易。简言之，人民比一个君主更可靠，也具有更好的判断力。最终，马基雅维利决定原谅人民的残忍。他说，人民的残忍更倾向于针对共和国的敌人，而一个君主的残忍则倾向于针对他的私敌。（I.58/345）

马基雅维利的民主共和国还有一个值得注意的特征，即罗马的指控权制度。（I.7/227–230）这有点像是人民法庭，被指控侵犯公共善好的人都必须到这里来为自己辩护。罗马发明了公开指控的做法，以指控那些被视为"人民公敌"的公民，马基雅维利对此大加褒赏。这种做法听起来有点像是文化大革命时期的"公开宣判"，或者斯大林时期臭名昭著的"公审"。马基雅维利称赞它，认为它是排泄公众敌意的渠道，也是抑制贵族的手段。他批评道，眼下佛罗伦萨缺少这样一种能够严加制裁野心勃勃的公民的制度。值得注意的是，马基雅维利闭口不提这种指控权可能造成的不正义。只要能满足多数人，他是很乐意牺牲一个人的，想想雷米罗·德·奥尔科的例子吧。在罗马，指控权是一件人民用以反对权贵的武器，也是发泄我们极易染上的猜忌、不满和忌妒的渠道，马基雅维利把它们统称为"恶性血质"。

这就将我们引向马基雅维利共和国的第四个特征。在第一卷第六章里,马基雅维利让读者思考另一个问题:"如果有人想重新建立一个共和国,就要研究他是希望(像罗马那样)扩张它的领土和实力,还是要它保持在有限的疆域内。"(I.6/225)根据传统的理解,共和国都是自给自足的小型城邦国家。回想一下,亚里士多德曾经称赞过这种"一览无余"的城邦。大国家就削弱了政治参与和公民参与所必需的精神气质(ethos),而且会鼓励奢侈,从而导致腐败。马基雅维利甚至承认,只要你关心的是长治久安,你就应该效法斯巴达和威尼斯的榜样。

但是,虽然马基雅维利表面上赞同贵族统治的城市国家模式,他随即又贬低了它。罗马的目标不止是长治久安,更是伟大,伟大只可能源于帝国的扩张与征服。马基雅维利的共和国是一个正在行军的共和国。这一点与共和国对周围环境的掌控能力紧密相联。一切城邦都有敌人,而且处在命运的支配之下。如果完全采取守势,那就只会让自己容易遭到别人的攻击。因此,我们应该效仿罗马人的方略,他们决意要将帝国作为征服周围环境的手段,借此而使自己免受命运风暴的吹袭。罗马人首先通过武装自己的人民做到了这一点,这么做就使罗马获得了军事上的伟大。武装人民确实导致了无休无止的混乱与纠纷,但荣耀和力量也由此而生。

马基雅维利为这一主张辩护,他使用了一种关于政治现实之本性的本体论证明。我们生活在一个流变的世界之中。事物总是在变,国家的命运潮起潮落。因此,一个仅仅寻求自保的国家会冒着遇到灾难的危险。我们找不到一个能达到完美和谐或稳定的均衡点;因此,为了生存,我们只能变强。国家要么增强它们的力量,要么面临灭顶之灾,就这么简单。

马基雅维利把这一段讨论总结如下:"既然不能(我是这么认为)使这件事保持平衡,也不能确切地保持这条中间路线;在组建共和国时,就必须考虑其中最显要的方面,把共和国组建得即使必然性促使其扩张,它也能够保住它已经占有的东西……我认为，必须遵循罗马的模式，而不是其他共和国的模式，因为要找到这两种模式之间的中间方案，我认为是不可能的。"（ I.6/226–227 ）

在此，马基雅维利对"中间路线"的拒绝，也就意味着他公然拒绝了亚里士多德及其做法，即追求行动的节制或曰"中道"。正如马基雅维利所言，在一个不断流变的世界上，中道是不可能的，因为没有一个稳定的均衡点能让我们借以衡量中道。他的建议是，一个共和国若不扩张，只能灭亡。马基雅维利的共和国就是一个饱受争议的幅员辽阔的帝国，你们听到这种共和国不觉得很熟悉吗？肯定如此，因为马基雅维利说的就是我们美国！

新的基督教

要是我们还没谈到宗教，我们就不能合上《李维史论》，马基雅维利在全书中好几次暗示了这个主题。在前言里，他谴责基督教，因为它助长了当时意大利的虚弱和分裂。马基雅维利称基督教是"当今的宗教"，虽然我们也不知道明日的宗教又会是什么样子。另外，他也提到懒散的野心所引起的罪恶，这当然是指神职人员和他们的影响。（ Preface/206 ）马基雅维利的大部分言辞都是宗教改革者（有时还是激进改革者）的言辞，很像当时德国的马丁·路德。但是，他们二人有着巨大的差异。

马基雅维利大力赞美努马·蓬皮利乌斯（ Numa Pompilius ），后者是古代罗马宗教的创立者。①他在第一卷十一章里写道："由努马创立的宗教是

---

① 关于努马的古典记述，见 Livy, *The Rise of Rome: Book 1–5*, trans. T. J. Luce (New York: Oxford University Press, 1998), I, 18–21/23–27; 参见 Mark Silk, "Numa Pompilius and the Idea of Civil Religion in the West," *Journal of the American Academy of Religion* 72 (2004): 863–896。

罗马获得成功的首要原因之一。"马基雅维利真正赞美的是什么？他直率地承认，努马创立的宗教只是一个幌子，创造它是为了树立起政治德性。努马"假装与一位仙女相识，后者就他将要向人民建议的事情向他提出建议；而这一切全都是因为他希望在那个城邦设置新的不同寻常的体制，却又怀疑自己的权威可能不够"。（I.11/241）简言之，政治革新需要披上神圣权威的神秘外衣。

努马创立的宗教，与马基雅维利在下一章里所说的"我们的宗教"形成了鲜明对比。在这一章开篇，他就承认（或假装承认）现有宗教的权威性。重要的是，一个共和国或君主国的统治者或君主都支持他们国家的宗教原则。马基雅维利在任何个别宗教面前都保持中立：那些拥有政治权威的人在践行现有宗教，这才是关键。进而，他把这一点和基督教从其原初教导中历史演变而来的方式作了对比："那个宗教，如果在基督教共和国的首领中仍能保持当初它的创立者创建它时的那个样子，那么，那些基督教王国和共和国就可能会比它们现在更加团结、更加幸福。"（I.12/244）马基雅维利接下去一句话就说道，政治衰落的原因就在于罗马教廷。正是教廷，而非其他任何制度，使得意大利一直保持衰弱和四分五裂的状态。他继续写道："意大利没有到那种相同的地步，它也没有一个共和国或君主来统治自己，其原因仅仅在于罗马教会本身。"（I.12/245）到目前为止，马基雅维利似乎只是批判教宗的滥用职权，就像他那个时代相当普通甚至已成习惯的抱怨。

没过多久，马基雅维利就露出了他的真实面目。在第二卷第二章里，他问了一个问题：为什么古代人看上去比现代人更热爱自由？他答道，其差异应当归结为我们和他们的宗教差异。应该为自由的丧失和意大利的分裂而负责的，并不是基督教的腐化，而是应当追溯到它的基本原则。进而，马基雅维利提供了一系列尖锐而可怕的对比："我们的宗教更多地颂扬谦卑的和忏悔祈祷的人，而不是实干家。因此，它把谦卑、自我的禁欲修行和蔑视尘世事务确立为至善；而异教徒的宗教将至善置于精神刚毅、身体强健以及其他所有能够使人强大有力的东西中。虽然我们的宗教要求你在内心坚强,但它是要你适合于忍受痛苦,而不是去做一件大事。"(II.2/364)就在这里,马基雅维利扔下了一枚重磅炸弹:

> 因此,这种生活模式似乎使尘世变得软弱了,并使世界成为邪恶者掠夺的对象。这些人可以安心地统治这个世界,因为他们明白,大部分人为了进入天国,考虑得更多的是容忍邪恶者的蛮横行径而不是为此进行报复。虽然可能看起来这个世界变得柔弱了,天堂也被解除了武装。这无疑首先源自人们的胆小懦弱,因为他们根据安逸,而不是根据德行对我们的宗教信仰做出解释。因为,如果他们考虑到我们的宗教是如何允许我们提升并保卫我们的国家的,那么他们就会明白它希望我们热爱祖国并为祖国增光,并且想要我们做好准备,以便能够保卫它。(II.2/364)

马基雅维利究竟是在说什么?此外,为什么他一直到这本书的中间部分才终于将它说了出来?他想要我们做什么?他绝不只是倡导改革基督教,相反,马基雅维利似乎是想创造一个新宗教来取代,就像基督教曾经取代罗马异教那样。一个新共和国的建国者,也需要成为一种新宗教的创立者。他应当效法努马的榜样,重新创造新的仪式和庆典。他是一位改革者,甚至也是救世主,是马基雅维利在《君主论》最后一章里所说的领袖。但是,这样一种马基雅维利式的公民宗教究竟会是什么样子?在这一点上,马基雅维利的含糊其辞让人着急,我怀疑这是他故意所为。谁也不可能为这些事情提前立法。这就是为什么建国者需要不断阅读历史:他们要看到过去别人做了些什么,也要知道自己要做什么和避免什么,要知道怎样才能不只造就一个新罗马,也造就一个新耶路撒冷。

马基雅维利主义的成年

马基雅维利呼吁我们要以某种更强的异教信仰来取代基督教，对此人们并非充耳不闻。马基雅维利最显而易见的门徒，就是那些追随了伊拉斯图派（Erastian）的人，这一派的信条是把宗教置于政治控制之下。伊拉斯图派最著名的或最臭名昭著的代表就是托马斯·霍布斯，他在《论公民》和《利维坦》里都坚持这样的信念：宗教太过重要，所以不能交给教士，宗教必须置于尘世权威之下。我们下一章就会看到，霍布斯的目标便是基于宗教不能干预政治秩序的要求而建立宗教。

然而，卢梭却是一位最凶猛的马基雅维利主义者。我们已经看到卢梭如何把马基雅维利解释成一个讽刺君主制、热情捍卫民主制的人，他的解释与斯宾诺莎一样。在《社会契约论》最后一章，他重拾马基雅维利没有回答的一个问题："哪种宗教对共和政府最有用呢？"卢梭像马基雅维利一样，也像他几乎所有的先行者一样，接受了一个社会学事实："没有任何一个国家的建立不是以宗教为基础的。"（IV.8/146）卢梭理所当然地认为，宗教的力量和权威是政治道德的基础。但应该是哪种宗教？卢梭把古希腊罗马世界形形色色的多神论，与源自犹太教后又传到基督教和伊斯兰教的普世主义一神论作了对比。古代人的异教信仰并没有在他们的上帝和法律之间作出区分。宗教可以增强国家的实力和统一。同样，它也相对宽容，因为诸神的权力不能越出城邦的墙垣。即便是罗马人也想保持各民族的神完整无损，但耶路撒冷人不会同意。卢梭称，引入了基督教之后，这一切全变了。

基督教是第一个要为自己争取一个完全脱离政治的纯粹"精神王国"的宗教。卢梭甚至还提到了伊斯兰教："穆罕默德的眼光看得很深远。"穆罕默德将他的伊斯兰教法（*sharia*）和他的政府形式联系在一起。但是，基督教带来的是教会与国家的治理权之争，双方一直相互冲突。基督教没有带来统一，而是成为冲突的根源。此外，教士支配了宗教，将它用来为自己谋私利。尽管卢梭承认福音书的纯粹宗教包含了一些"圣洁"而"高尚"的教导,但它们不适用于社会中的人。他写道:"有人告诉我们说,一个真正的基督教民族可以构成人们可能想象的那种最完美的社会。我认为这个假设很难成立,因为,既然是真正的基督教社会,那就不成其为人类的社会了。"(IV.8/148)他接着写道:"基督教是一种纯精神的宗教,它唯一关心的是天上的事物:基督徒的祖国不在这个世界上。是的,基督徒是恪尽职责的,但他在尽职责的生活,却从来不考虑他做的事情是否会成功……真正的基督徒生来就是奴隶;这一点,他们自己虽然知道,但却无动于衷。人的短暂的生命,在他们看来是没有什么价值的。"(IV.8/148–149)

卢梭攻击"教士的宗教",导致他的《社会契约论》在家乡日内瓦遭到焚毁。尽管如此,卢梭攻击"基督教专横的精神",认为它是政治冲突的原因,这一思想在法国革命派中广为流传,成为他们新的祭礼和仪式。那些实验一种理性宗教的做法都是短命的,但它们一旦变换了形式,就成了19世纪民族主义的基石,也就是对民族和祖国(*la patrie*)的崇拜。正如后来托克维尔所看到的那样,民族和人民主权成为宗教的替代品,或者成为一个允许宗教像幽灵一样半死半活地继续存在的空间。卢梭的公民宗教,只不过是马基雅维利主义的成年。直到今天,它也在一些围绕着法国的世俗身份和抵制宗教干预公共生活的争论当中继续存在着,不妨想想那场关于穆斯林妇女戴头纱的争论吧。*

马基雅维利梦想,新政治宗教将胜过或取代过去的启示宗教,这可不仅限于法国。1967年,美国社会学家罗伯特·贝拉在一篇名为"美国的公民宗教"的具有划时代意义的论文中复兴了这场争论。[①]贝拉写道:"从

---

* 2010年,法国通过了一项禁止在公共场所穿戴遮盖面部罩袍的法律,遭到一名穆斯林女性的指控,就此引发了法国国内空前的舆论战争。2014年7月1日,欧洲人权法院(CEDH)裁定法国法律有效。——译注

① Robert Bellah, "Civil Religion in America," *American Civil Religion*, ed. Russell Richey and Donald Jones(New York: Harper and Row, 1974), 21–44.

共和国建国以来，我们拥有的就是一系列具有神圣意味并被建制化的信仰、符号和仪式。这个宗教（看来也没有更好的词）虽然并不与基督教相对，而且和基督教有许多共通之处，既不属于某一教派，也不属于任何基督徒。"①我们可以说它驯化了凶猛的卢梭式马基雅维利主义。贝拉称，美国人坚持一种公民宗教，它保留着先知传统的核心要素，但将这些要素与对宪政和美国体制的尊崇和敬拜结合在了一起。他继续写道："美国人的公民宗教，既不是反对教士阶层，也并非极端的世俗化。相反，它选择性地吸收了一些宗教传统，以至于普通美国人看不出两者之间有什么冲突。"②

迄今为止，公民宗教最伟大的化身就是亚伯拉罕·林肯。对他而言，《独立宣言》和宪法都是神圣之书，而华盛顿和杰弗逊就如同把人民从暴政手中解放出来的先知一般。在林肯对这种公民信条的表述当中，没有一个比1838年他对斯普林菲尔德青年学园的演讲更富有激情，这篇演讲名为"我们的政治制度永世长存"。当时林肯正对近期有所增多的不法行为和不断爆发的暴民暴动感到震惊，他劝告听众们要重建自己与他们的政府之间的联系。但他也问道，在一个人们与革命之间活生生的纽带已经渐渐消失，建国也变得渐渐像是一个遥远回忆的时代，如何才能做到这一点？他的回答如下：

> 让每一个美国人，每一个热爱自由的人，每一个希望子孙后代平安顺遂的人以独立战争的鲜血起誓，绝不丝毫违犯国家的法律，也绝不容许别人违犯法律。就像1776年的爱国者用实际行动支持《独立宣言》一样，每个美国人也都要以他的生命、财产和名誉保证支持宪法和法律——每一个人都要记住，违犯法律就是践踏他的前辈

---

① Bellah, "Civil Religion," 29.
② Bellah, "Civil Religion," 34–35.

的鲜血,就是撕碎他自己的和他子女的自由宪章。让每一个美国母亲对在她膝上牙牙学语的婴儿灌输对法律的尊重;让法律在小学、中学和大学讲授;让它写进识字课本、缀字课本和历本;让它在布道坛布讲,在立法机关宣布,在法院执行。总之,让它成为国家的**政治宗教**,让男女老少、穷人富人、各种语言、肤色和条件的人不断地在法律的祭坛上献身。①

林肯试图让宗教力量支持宪政和法律,这种做法具有令人瞩目的马基雅维利外表。宗教变成服务于自由和共和政府事业的工具,那位了不起的佛罗伦萨人肯定会同意这一点。那么,我们是不是要总结说,美国就是一个马基雅维利式国家?是,也不是。美国公民宗教的理念一直都没有好名声。或许,美国主要是一个由基督徒组成的国家,但它既不是也不想成为一个基督教国家。思想严肃的旁观者会因为宗教服务于国家事业而感到很不舒服,他们认为,这种做法既滥用了宗教,也滥用了爱国主义。美国人的经验莫不如此。无论怎样使自己的目标变得高贵,一种公民宗教也绝不是宗教的表达,而只不过是宗教的替代品罢了。

---

① Abraham Lincoln, "Address to the Young Men's Lyceum of Springfield Illinois," in *The Writings of Abraham Lincoln*, ed. Steven B. Smith (New Haven: Yale University Press, 2012), 10-11. [(美)林肯:《林肯选集》,朱曾汶译,7页,北京:商务印书馆,1983年]

第 8 章

霍布斯的新政治科学

英语世界第一部、也是迄今最伟大的政治哲学著作出自托马斯·霍布斯之手，他的作品几乎创造了英语世界政治理论的惯用语汇。我们可以拿《利维坦》与别的英语著作相比，例如洛克的《政府论》下篇，还有《联邦党人文集》。但是，作为一名作家，只有霍布斯能与弥尔顿和斯宾塞相比，而不会显得愚蠢可笑。他是英语散文的大师，而且无论在英语还是其他语言里都取得了最了不起的成就。《利维坦》几乎是一本完美的书，借用约翰逊博士对弥尔顿《失乐园》的评价，"谁也不希望它写得更长了"。①

---

① 关于霍布斯的重要研究，见 Leo Strauss, *The Political Philosophy of Hobbes: Its Basis and Its Genesis*, trans. Elsa M. Sinclair（Chicago: University of Chicago Press, 1966）[（美）列奥·施特劳斯：《霍布斯的政治哲学：基础与起源》，申彤译，南京：译林出版社，2001 年]; Michael Oakeshott, *Hobbes on Civil Association*（Berkeley: University of California Press, 1975）; Richard Tuck, *Hobbes*（New York: Oxford University Press, 1989）; Norbert Bobbio, *Thomas Hobbes and the Natural Law Tradition*, trans. Daniela Gobetti（Chicago: University of Chicago Press, 1993）; Quentin Skinner, *Reason and Rhetoric in the Philosophy of Hobbes*（Cambridge: Cambridge University Press, 1996）; Noel Malcolm, *Aspects of Hobbes*（Oxford: Clarendon Press, 2002）。[（英）昆廷·斯金纳：《霍布斯哲学思想中的理性和修辞》，王加丰、郑崧译，上海：华东师范大学出版社，2005 年]

霍布斯是马基雅维利的完美搭档。他扮演海德先生，相对地，马基雅维利便是杰柯医生。*马基雅维利使某些东西变得可能，而霍布斯将其实现，并且记录了下来。马基雅维利发现了一片新大陆，霍布斯则把它布置得适宜人居住；马基雅维利开垦荒野，霍布斯建立起房屋和制度。直至今日，当我们思考现代国家时，我们使用的特定语词都是霍布斯提供的。

对霍布斯的读者来说，霍布斯总是像一个悖论。一方面，他是政治绝对主义（absolutism）最为口齿伶俐的捍卫者。霍布斯的主权者在其领土内完全垄断了权力。《利维坦》的卷首插画描绘了主权者的威严：主权者一手执剑，一手持杖，统治着一个和平的国度。除了不可分割的权力学说之外，霍布斯还坚持，主权者应当控制教会，控制大学课程，还要对允许阅读和讲授的书籍和意见予以控制。看起来，霍布斯是专制政府（absolute government）的完美样板。但另一方面，霍布斯坚持一切人根本上是平等的，而且被赋予了某些自然权利，最起码是自我保存的权利。他宣称，国家是源于个人之间的某种信约或社会契约的产物，主权者的权威源自他所统治的人的意愿或者同意。而且，主权者被授予权威，其目的仅仅是为了通过维护国内和平与安全，从而保护被统治者的利益。从这个观点来看，霍布斯促进了反对绝对主义的自由主义言辞的确立。早在霍布斯那个年代，人们就注意到了这个悖论。他究竟是保皇党，还是反对保皇主义的人？

不可否认，霍布斯是他那个时代的产物，否则他还能是什么？霍布斯生活的年代，也是现代欧洲国家体系开始形成的年代，这种体系一直延续到了今天。就在《利维坦》出版的三年前，1648年《威斯特伐利亚条约》的签订，终结了由宗教改革引发的持续一个多世纪的宗教战争。《威斯特伐利亚条约》为三十年战争正式划上了句号，并且批准了两项决定性的条款，它们后来被霍布斯予以阐发。条约申明：第一，从今以后单个

---

* 典出英国著名作家史蒂文生的科幻小说《化身博士》，主人公善良的杰柯医生喝下一种药剂，晚上就会化身成邪恶的海德先生，后来 Jekyll and Hyde 一词也成为心理学"双重人格"的代称。——译注

主权国家就是政府的最高等级,于是终结了神圣罗马帝国将普世君主制施加于欧洲列国之上的要求;第二,一切团体必须承认"教随国定"原则(*cuius regio,eius religio*),各国的首脑有权决定自己国家的宗教,因而终结了单一普世教会的要求。

霍布斯生于1588年,正是在这一年英国海军打败了西班牙无敌舰队。他在伊丽莎白时代的衰落岁月里长大,而当莎士比亚的戏剧首演时,他还是个孩子。他具有学习古典语言的天赋,进了牛津。毕业后,他为贵族卡文迪许家族服务,当上了他们儿子的私人教师。1629年,他翻译出版了古希腊史家修昔底德的作品,这是他的第一本出版物。霍布斯花费大量时间陪伴年轻的卡文迪许公子周游欧洲大陆,遇到了伽利略和笛卡尔。17世纪40年代,英国内战爆发。霍布斯离开英国,整个战争期间都待在法国。在那里,他是一个重要的英国流亡者圈子的成员,并且成为未来的查理二世的导师。他为内战的爆发深感忧虑,竭力反思战争与混乱的起因。1642年,他出版了《论公民》,这本书有点像是《利维坦》的草稿。霍布斯于1651年回到英国,同年便出版了《利维坦》,而他的余生完全致力于研究科学和政治问题。他写了一部关于英国内战的历史《比希莫特》(*Behemoth*),这本书一直都是关于社会冲突起源的经典分析。在生命的最后日子里,霍布斯还出版了他翻译的荷马史诗《伊利亚特》和《奥德赛》。1679年,霍布斯去世,享年九十一岁。

尽管他的作品背负着残暴的恶名,霍布斯的肖像和别人对他的描述却表明他是一个魅力无穷、才华横溢的人。霍布斯最早的传记作家约翰·奥布雷(John Aubrey)讲了几个肯定来自霍布斯本人或其熟人的故事:他享受生活,喜欢身边围着一群男男女女,也对美酒抱有适度的喜爱,还具有良好的幽默感。他是一个充满矛盾的人。霍布斯臭名昭著的一点,就是他对人的本性看得很低,但他的一生似乎都有着数不清的乐趣和幽默。他大力强调恐惧的种种有益用途,但自己似乎很少表露出什么恐惧。他可以一边否认我们能获得知识的终极基础,但另一边又坚定地证明他关于人类世界的看法才是对的。霍布斯像前人那样拆穿有关德性的言辞的真相，但又把自己的书题献给西德尼·戈多尔芬（Sidney Godolphin），还写道："任何能使人倾向于公民社会或私人友谊的德性，无不清晰地出现在他丰沃的本性之中。"（Letter Dedicatory）如何解决这个棘手的悖论？

霍布斯在他那个时代就饱受争议。《利维坦》一经出版，遭到了几乎所有人的指责。在教会人士眼中，他是一个无神论者；在共和主义者眼中，他身负君主制的恶名；在支持君主制的人看来，他是一个危险的怀疑论者和自由思想家。霍布斯与马基雅维利一样，都是现代国家的主要建造者。就某些方面而言，他甚至比马基雅维利还要现代得多。马基雅维利讲"君主"，而霍布斯谈的是"主权者"，一个源于契约的无人格的权力，或者用霍布斯的话说，一个"人造的"权力。与马基雅维利融合了历史注疏和经验反思的方法不同，霍布斯的方法似乎是科学的、形式化的和分析性的。马基雅维利讲的是博尔贾和汉尼拔的"卓越的残忍"，霍布斯却是在说更加平淡、更加现代的权力政治的语言，这里的目标已不再是荣耀，而是自我保存。不仅如此，霍布斯还意味深长地修改了马基雅维利对武装的强调，转而强调法律。霍布斯试图让马基雅维利变得可以接受，其方法就是为国家提供一种更加清晰的法律和制度的框架。

霍布斯的新政治科学

霍布斯深知自己是一个革新者。马基雅维利宣称自己是考察事物的"有实效的真理"的第一人，霍布斯也像他一样，扬言称"公民科学绝不早于我的《论公民》"。[①]霍布斯究竟认为自己的方法有什么新颖之处呢？

---

① Thomas Hobbes, *De Corpore*, in *The English Works of Thomas Hobbes*, ed. Thomas Molesworth (London: Bohn, 1839–1845), vol. 1, p. ix;参见 Strauss, *The Political Philosophy of Hobbes*, 1–2.〔（美）列奥·施特劳斯：《霍布斯的政治哲学：基础与起源》，申彤译，南京：译林出版社，2001年〕

霍布斯自视为一门新政治科学的奠基者，它沿着科学革命的早期奠基者的道路而得以成形，其中就有伽利略、哈维和笛卡尔。这些革命者在自然科学中抛弃了亚里士多德的古老范式，和他们一样，霍布斯也打算削弱亚里士多德在政治科学中的权威。他自命为一个伟大的反亚里士多德主义者。下面是从"空虚的哲学和神怪的传说所造成的黑暗"一章中摘引出来的段落："世界上没有任何事情会荒谬到连老哲学家中也没有人支持的。我相信自然哲学中最荒谬的话莫过于现在所谓的亚里士多德的形而上学，他在《政治学》中所讲的那一套正是跟政治最不能相容的东西，而他大部分的《伦理学》则是最愚蠢不过的说法。"（XLVI，11）霍布斯称自己发现的这般荒谬、矛盾和无知的东西，究竟是什么？

霍布斯尤其关心他的新科学的根基或基石。他对今日所谓的"方法论"有着十分强烈的自觉。亚里士多德一开始就强调了政治知识的限度。政治学的主题，即人的行动，允许多样性和不规则性的存在，因此我们不可能期望获得像自然科学或数学那样的严格知识。亚里士多德写道，在政治学和伦理学中，我们绝无可能要求超出课题容许之外的更多的确定性。要求修辞学家提供严格的证明，就如同要求数学家接受或然的推理一样愚蠢。他甚至认为，在政治和伦理事务中要求过分的精确性是一种不成熟的标志。我们从政治中抽引出来的任何一般法则，都只能暂时为真，或者对大部分情况为真。霍布斯的方法几乎一开始就是对亚里士多德的申斥。亚里士多德《政治学》和《伦理学》的失败，就是方法论的失败。与亚里士多德拘泥于日常意见（*endoxa*）的做法不同，霍布斯消解了意见（用我们的话说就是"解构"），从而抽引出一套能保证获得严格的理论知识的方法。

《利维坦》前几章展现了一种政治的物理学：人类被还原成身体，而身体被进一步还原成运动的物质。人类可以被还原成他们能进行运动的部分，就像一架机器。霍布斯在引言里的发问很讲究修辞：生命除了是肢体的一种运动之外，还能是什么呢？心脏无非就是发条，理性无非就是一种计算快乐和痛苦的手段，除此之外它们还能是什么呢？霍布斯开始提出一种关于人的本性的物理学，它是非目的论的，从头到脚都带有深思熟虑的唯物主义味道。一个世纪以后，霍布斯的一个法国门徒拉美特利（La Mettrie）写了一本书，名字就叫《人是机器》（*L'homme machine*）。

霍布斯在《利维坦》里的起点，似乎故意要取代亚里士多德在《政治学》里的起点。亚里士多德论证说，一切人的行动都指向目的。一切行动都旨在保守或是变革，使事情变得更好或是避免事情变得更坏。霍布斯坚信，人的冲动压倒一切，而且在很大程度上是消极的。它并不是趋向某种善好的欲望，而是避免某种恶的欲望。亚里士多德仅仅是透过望远镜的错误一端，观察到了错误的事情。对亚里士多德而言，人类具有一个目标或目的，即为了人类幸福而与他人生活在一个共同体中；对霍布斯而言，我们进入社会并非为了实现或成全自己的理性本性，而是为了避免最大的恶，即暴死在他人手中。对他而言，政治与其说是一种关于好坏的审慎抉择，不如说是一种事关生死的生存决断。马基雅维利和霍布斯一样认为，事关生与死、混乱与战争的极端处境才是政治的常态。

不止如此，霍布斯谴责亚里士多德（或他在大学里的影响），认为亚里士多德应为当时的英国内乱负主要责任。亚里士多德教导说，人出于自然就是政治动物。这是所谓古典共和主义的主题。古典共和主义认为，唯有参与政治生活，依照自己制定的法律来管理自己，我们才能成为完全的人。正是这种自我统治和直接的自我管理的欲望，被霍布斯视为内战的根源之一。他坚信，正是这种想要成为自由的、自我立法的人的欲望，导致了一个国王的处决和另一个国王的流放。

"间接统治"的学说，或我们今日所谓"代议制政府"，便是霍布斯对亚里士多德和古典共和主义的回应。主权者不是依靠集体能力而进行直接统治的人民，或者人民的一个党派。相反，主权者是被称为人民代表的人的意志，而这种意志是被人为地重建起来的。主权代表者就像人民的各种意志和激情的过滤器。主权者并不直接表达我的意志，而是我要统治自己的自然欲望的一种抽象。霍布斯并不打算直接参与政治统治，相反，他希望我们远离政治，途径就是一致同意接受一个"人造的人"或所谓"主权者"的代表的统治。霍布斯写道："因为号称'公共事业'或'国家'的这个庞然大物'利维坦'是用技艺造成的，它只是一个'人造的人'；它虽然远比自然人身高力大，却以保护自然人为其目的。"（Introduction，1）

霍布斯在这段话里使用的"技艺"一词，深刻地反映了他的意图。这个词的意思有点像是**技术**或者政治创制。对亚里士多德而言，技艺的先决条件是自然，自然不仅提供了质料，也提供了一切技艺的模式。但在霍布斯看来，技艺并非摹仿而是在创造一种新的自然，或者说，创造一个"人造的人"。一旦正确理解了技艺，我们就能开始改造自然。我们之所以能拥有一门政治科学，就因为我们是政治生活的创制者。技艺的功用并非摹仿或效法，而是改造，其目的就是创造一种新的自然。在此，技艺并不被理解为科学的对立面。相反，科学是技艺的最高形式。通过技艺，霍布斯理解了他所谓的理性或科学，它们是人的技艺或创制的最充分的表达。

霍布斯在亚里士多德的审慎和他所理解的政治科学之间作出了一个尖锐的区分。他写道："理性不像感觉和记忆那样是与生俱来的，也不像审慎那样单纯是从经验中得来的，而是通过辛勤努力得来的。其步骤首先是恰当地用名称，其次是从作为基本元素的名称开始，到把一个名称和另一个名称连接起来组成断言为止这一过程中，使用一种良好而又有条不紊的方法；然后再形成三段论证，即一个断言与另一个断言的联合，直到我们得出正在处理的课题所属名称的全部结论为止。这就是所谓的科学。"（V，17）科学就是要为了征服自然而特意使用的一种方法。他告诉我们，科学指的是"关于结果的知识"，尤其是"当我们看到某一事物是怎样发生的、由于什么原因以及在什么方式之下产生的以后，当类似的原因处于我们能力范围以内时，我们就知道怎样使它产生类似的结果"。（V，17）

这就是为什么将霍布斯称为"唯物主义者"是一种误解的原因。他坚信,理性或科学能在改造人类处境的事业中发挥着一种因果作用。理性不仅仅与观察相关,也关乎创制,或者用霍布斯的话来说,关乎"如何获得想要的结果,产生想要的效用"。霍布斯相信,我们之所以能拥有一门关于政治的科学,是因为政治就是一种关乎人的作为和活动的事物,而我们只能知道自己创制了什么。在此,霍布斯的目标是要把知识从附属或依赖于自然的状态中解放出来,其途径则是将科学变成一件为了适应我们的需要而再造自然的工具。技艺,尤其是政治技艺,就是一种重新安排自然(包括人性自然)的东西:第一步是将它分解成最基本的单位,第二步是将它重新建构起来,使之产生我们想要的结果。这就是霍布斯对马基雅维利号召掌握命运(*fortuna*)的回应。但是,霍布斯比马基雅维利走得更远:马基雅维利相信,即便在最乐观的条件下,君主也只有一半的时候能指望征服命运;霍布斯却相信,只要我们武装了正确的方法或技艺,我们最终就能成为自然的主人和拥有者。(XXIX,1)

自然状态和权威的难题

《利维坦》的核心问题是:什么使权威得以可能?每个人在生物学意义上都是自主的,他们对事物的判断大相径庭,也无法肯定能否相互信任;那么,这样的个人如何能接受一个公共权威呢?问题不仅在于权威是由什么构建起来的,也包括是什么赋予了权威以合法性,这对霍布斯及其开创的整个社会契约论传统而言始终是一个难题。当然,什么使权威得以可能的问题唯有在权威已成问题,支配着权威的法则已经崩塌的时候才会被提出来。

霍布斯通过一个故事作出了回答,讲的是他所谓的"**自然状态**"。这个词虽不是霍布斯的原创,但将永远与他的名字紧密相连。自然状态并不是指一种我们因堕落而已被逐出的恩典状态，也不是亚里士多德所说的政治条件。自然状态就是战争或冲突的处境。当谈到自然状态时，霍布斯指的是一种"人人敬畏"的公认权威尚不存在的处境。这样的处境不仅意味着"战争"，也意味着"竞争的意愿"。战争状态可以涵盖我们所谓的"冷战"，即一种不断备战的状况。自然状态并不必然是一个充满了实际战斗的处境，而是在于"人所共知的战斗意图"。霍布斯对这种处境的描绘，体现在下面这句或许是整个政治哲学传统最著名的话中："这样一来，举凡土地的栽培、航海、外洋进口商品的运用、舒适的建筑、移动与卸除须费巨大力量的物体的工具、地貌的知识、时间的记载、艺术、文字、社会等等都将不存在。最糟糕的是人们不断处于暴死的恐惧和危险中，人的生活孤独、贫困、卑污、残忍而短命。"（XIII，9）或许霍布斯应该说，万物"幸好"都一样短命。

霍布斯宣称，自然状态是我们每个人自然地身在其中的处境，也就是说，自然并没有把我们联结在和平、和谐与友谊之中。唯有技艺或人的发明才能带来和平。冲突和战争居于首要地位，和平不过是派生的。换句话说，权威和权威的关系的起源并非自然，而是人的发明或意愿的产物。我们或许会问，霍布斯讲的自然状态如何令人信服呢？

从一个角度来看，霍布斯是从他的运动和静止的物理学中推演出自然状态理论的，《利维坦》开头几章描述的就是这种物理学。他在这本书一开始就把人的本性解释为感觉和经验的产物。我们是运动的身体，不得不服从吸引和排斥的规律。他似乎是在应用某种唯物主义的物理学：人的行为表露出一模一样的机械倾向，就像弹子球一样，因而可以被理解为服从同样的因果进程。自然状态并不被当作一个实际存在过的历史处境，而是某种效法理论物理的思想实验，其步骤包括：将作为家庭成员的人、财产和国家分解成基本单位，即抽象的个人；然后想象他们在假设情况下是如何彼此相互作用的，就像化学物质的属性一样。在此，霍布斯似乎预示着现代实验主义的政治科学的诞生。

怀疑论与个人主义

作为理论政治科学的奠基人，霍布斯的观点不一定是错的，但肯定不完整。我将表明，霍布斯人性论的特征与其说是"机械论"，不如说是"个人"这一概念。他向我们展示了什么是发挥道德主体的才能，什么是为自己而行动，而不是坐等别人把事情替你做好。"个人"作为一种崭新的风格，通过霍布斯的促进而被引入我们的道德语汇之中。"个人"这个概念对我们来说看上去是那么自然，但实际上它的出现绝不早于17世纪。在文艺复兴或稍晚一些的年代之前，人们的自我理解首先并不是个人，而是成员，包括家庭、种姓、行会、宗教组织或城邦的成员。人首先是一个"我"或者自我，这样的观念曾经被视为谬论。这种新观念至少可以部分地追溯到霍布斯及其同时代的一些作家。迟至19世纪，托克维尔还会写道："个人主义是一种新的观念创造出来的一个新词。"[1]

我们在一个庞大而复杂的纽带网络中找到了自己的位置，而霍布斯关于个人的新观念就是从这种网络中抽象出来的。他论证道，我们人类的根本特征就是意愿和选择。运用意愿是我们最卓越的能力，而我们幸福的绝大部分就与此相连。生活就是一场处在不间断的意愿之中的运动，或许有时会遭到中断，但除非走到生命的尽头，否则便会永远进行下去。霍布斯的个人主义与他关于人的幸福的看法紧密相联，幸福就是在人们为生活的善好而展开的竞争中取得成功。他写道："一个人对于时常想望的事物能不断取得成功，也就是不断处于繁荣昌盛状态时，就是人们所谓的幸福，我所说的是现世的幸福。"继而，他又写道："因为心灵永恒的

---

[1] Alexis de Tocqueville, *Democracy in America*, trans. Harvey C. Mansfield and Delba Winthrop (Chicago: University of Chicago Press, 2000), II, ii, 2 (p. 482) [《论美国的民主》, 625页]; 关于个人主义在文艺复兴时期的兴起，见 Ian Watt, *Myths of Modern Individualism: Faust, Don Quixote, Don Juan, Robinson Crusoe* (Cambridge: Cambridge University Press, 1996).

宁静在现世是不存在的，原因是生活本身就是一种运动，不可能没有运动，不可能没有欲望，也不可能没有畏惧，正如不可能没有感觉一样。"（VI, 58）

霍布斯的个人主义不仅是一种物理条件，也是一种道德条件。因为我们都是具有大量的活力与主动性、喜好与厌恶、欲望与反感的个人，而生活就是一场无休无止的竞争或斗争：不仅是为了有限的资源，也是为了荣誉，以及其他为人们所看重或尊敬的东西。霍布斯深深迷恋于人类欲望的多样性，它使有的人兴高采烈，有的人黯然神伤，有的人变得虔敬，有的人却嗤之以鼻，凡此种种。霍布斯写道，即便是"好"与"坏"这样的词，也不过是我们借以表达喜好与厌恶的说法而已。我们喜欢某物，并非因为它是好的；相反，某物被称作好的，只是因为我们喜欢它。这些词语不能代表某种普遍品质或本质属性，而是表达使用者的心理状态。（VI, 7）我们的欲望为了各式各样的对象而展开普遍竞争，霍布斯的自然状态之为战争状态正是从这里推导出来的。他在一个著名的段落里假定了"全人类共有的普遍倾向"，即一种"永久不断、无休无止的追逐权力的权力欲，只有死亡能使它停下脚步"。（XI, 2）

我所说的霍布斯的个人主义是由他的道德怀疑论所支撑，甚至可以说是由它保障的。就像蒙田、笛卡尔、斯宾诺莎等近代早期许多伟大的哲学家一样，霍布斯迷恋一个问题："我能知道什么？"或者，"我应该相信什么"？《利维坦》的许多章节证明，霍布斯根本上对知识持有一种怀疑观点。我们的信念是否具有超验的或非人的根基，对此，霍布斯是一位怀疑主义者。这就解释了为什么他认为名称和赋予事物以正确定义是那么地重要。霍布斯写道："理性就是一种计算，也就是将公认为标示或表明思想的普通名称所构成的序列相加减。"（V, 2）简单说来，知识是一种人的建构，而且总是服从于能让我们一致公认的事物。如果一切知识最终就取决于我们在某些共同语词上取得的一致同意（一个典型的哲学例子就是唯名论），后果就是：人的理性绝不可能与神圣有什么关系，就像柏拉图和亚里士多德所相信那样。它也意味着人的知识之中并没有什么神性火花。同样，它也无法证明内在的良知呼声，以及任何能为之提供确凿基础的东西的存在。我们拥有的确定性，至多只是暂时的。它是基于一致同意而被发现的，并且会遭到不断的修订。

这种怀疑主义深刻地暗示了霍布斯的宗教观。对于宗教信仰，霍布斯给出了一种彻底的自然主义解释。他写道："除开人类以外便没有任何宗教的迹象或其成果。"（XII，1）宗教的起源可以追溯到人类心灵的焦虑不安，追溯到它对原因的探求。因为我们生来对事物的起源毫无所知，所以我们才会踏上追寻开端的道路，这就使我们最终假设了一个上帝的存在，上帝是一切起源的原因。霍布斯并不否认启示的可能性，也不否认我们当中任何人有可能与上帝直接交流。他否认的是：这种启示能使任何人有权利将自己眼中的上帝强加给他人，因为任何人都没有办法证明这种交流的正确性。这一点是否说明霍布斯是一个无神论者？非也，但说明了他是一个怀疑主义者。

霍布斯的激进怀疑论认为，生活就是意愿和选择，其中没有任何标准能调节各种冲突。这种激进的怀疑论就引发了《利维坦》的核心政治问题：什么使权威得以可能？既然人民是由分散的个人组建起来的，那么他们怎样才能遵守共同的准则，怎样才能对彼此负有道德义务？在回答这个问题之前，让我们更深入地思考一下霍布斯对自然状态的论述。自然状态首先是由个人组成的，这一事实并不意味着自然状态是一种孤立的状态。在自然状态下，人们彼此间或许经常会有交往，但他们的关系毫无秩序可言。这是一种不安全感达到极致的处境。对个人的强调只是一种方式，以便表明没有人能对他人拥有自然的权威。权威的关系只是因为同意而存在。

自然状态中的关系毫无秩序，这一事实使它成为一种"一切人反对一切人"的战争状态。你可能会说，战争状态只是例外，而非常态，因此霍布斯是把他对人类本性的解释建立在例外状态之上。然而，霍布斯并不是说战争状态就是永恒的战斗,而是一种永远充斥着恐惧和不信任的状态。霍布斯要求读者诉诸他们自己的"经验"。请允许我从书中引用一段我最喜爱的话:

> 那么我们不妨让这种人考虑一下自己的情形。当他外出旅行时,他会带上武器并设法结伴而行;就寝时,他会把门闩上;甚至就在屋子里面,也要把箱子锁上。他做这一切时,自己分明知道有法律和武装的官员来惩办使他遭受一切伤害的行为。试问他带上武器骑行时对自己的国人是什么看法?把门闩起来的时候对同胞们是什么看法?把箱子锁起来时对自己的子女仆人是什么看法?他在这些地方用行动攻击人类的程度,不是正和我用文字攻击的程度相同吗?
> (XIII,10)

最终,正如这段话所言,如果你认为自然状态就是某种曾经存在于遥远古代的原始处境,那就错了。自然状态甚至存在于公民社会之中,只要权威不够强大,或者我们有理由担心自己的生命和财产安全。恐惧,无论是对死亡、羞辱还是失败的恐惧,就是最为普遍的自然激情。霍布斯的政治科学是在迎合我们的恐惧,因为只有恐惧能使我们走出自然状态,而进入到公民状态之中。唯有创造出一个主权者并授予它绝对的权威,我们才能减轻永远存在于自然状态当中的恐惧和不安。

骄傲与恐惧的辩证法

霍布斯展示的自然状态是一个不安全与焦虑感达到极致的状态。既然根本不存在互信或善良意愿的基础,那么,怎么可能逃离这种处境呢?既然我绝不能指望其他人会像我一样行事,那我为什么要搁置或放弃自己的权利，不再为了保护自己而做一切力所能及之事呢？这就是今日所谓"囚徒困境"的一个经典例子。

我们可能会说，我们把自己对一切事物的权利放在一边，与其他人一道追寻和平，因为这么做合乎理性。但要注意，霍布斯绝对**没有**这么说。霍布斯并没有使用一种理性的政治行为模式，而是使用了一种非理性的行为模式。我们既没有理由相信人们会合乎理性地行动，也没有理由相信他们会守信用。人类心理的主导特征并不是理性，而是激情。尽管霍布斯强调激情的多样性，他仍然相信，普遍支配着人的本性的是两种主要激情，也就是骄傲和恐惧。

霍布斯的骄傲和恐惧，就等同于马基雅维利的两种"血质"，即统治的欲望和只想不被人打扰的欲望。霍布斯所说的骄傲，就是一种追求卓越的激情，一种要在众目睽睽之下赢得生活竞赛的欲望。骄傲的人对自己的能力抱有过分的自信。我们都知道这样的人：他们是男人中的男人，是男子汉，他们能从一场又一场失败中爬起，而丝毫不会减少对自身能力的自信。但是，霍布斯是"极度虚荣"的真相揭露者，他揭穿了这种对自身能力的过分自信的真相。对霍布斯而言，骄傲是一种想要凌驾于他人之上的欲望，是要让败在你面前的人承认你的优秀，正如戈尔·维达尔（Gore Vidal）所言："光是成功还不够，别人一定得失败。"①但是，霍布斯的启蒙心理学的一个主要部分，就是鼓励我们放弃骄傲，即使它只是某种形式的追求荣耀。他对骄傲的批判并非宗教意义上的"骄傲必致堕落"，而是政治的。骄傲是危险的，因为它能引起冲突和战争。《利维坦》最重要的一个教导，就是如何控制骄傲。霍布斯称，利维坦是"骄傲之王"，而它的基本法律就是确保平等对待的法律。一种平等尊重的人道准则，将要取代古老的公民伦理，而后者的基础便是颂扬某种贵族的骄傲。

---

① 见 Fred R. Shapiro, ed., *The Yale Book of Quotations*（New Haven: Yale University Press, 2006），790。维达尔的话引自 *Newport Daily News*, 3 November, 1978。

但是，如果说骄傲是霍布斯的普遍激情之一，那它的反面也是如此，这就是"恐惧"。霍布斯充分利用了人们对自然状态下不期而至的死亡的恐惧，但他们害怕的不止如此。恐惧不仅仅是想要免于死亡，也是不想在生活竞赛中落后。更有甚者，它是一种想要避免被别人视为失败者而备感羞辱的欲望。两种激情都具有某种社会性：霍布斯道德心理学至关重要的一点，就是别人如何看待自己。我们每个人都拥有这两种激情的要素，这些要素既包含自我肯定，也包括为自我肯定的后果感到恐惧。霍布斯如何平衡这两种普遍的欲望呢？

霍布斯给出了一个回答：他希望我们用恐惧替代骄傲，使之成为主导激情。恐惧是我们要面对的激情。正是恐惧而非理性，使我们抛弃自然状态而寻求和平。霍布斯写道："使人们倾向于和平的激情是对死亡的畏惧。"（XIII，14）这并不是说，霍布斯相信恐惧出于自然就是一种比骄傲更强的动力，绝非如此。许许多多各式各样的人都能表现得不怕死：面对羞辱，骄傲的贵族会选择一死；为了换取天国，狂热的宗教徒也准备牺牲自己和他人的生命；就连冒险家也会为了荣耀而去攀登珠穆朗玛峰。如果恐惧事实上就**是**主导性激情，那么霍布斯可能就不会反复重申"对死亡的恐惧是社会的基础"了。他之所以通过不同方式反复强调，是因为他确实相信，必须**教会**人民害怕应当害怕的东西。

《利维坦》的一部分教育意图，就是要帮助我们看清骄傲的危险与和平的好处。受到正确引导的恐惧就能导向和平。实际上，恐惧就是霍布斯讲的各类"自然法"的基础或者原因，这些自然法引导我们走出自然状态，进入公民社会。它们可以被还原成唯一一个"理性的诫命或一般法则：每一个人只要有获得和平的希望时，就应当力求和平"。霍布斯写道："这条法则的第一部分包含着第一个同时也是基本的自然法，即寻求和平、信守和平。"（XIV，4）正是由于恐惧，我们才开始进行理性思考，并且看到了社会的好处。我们不仅仅应当追寻和平，而且也有义务放弃我们对一切事物的权利，只要其他人也会如此行事。继而，霍布斯列举了总共十九条自然法，它们便成了建立公民社会所必需的某种框架。我们可以把这些法律视为霍布斯的"黄金法则"，他甚至把它们直接比作福音书的诫命。当然，他是在消极意义上表述黄金法则的内容，也就是"己所不欲，勿施于人"。*（XIV，5）

自然状态与埃斯波西多难题

在《利维坦》中，自然法占据了一种相当矛盾的位置。如我们所见，霍布斯的写作有时候像是一个科学家。对他而言，在这种必然性中运转的自然和自然法，与万有引力的物理法则是一样的。二者都是在描述，运动的身体始终和必然具有怎样的表现。但是，霍布斯也是在以一位道德学家的身份进行写作。如他所言，自然法是"理性的诫命或一般法则"，据此我们被禁止做出任何伤害生命的事情。当我们谈到"理性的诫命"时，我们并非是在描述石头滚下山坡，或者潮汐冲刷海岸之类的现象。这些都只不过是石头和潮汐对其环境的反应方式，但人类并不仅仅是反应，而是会做出行动。如果说自然法就是道德诫命，那这就表明，我们对它表示遵守还是反抗，完全是我们的自由。道德法则一定是我们可以选择遵守或不遵守的，如果取消了选择或意志的要素，它就与道德无关了。这种法律并不是描述人们实际怎样行事，而是规定人们应该如何行事。霍布斯在第十五章结尾处回答了这个问题，在那里，他谈到了自然法："这些理性的规定人们一向称之为法，但却是不恰当的，因为它们只不过是有关哪些事物有助于人们的交往和自卫的结论或法则而已。"（XV，41）

但是，如果自然法被称做法是"不恰当的"，为什么霍布斯还要沿用

---

* 福音书的"黄金法则"，指《马太福音》7：12："你们愿意人怎样对待你们，你们也要怎样待人。"——译注

这一术语？部分看来，或许这是他一方面对古代自然法传统表示敬意，另一方面又宣告自己与之决裂的方式。自然法不是神圣的命令或神定法，而是由我们决定的实践理性的准则，也就是为了守护我们的幸福而采取的最优手段。自然法带来的，与其说是定言律令，不如说是假言规则，就像"如果你想要X，那就做Y"一样。如果你想要和平，那么这就是实现它的方式。霍布斯把他的自然法学说称为"唯一真正的道德哲学"。（XV，40）

我们应该如何看待霍布斯的自然法呢？一方面，它们拥有实实在在的道德内涵，而且可以还原为一条公式：追求和平高于一切其他善好。对霍布斯而言，和平是一种道德善好，而德性就是趋向和平的行为的品质，恶则是引向战争的品质。霍布斯首先想要归纳出"文明"（civility）的价值或德性，文明就是一种和平、公平、公正和遵守规则的德性。

然而，正是在这一点上，思维缜密的读者或许会问：霍布斯的格言似乎是"给和平一个机会"，而我们就把霍布斯视作道德哲学家，这样是不是走得太远了？此外，凭什么和平就是至善呢？至善为什么不能是正义、荣誉、虔敬或者经过省察的生活？要注意，霍布斯珍视的东西与其说是和平，毋宁说是生命。和平是活命的一种手段。一切生物天生具有自我保存的欲望，也就是说，一切生物都想保持稳定，抵抗别人的侵害。我们天生具有一种自然权利，即生命权。自我保存的欲望不仅仅是一种生物学事实，虽然情况的确如此，但它也是一种实实在在的道德正当。从一切存在者都寻求自我保存这一生物学事实出发，霍布斯得出了一个道德教诲：一切存在者都有生命权，一切存在者对自己的生命都享有一种根本权利。后来的哲学家，例如休谟和康德，会把这种观点视为"自然主义谬误"的典型例子，即试图从"是"推出"应当"，但我们还是暂且打住吧。我们不仅对自己的生命拥有权利，也有权利做一切保存生命所必需之事。再说一遍，这项权利不仅是一种原生的自然事实，也是一种道德权利，是人的价值和尊严的源泉。

我们认为霍布斯那里也有某种道德尊严的学说，然而，这样真的不是走得太远吗？难道霍布斯没有愤世嫉俗地说，"人的价值正像所有其他东西的价值一样就是其价格"吗？（X，16）难道他的机械论和唯物主义，不是已经贬低了任何与人的内在价值相关的观念吗？这么讲当然可以。不过，霍布斯虽然认为生命是一种珍贵的善好（或许还是最珍贵的善好），但他同时也看到生命是多么地脆弱和深陷险境。在霍布斯眼中，我们因为某些错误的信念而看不到这条真理，而他的全部工作就是努力驱除这种错误的信念。例如，相信来世，以及一切贬低我们所偏爱的生命价值的信念，都属于这种错误的信念。霍布斯拒绝接受"至善"（*summum bonum*）的观念，因为他希望我们关注生命，把生命视为其他一切善好的先决条件。这就是霍布斯的人道主义的道德根基。

但是，这就引发了更进一步的问题：霍布斯是不是要向读者灌输一种对生命的热爱，对冒险的厌恶，以及一种对冲突和挑战的过分恐惧？霍布斯强调保全生命，以及生命具有最高的道德价值，这样做会不会使他那强大的利维坦成为一个懦夫的国家？鉴于亚里士多德在《尼各马可伦理学》里认为，战争中的男人的勇敢是一种核心德性，霍布斯反倒是故意把勇敢从他的德性表里剔除出去。霍布斯把勇敢比作某种鲁莽，他举的例子是决斗，认为这始终不过是一种充满荣誉却又非法的活动。他写道："因为决斗在许多时候也是出于勇敢，而勇敢的基础则始终是膂力与技能。当然在大多数时候，决斗却是由于出言不逊，以及决斗的一方或双方怕丢脸而造成的。"（X，49）换句话说，勇敢是一种虚荣或骄傲，是一种不向他人示弱的欲望。

霍布斯在他对征兵问题的看法上证实了上述嫌疑。他问道，既然公民联合起来是为了避免横遭暴死，那么一个主权者怎样才能征募人民当兵打仗呢？为了说明这一点，霍布斯不得不贬低战争的道德理由。他把战争称作战争双方的"逃跑"。更有甚者，霍布斯认为应当对"天生胆怯"的人有所体谅，他写道："一个人如果奉命当兵杀敌而予以拒绝时，主权者虽然有充分的权利把他处死，但在许多情形下他却可以拒绝而不为不义；比如他已经找到一个能胜任士兵职责的人来代替自己时,情形就是这样。"(XXI, 16)换句话说,如果你能找到替你上战场的人,还用得着亲自上战场吗?这不就是对我们的"志愿军"的完美描述吗?

但问题在于,一个霍布斯式的社会究竟能不能抛弃包括骄傲、爱和荣誉在内的男子德性或男性品质?对于这些品质,希腊人称为"血气"(*thymos*),犹太人称为"灵"(*ruach*),但霍布斯谴责它们。我们不妨以拉尔夫·埃斯波西多(Ralph Esposito)为例:你问,谁是埃斯波西多?当然,他的名字可不会出现在本书索引里,他只是一个纽约消防员,也是"9.11"事件的第一批救援者之一。"9.11"事件发生不久后,我邀请他来耶鲁,他来谈了谈像他那样的人的生活,谈到自己如何每天冒着生命危险,冲进熊熊燃烧的大楼去救那些他根本不认识的人。人为什么要这样做?难道不是因为某些人天生就有血气、骄傲、勇敢和爱好冒险这些品质,而它们恰恰是任何社会都不可或缺的吗?任何社会都不能没有消防局,即便霍布斯式的社会也是如此。但是,如果我们听从霍布斯反对冒险的心理学,那为什么人们还要当消防员或军人,为什么他们要为了国家,为了一个理由,甚至单纯为了帮助他人而牺牲生命呢?就算是在先前引述过的霍布斯的段落里,航海、勘探和工业这样的活动也需要人们冒风险,这些活动单靠他的自然法得不到解释。到头来,社会更需要的是拉尔夫·埃斯波西多这样的人,而不是"天生胆怯"的人。

主权权力和代议制

主权理论是霍布斯最具标志性的学说。霍布斯用"有朽的上帝"来指称主权者,主权者的创造就是他对自然状态的回应。唯有创造出一个手握绝对权力的主权者,才足以终结战争状态下始终存在的不确定性。这种主权者具有哪些特征呢?

首先，重要的是要记住：主权者绝不是一个人，而是一种公职。主权者是一个"人造的人"，霍布斯借此表明，主权者的诞生是源于某种契约或信约的创造。主权者并非出于自然就存在，而是技艺或科学的产物。主权者是人民的创造，或者说是被统治者的一致同意的产物。尤其关键的是，主权者被理解为人民的**代表**。（XVI, 13）人民授予主权者以权威，让它代表自己，代表人民行事。因此，霍布斯的主权者具有我们认为属于"现代执行权"的许多特征。当法王路易十四宣称"朕即国家"时，他在表达一个本质上是前现代的观念，即国家是主权者或统治者的私人财产。但是，霍布斯的主权者并不拥有国家，而是受到人民指派或"授权"，以确保和平与安全这样的有限目的。霍布斯的主权者的功能和无人格性，与今天的CEO有着很多的相似，CEO也只是对其股东负责而已。

霍布斯的主权理论既有世俗绝对主义的要素，也包含了现代自由主义的要素。主权者的权力一定是不受限制的，但他依然是他所代表的人民创造出来的。尽管霍布斯经常被视为君主专制的捍卫者，但实际上霍布斯对主权者应该采取的形式展现出令人惊奇的中立态度，只要权力是集中的和未经分割的。在各种权力当中，主权者有权决定的权力包括涉及财产的法律，宣战媾和的权利（对外政策），生杀予夺的正义法律（刑法），以及决定可以容许哪些书籍和思想（审查制度）。

霍布斯主权理论的核心可以浓缩为一句话：唯有主权者才是法律的来源。主权者说法律是什么，法律就是什么。这就是现在我们知道的**法律实证主义**学说的本质，即法律就是主权者的命令。看起来，这是在某种意义上重复了《理想国》里忒拉绪马霍斯的教导，他认为正义就是由强者制定的。换句话说，主权者之上，再无更高的法庭，也没有任何别的法庭。主权者被指定为类似于棒球或足球比赛的裁判，要强制执行游戏的规则。但在霍布斯眼里，主权者不止是法律的解释者，也是法律的创造者。霍布斯从中得出一个结论：主权者绝不可能行不正义之事，因为主权者就是正义的法律的来源。（XVIII, 6）

通过对大卫和乌利亚故事的创造性解读，霍布斯为他关于主权者的论证提供了支撑。我们之前听过这个故事：大卫是一个王，他与乌利亚的妻子拔示巴通奸，并且为了和她睡觉，大卫王杀了乌利亚。霍布斯从中得出了一个推论：尽管大卫在做这件事时或许对上帝犯下了罪过，但作为合法的主权者，他没有对乌利亚犯下任何不义。这是霍布斯的原话："当一个主权君主处死一个无辜的臣民时，同样的道理也可以成立。这种行为虽然由于违反公道而违反自然法，像大卫杀死乌利亚就是这样。但这对乌利亚并不构成侵害，而只对上帝构成侵害；原因是任意做他所愿做的事情的权利已经由乌利亚本人交付给大卫了，所以对乌利亚不能构成侵害。但对上帝来说却构成侵害，因为大卫是上帝的臣民，自然法阻止他做一切不公道的事。这一区别，当大卫本身对这事表示忏悔时，他显然也予以肯定，他说'我对你犯罪，唯独得罪了你'。"（XXI，7）退一步讲，乌利亚也完全可能不是这样想的哩！

比起一开始，霍布斯关于法律的教导似乎不那么苛刻。霍布斯清楚地说，法律就是主权者制定的。没有什么不正义的法律，因为只有主权者才能决定什么样的法律才是正义的。霍布斯似乎会同意理查德·尼克松总统在与大卫·弗罗斯特（David Frost）对话中的一个著名说法："总统这样做，就意味着它肯定不是非法的。"但值得注意的是，霍布斯在"公正的法律"和"良法"之间作出了区分。一切法律就定义而言是正义的，但并不必然意味着一切法律都是好的。霍布斯写道："良法就是为人民的利益所需而又清晰明确的法律。"（XXX，20）但是，我们要依照什么标准来判定人民的利益所在呢？

霍布斯解释道，主权者可以被授予统治人民的绝对权力，但这种权力并非是随心所欲的。主权者必须依照法律进行统治，法的目的与其说是控制，不如说是促进。不妨想想下述段落："法律，作为得到批准的法规，其用处不在于约束人民不做任何自愿行为，而只是指导和维护他们，使之在这种行为中不要由于自己的鲁莽愿望、草率从事或行为不慎而伤害了自己。正如同栽篱笆不是为了阻挡行人，而只是为了使他们往路上走一样。"（XXX，21）在此，霍布斯把法律说得像是交通规则一样。如果我说得不错，他的意思就是：良法的存在是为了促进旅行、贸易和交往之类的事情，是为了让人民"往路上走"。恶法的目的只不过是限制和控制主权者的心血来潮，而良法的存在是为了促进人的行动。这是霍布斯法律理论的核心。

控制意见的权力，对主权者来说尤为重要，这在今天常常被认为是属于宪法第一修正案的问题。霍布斯写道："因为人们的行动来自意见，为了他们的和平和协调起见，良好地管理人们的意见就是良好地管理人们的行为。"（XVIII，9）结果就是，主权者有权决定哪些意见有益于和平，哪些意见会挑起不和与战争。霍布斯的评论直接指向两个最重要的建制：教会和大学。它们都是煽动性意见的生产中心，因此必须被置于主权者的控制之下。

在教会问题上，霍布斯指的是改革宗教会，特别是激进的清教教派。这些人把良心和个人信仰置于法律之上，僭取权力来对主权者进行裁断。英国内战期间，正是这些持异见的清教徒纷纷加入了克伦威尔的新模范军。霍布斯想要取缔一切主张"个人或党派能够裁断主权者"的学说。（XXIX，6-7）我们还记得，只有在自然状态下，个人才有权替自己决定对与错的定义。一旦我们进入社会，我们就把决定这些事情的权利让渡给了主权者。

控制大学及其课程的权力也十分重要，霍布斯尤其指责大学传授亚里士多德（至少是17世纪的亚里士多德）的共和主义学说。霍布斯认为，古典的影响，尤其是亚里士多德和西塞罗，是当前英国内战和查理一世遭到处决的重要原因。他写道："至于专门反对君主政体的叛乱，有一个最常见的原因是读古希腊与罗马人的书籍。青年和所有其他理智不坚强、不能抵抗毒素的人，读了这些书中对于他们统领军队的人的赫赫战功得到一种强烈的心花怒放的印象……人们读了这些书之后就从事弑君，因为在希腊和拉丁著作家自己的著作和政治论述中,任何人只要把君王事先称为暴君,他弑君的行为就被当成合法的和值得称道的行为。"(XXIX, 14)

这段话耐人寻味,不只是因为它的诙谐和夸大其辞,也因为它表明霍布斯是多么强调观念的改革。像马基雅维利一样,霍布斯自视为君主的教育者。这里有着一种内在的反讽,因为他有时说人类只不过是一座复杂的机器,只能服从吸引和排斥的法则,但有时似乎也在讲,我们是拥有意愿和计划的存在者,只有我们会受到意见、观念和学说的引导。正如柏拉图提出的第一项议程就是对诗与艺术的控制,霍布斯的主权者也必须成为神学与哲学观念的改革者。

霍布斯甚至把他的《利维坦》比作柏拉图的《理想国》。细心的读者会注意到一处罕见的自我反思的段落,霍布斯在这里说,他的观念的新奇性很难赢得听众。他以一种不是那么引入注目的失望情绪写道:"我几乎认为自己费这一番力就像柏拉图搞出他那共和国一样没有用处了。因为他也认为,在主权者由哲人担任以前,国家的骚乱和内战所造成的政权递嬗是永远无法消除的。"(XXX, 41)尽管霍布斯一开始绝望地认为,他的书不可能被人们友好地接受,但他接着就更加乐观地写道,学习他的作品比学习柏拉图的著作要容易得多,因而更有可能赢得一位富有同情心的君主。霍布斯说:"这样一来我又恢复了一些希望,认为我这本书终有一日会落到一个主权者手里;由于它很短,而且在我看来也很清楚,所以他便会亲自加以研究,而不会叫任何有利害关系或心怀嫉妒的解释者帮忙;同时他也会运用全部权力来保护此书的公开讲授,从而把这一思维的真理化为实践的功用。"(XXXI, 41)

霍布斯或许是低估了这本书的长度,也夸大了这本书的易读性,但他渴望这本书更广泛地服务于人,他在《利维坦》结尾又回到了这一点上。霍布斯写道,大学是"公民学说和道德学说的源泉",有义务教授关于权利和责任的正确学说。它的第一层意思就是,要把霍布斯的书视作大学里道德与政治学问的权威教导。他充满自信地总结道:"我认为,印行于世是有裨益的，在大学中予以讲授就更有裨益了。"这本书的理想听众应该是传道士、士绅和律师，一切"从这里汲取自己所能找到的泉水"的实干家都能"把它在讲坛上和谈话中洒在百姓身上"。（Review and Conclusion，16）终有一日成为人类的立法者，这是霍布斯的希望，也是一切伟大的政治哲学家的希望。

霍布斯式自由主义

霍布斯喜欢用最为绝对和极端的词语来描述主权者的权力。主权者拥有生杀予夺的大权，也拥有决断战争与和平的权力。在一切事情上，主权者的话就是一锤定音。但是，霍布斯也为个人自由留下足够的空间，甚至为主权权力的合法使用设立了某些限制。在他所有的强硬说辞里，霍布斯确实是十分严肃地对待正义和法治。因此，霍布斯一度宣称：不能让个人在没有得到赦免保证时控告自己，同样，不能让妻子或父母控告自己的亲人。（XIV，30）在一个相关的地方，霍布斯认为，惩罚决不能被用作复仇的手段，而只能为了"使触犯者改过自新"。（XV，19）

同样，霍布斯反复重申法律必须成为实现社会平等的手段。在题为"论主权者代表的职责"一章里，他论证道，正义应该平等适用于所有阶层的人民，无论贫富。他宣称，贵族头衔之所以有价值，就在于他们能向底层人民施恩，"否则就一无价值了"。（XXX，15）平等的正义需要平等的税收政策。霍布斯似乎提出了一种消费税，让消费超过穷人的富人承担一份公平的税负。霍布斯还论证道，这些无力养活自己的贫困公民不应该被迫依赖于私人慈善，而是应该由国家供养。（XXX，18）这样，霍布斯差不多预言了现代福利国家的诞生。

也许，霍布斯的哲学赋予个人的中心性才是最重要的。霍布斯从每个人在自然状态下完全自由行事的自然权利中推导出了主权权力，因此在霍布斯的图式里，权利是首要的，义务是派生的。霍布斯身上存在着一个有趣的悖论：霍布斯之所以是一个绝对主义者，恰恰是"因为"他的个人主义，而非"尽管"他有个人主义的一面。因此，结论就是：主权的目的是保卫每一个体的自然权利，方法则是让它们与其他人的权利并存。我要说，正是这种权利对义务的优先性，使得霍布斯成为自由主义之父，虽然这一点还有待商榷。①

霍布斯对个体自然权利的捍卫，就表现在他关于自由的新奇学说上。他把他所教导的自由与古人的自由区分开来。他认为，古人对人类自由的看法都是错的。对他们而言，自由的意思就是成为一个自治共和国的公民，自由并非个人的所有物，而是属于他们的政制。霍布斯写道："当我们说雅典人和罗马人是自由的这句话时，指的是他们是自由的国家，这不是说任何个人有自由反抗自己的代表者，而是说他们的代表者有自由抵抗或侵略其他民族。"（XXI，8）

但是，自由就是抵抗或侵略其他民族的自由，这种集体自由与霍布斯提出的现代自由理念不尽相同，甚至是相互抵牾的。霍布斯所说的自由，指的是行动不受限制或妨碍。只要我们的行动毫不受到阻碍，那么我们就是自由的。因此结论就是，政治自由就是我们在法律沉默之处享有的行动自由。（XXI，6）霍布斯的主权者更倾向于允许公民拥有一块私人自由的领域，让他们能在其中自由行动，这样的主权者可不像通过强制手段迫使你参与政治商议的古典共和国的统治者那样。对于那些坚持只有共和国的公民才称得上自由的人，霍布斯挖苦道："现在路加城的塔楼上

---

① 关于霍布斯确立了自由主义的基础的主张，见 Leo Strauss, *Natural Right and History*（Chicago: University of Chicago Press, 1971），181-182 [（美）列奥·施特劳斯：《自然权利与历史》，彭刚译，北京：三联书店，2006年]; Pierre Manent, *The Intellectual History of Liberalism*, trans. Rebecca Balinski（Princeton: Princeton University Press, 1994），25-26 [（法）皮埃尔·莫内：《自由主义思想文化史》，曹海军译，吉林：吉林人民出版社，2004年]；另外一种相反的观点，见 Judith Shklar, "The Liberalism of Fear," in *Political Thought and Political Thinkers*, ed. Stanley Hoffman（Chicago: University of Chicago Press, 1998），6。

以大字特书自由二字,但任何人都不能据此而作出推论说,那里的个人比君士坦丁堡的人具有更多的自由,或能更多地免除国家的徭役。"(XXI,8)如他所言,自由要求"免除"徭役。评判一种政制的依据,就在于它留给公民多少私人自由。古人没有这种个体自由的理念,它是现代世界前所未有的新奇事物。

霍布斯的孩子们

霍布斯为我们提供了现代国家的特定语词,但他始终是一个充满争议的人物,直到今天亦是如此,因为现代国家自身就是一份充满争议的遗产。在今天的许多人看来,霍布斯的利维坦国家观念与反自由的绝对主义没有任何差别。而在另一些人眼中,霍布斯开启了通往约翰·洛克和自由主义的政府理论的大门。他教导权利优先于义务,论证主权者应当把提供和平与安全作为其较低的目标,而让个体自己决定什么样的生活才是最好的。尽管如此,霍布斯体制下的臣民享有的自由只存在于主权者未加管制的领域之中。霍布斯并不赞同为了捍卫自由而保持警惕,也谴责一切抵抗政府的尝试。我们最多能说他是半个自由主义者。

霍布斯最卓越的一点在于,他为我们思考国家提供了道德和心理学术语。国家是两种相互对抗的激情,即骄傲和恐惧的心理交战的产物。与恐惧相关的是我们对安全和秩序的欲望,以及理性,而骄傲则是与对荣耀、名誉和承认的爱相联系的。一切文明的善好都源于我们控制骄傲的能力。这本书的标题就取自圣经《约伯记》里的描述,在那里,利维坦被称作"骄傲之王"。(XXVIII,27)霍布斯列举的十九条自然法,意在教给我们社会性的德性,特别是要克制骄傲或自大。

正如我们所知,现代国家源于某种追求安全的霍布斯式的欲望,而实现它的代价只能是牺牲追求荣誉的欲望。霍布斯式的国家以保卫生命的条件作为其目的，即便是高度文明和经过教化的生命，衡量它的却还是自私自利和避免危险。霍布斯式的恐惧者不可能成为一个能为自由、荣誉或一项事业而牺牲生命的人，而更倾向于循规蹈矩、避免危险，只在确定无疑的事情上下注。霍布斯式的公民不可能成为乔治·华盛顿、安德鲁·卡内基或史蒂夫·乔布斯那样的冒险家，更可能是总在计算机率，还要想办法避免损失的保险商。后来的政治理论家，比如卢梭，就会为霍布斯式的人取一个名字：布尔乔亚，或者像更往后的尼采那样，干脆称之为"末人"。①

无疑，霍布斯大获成功。他力图创造的那种小心、自利和避免危险的个人，便成为我们文明的主导气质。我们都变成了霍布斯式的人，无论我们是否愿意承认这一点。与此同时，即便是一个霍布斯式的社会，也不能没有为了荣誉、自尊甚至纯粹是源于冒险的乐趣而去冒险的人。人们为什么要做警察、消防员、军人和自由斗士？难道单靠自利就能解释清楚这些举动吗？但是，即便在一个霍布斯式的社会里，这些人是能够缺少的吗？我们从哪儿能招募到这样的人呢？

霍布斯认为，热爱冒险的激情（柏拉图称为"血气"）都是野蛮的、不文明的和好战的。在某种意义上，他是对的。但是，即便霍布斯式的国家也生活在一个霍布斯式的世界之中，也就是说，这个世界的国际关系就是霍布斯自然状态的扩大版。世界舞台上的列国彼此对抗，就像自然状态下的个人一样，国家彼此间都是潜在的敌人，而没有任何更高的法律或权威能调适它们之间的冲突。在这样一个世界里，即便主权国家也会陷入危险，无论危险是来自其他主权国家，还是一心搞恐怖和破坏活动的组织与个人，"9.11"事件就是一例。政治科学家皮埃尔·哈斯纳（Pierre Hassner）将现代国家与前现代国家之间的冲突描述成"布尔乔亚

---

① 关于这个问题的思考，见 Francis Fukuyama, *The End of History and the Last Man* (New York: Free Press, 1992).〔（美）福山：《历史的终结及最后之人》，黄胜强、许铭原译，北京：中国社会科学出版社，2003年〕

与野蛮人的辩证法"：前者拥有和平与满意的公民，后者则打算运用暴力、恐怖和人肉炸弹等手段来实现自己的目的。①悖论在于，一个霍布斯式的国家依然需要男男女女做好战斗的准备，为了保卫国家而甘冒危险。霍布斯式的布尔乔亚不可能与野蛮人全然无涉，那么，霍布斯能够解释这一悖论吗？

在詹姆斯·鲍曼一本名为《荣誉：一段历史》的书里，上述论点得到了进一步发挥。②鲍曼指出，尽管荣誉在发达现代国家里已经消失殆尽，但它依然是今日世界上其他许多地方的一种强烈激情，最重要的例子当然就是中东。就整个历史来看，荣誉在大多数社会里并不仅仅是一种私人品性，就像中世纪骑士精神那样。相反，它首要的是一种集体荣誉、家庭荣誉、宗族荣誉或教派荣誉。侵害团体的任何一个成员，就是在侵害整个团体的尊严。这就有助于解释一些事情，例如，为什么"要面子"在许多文化中是那么地重要，它对现代美国人也只是相对不那么重要罢了。鲍曼相信，原因之一便是西方人很难理解其他民族与其他文化，所以捍卫个人荣誉的观念在西方早已遭到贬抑。西方人更愿意相信，人类行为是受理性因素激发的，然而大多数人行为的动因实际上在于：他们需要得到尊敬，也想要避免羞辱。当越战期间尼克松说要实现"光荣的和平"（peace with honor）的时候，大多数人认为他荒诞可笑。对我们许多人而言，荣誉听起来像是某种原始的部落伦理，因此我们理解不了那些认为部落忠诚或党派忠诚神圣不可侵犯的人。我们常常看不到这一点：正是霍布斯对古代武士伦理的怀疑，应该为我们今日的盲目负主要责任。

我们的霍布斯式的文明，向我们隐瞒了一个令人不舒服的真理。霍布斯教会了我们文明的德性。他的十九条自然法构成了他所谓的"唯一真正的道德哲学"，其中包含了谦逊、和平、正义、公道和感恩的德性，

---

① Pierre Hassner, "The Bourgeois and the Barbarian," in *The Future of War*, ed. Gwyn Prins and Hylke Tromp (The Hague: Kluwer, 2000).

② James Bowman, *Honor: A History* (New York: Encounter, 2006).

它们对于支撑起一个公民社会而言是必不可少的。但是，特别是当文明遇到毫无道德可言的野蛮敌人时，这些德性足以保障文明的存续吗？要知道，这样的敌人会用尽一切手段来实现其目的。我们的和平与安全，我们的布尔乔亚的自由权利，仍然需要人们愿意为文明的价值而牺牲自己。假如这种文明的德性使我们变得太过文明，以致丧失了保护自己的能力，这样的人又该到何处寻找呢？只要社会还想存续，那它就需要骄傲和恐惧、血气和谨慎这样的孪生性情。霍布斯削弱了骄傲和血气，认为它们是反社会的危险激情，但在今天，我们或许应当重新思考一下野心、热爱声名和渴望荣誉的品质，古人认为它们理所当然，而现代人常常容易忘记。布尔乔亚也需要一点野蛮。

第9章

洛克与宪政的技艺

当今我们最熟悉的现代国家的表述是由约翰·洛克提出的。他的著述似乎被托马斯·杰弗逊全盘吸收进了《独立宣言》，以至于人们经常认为，洛克差不多算得上是美利坚建国一代的名誉成员。其中，洛克提倡人类出于自然的自由与平等、基于同意的政府、实行分权制度的有限政府，以及革命的权利。除此之外，洛克还是宗教宽容的倡导者。他的名字永远与自由民主或宪政民主的理念紧密相联。[1]

但是，洛克的教导并非无源之水。其中一部分在马基雅维利那里就已经准备好了，而他比洛克早了一个世纪。但洛克的直系前辈霍布斯更加重要。霍布斯接受了马基雅维利"新君主"的理想，又将它转化为主

---

[1] 关于洛克与自由主义政治的关系，见 Martin Seliger, *The Liberal Politics of John Locke* (New York: Praeger, 1968); Ruth Grant, *John Locke's Liberalism* (Chicago: University of Chicago Press, 1984); Nathan Tarcov, *Locke's Education for Liberty* (Chicago: University of Chicago Press, 1984) [(美) 塔科夫：《为了自由：洛克的教育思想》，邓文正译，北京：三联书店，2001年]; Thomas L. Pangle, *The Spirit of Modern Republicanism: The Moral Vision of the American Founders and the Philosophy of Locke* (Chicago: University of Chicago Press, 1988); Michael Zuckert, *Launching Liberalism: On Lockean Political Philosophy* (Lawrence: University Press of Kansas, 2002).

权者学说。霍布斯的主权者，就是我们的"非人格政府"观念的基础。霍布斯将君主统治转化为一种职务，它既源于社会契约或"协约"的创造，也要对创造这份契约的人们或代理人负责。如果没有主权者的力量，我们就会身处"自然状态"之中，霍布斯用这个词来指称一个没有政治权威的世界。霍布斯阐明了世俗专制主义的学说，这项学说授予主权者不受到任何实质限制的权力，以便出于保障和平与稳定的目的而做一切必需之事。

洛克的新国家理论更具有自由主义宪政的意味，它也源于上述这些令人畏惧的残酷假设。霍布斯的专制政府理论只赢得了少数直接支持者，而洛克想要驯服霍布斯。洛克最重要的政治理论著作就是两篇《政府论》。洛克在上篇里对罗伯特·费尔默爵士（Sir Robert Filmer）在《父权制》（*Patriarcha*）中鼓吹的君权神授论的反驳可谓是详尽无疑、煞费苦心，他驳倒了如下主张：君权起源于上帝授予亚当的统治权，因此一切权威都是凭借神圣权利而获得的。《政府论》上篇是一部重要却也冗长乏味的作品，就连洛克肯定也觉得很无聊。根据当今看法，《政府论》下篇写于1688年"光荣革命"发生后不久。正是在这本书里，洛克发展了一套大胆而富有新意的思想，专门讨论政府的角色。

洛克本意是要将《政府论》下篇写成一部实践性作品。这本书与其说是写给哲学家的，不如说是写给英国人民的，它使用的是洛克那个时代的日常语言。洛克的写作是为了捕捉他那个时代的常识，尽管这并不意味着他不曾饱受争议。洛克生活在一个宗教和政治斗争极其剧烈的年代，他是一位涉足政治很深的人物，虽然也是一位小心谨慎、沉默寡言的政治人物。查理一世遭到处决的时候，他还只是个孩子。詹姆斯二世被推翻，不得不开始流亡的时候，他已经成年。洛克在牛津待了许多年，在那里，人们怀疑他对激进分子心怀同情，但他始终表现得极其小心谨慎，以至于多年来洛克的学院院长都叫他"缄默大师"。洛克曾经是安东尼·阿什莱·古柏（Anthony Ashley Cooper）的私人秘书和医生，此人就是后来组织了一个激进的反君主制圈子的沙夫茨伯里伯爵。1683年，洛克被迫流亡，在荷兰生活了几年后才回到英国，一直到1704年逝世。逝世之时，洛克已是欧洲最著名的哲学家。

洛克的动物寓言

与别的现代思想家不同，洛克让自然法成为他的政治理论的核心。要理解自然法，就必须在自然境况即"自然状态"下察看它。对洛克而言，自然状态不是亚里士多德所认为的统治与被统治的境况，而是一种"完备无缺的自由状态"。(II/4) 亚里士多德认为我们出于自然就是家庭、城邦以及受到义务约束的道德共同体的一员，但洛克所说的自然状态是没有政治权威或公民义务的。自然状态并非一个实际的历史状态，虽然洛克有时会把它比作辽阔的北美大陆。相反，自然状态是一种思想实验。洛克问道，当一切权威都不存在的时候，人的本性究竟是什么？

表面上，洛克的自然状态似乎与霍布斯的自然状态有着实质性的对立。自然状态不像霍布斯所认为的那样，是一种充满暴力与谋杀的非道德境况。相反，自然状态是一种受道德法所统治的道德境况。这种道德法决定了和平与社会性，而且"旨在维护和平和保卫全人类"。(II/7)

洛克的自然法似乎是传统意义上的道德法，读过西塞罗、阿奎那和理查德·胡克（"明智的胡克"）的人会很熟悉它。洛克的自然法听上去既令人感到舒服，又带有传统的味道。一切政治权威的根基都在于自然法，而自然法是一切人单凭理性就能知晓的东西。自然法宣称，既然我们都是"全能的和无限智慧的创世主"的"作工"(II/6)，我们就不应当侵害他人的生命、自由或财产。洛克似乎把斯多噶的自然法传统与基督教的"神的作工"观念毫不费力地编织成了一个天衣无缝的整体。

但是，恰恰在《政府论》下篇的开头几段里，洛克的自然法转而成为个体的自我保存的权利。一开始，自然法的面貌尚不清晰：它究竟是一种关于人对他人所负有的道德责任和义务的学说，还是一种要求把个体的自我保存及其实现手段放在首位的霍布斯式的自然权利学说呢？自然状态是一个没有政治权威的境况，自然法也没有一个监督其应用的人或机构。起初，自然状态被描述为一个和平与相互信任的境况，但很快就堕落为战争状态，而每个人都成了自然法的裁判、法官和执行者。自然状态很快就变成了一种人人为己的霍布斯式境况，洛克写道："受害人基于**自我保存的权利**，拥有将罪犯的物品或劳役取为己用的权力，正如每个人**基于他的保卫一切人**并为此作出一切合理行动的权利，拥有惩罚罪行并防止罪行的再度发生的权力一样。"（II/11）

如洛克所言，"根本的自然法"就是自我保存的权利，即每个人都被授权出于保全自己的目的而行一切力所能及之事。洛克写道："一个人可以毁灭向他宣战或对他的生命怀有敌意的人，他可以这样做的理由就像他可以杀死一只豺狼或狮子一样。因为这种人不受共同的理性法则的约束，除强力和暴力的法则之外，没有其他法则，因此可以被当作猛兽看待，被当作危险和有害的动物看待，人只要落在它们的爪牙之内，就一定会遭到毁灭。"（III/16）

我们可以称这些为洛克的"动物寓言"。生活在自然状态里的不是性情温和、追求和平和相互协作的人，而是各式各样的"猛兽"：狮子、老虎和熊。这类人在自然状态里享有的自由将导致他们滥用自由，反过来就产生了政府的需要。但是，自然状态究竟是如洛克一开始所言，是一种受到关于和平的自然法所监督的道德境况，抑或只是一层薄薄的面纱，面纱下面依然藏着霍布斯意义上的一切人反对一切人的战争？

洛克似乎有着两套不同的言辞：一是自然法传统，它假定了我们对他人所负有的种种责任；二是近代霍布斯的自然权利观念，它坚持权利的优先性，尤其是个体的自我保存的权利。洛克究竟属于西塞罗和托马斯的自然法传统，还是一个近代的霍布斯主义者？他的政治学究竟是源于一种"神圣作工"的神学观念，还是一种关于人的激情与生存斗争的彻彻底底的自然主义解释？这些问题长久以来一直困扰着《政府论》下篇的读者。

某些读者认为，洛克的自然状态中的平等思想尤其依托于一种带有基督教背景的论证。[1]洛克说过，"极为明显，同种和同等的人们既毫无差别地生来就享有自然的一切同样的有利条件，能够运用相同的身心能力，就应该人人平等"（II/4），这条陈述据说是依托于"上帝的作工"观念。属于一个种类究竟意味着什么，为什么属于同一种类就赋予其成员一种特别的等级和尊严；只有在相信我们所谓的这些种类与上帝之间有着某种特殊道德关联的时候，这样的问题才有意义。最后，最能刻画出洛克政治哲学特征的并不是神圣"作工"的神学观念，而是一种"自我所有权"的世俗学说，稍后我还会尽量阐明这一点。

洛克的自然法思想究竟依托于神学信仰，还是能从非神学的、纯粹自然主义的基础中推演出来，这可不只是一个哲学问题。如果我们认为洛克的自然法学说对《独立宣言》构成了一个重要的支持，那么我们对洛克思想的解释方式就会极大地影响我们对一系列公共政策问题的思索。例如，《独立宣言》提到的"自然法和自然之上帝的法"似乎就直接取自《政府论》下篇。但是，如果自然法是"自然之上帝"写下的，这对一系列诸如学校祈祷和在法院及其他公开场合展示十诫之类的问题具有重要意义。我们的权利和义务究竟在多大程度上取决于自然和人性的神学观念？我们如何看待这个问题，常常决定了宗教在公共领域中的位置，如果这样的位置还存在的话。

---

[1] Jeremy Waldron, *God, Locke, and Equality: Christian Foundations of Locke's Political Thought* (New York: Cambridge University Press, 2002); 参见 John Dunn, *The Political Thought of Joch Locke: An Historical Account of the Argument of the "Two Treatises of Government"* (Cambridge: Cambridge University Press, 1969), 此书同样强调了洛克思想的神学起源，但悲观地认为这一点致使洛克与当今世界完全没了关系。

要思考这个问题，先让我们考察一下洛克最著名的学说，也就是他的财产理论。

"他身体的劳动"

可以说，洛克政府理论的核心就是《政府论》下篇第五章里他对财产的解释。洛克的人性观念，基本上就是把人视为占取财产的动物。我们对财产的权利，就源于我们自己的工作，即源于以下事实：我们在某样事物上花费的劳力，就使得我们对它拥有了所有权。劳动是一切价值的来源。自然状态就是一种公有状态，马克思会称之为"原始共产主义"。事实在于，我们把劳动附加在什么上面，我们就把什么标记为自己所有。洛克写道："每人对他自己的**人身**享有一种**所有权**，除他之外任何人都没有这种权利。他身体的**劳动**和他双手的**工作**，我们可以说，是正当地属于他的……既然**劳动**是劳动者的无可争议的所有物，那么对于这一有所增益的东西，除他以外就没有人能够享有权利，至少在还留有足够的同样好的东西给其他人所共有的情况下，事情就是如此……**劳动**使他的东西同公共的东西有所区别，劳动在作为万物之母的自然已经完成的作品上面添加了一些东西，这样它们就成为他的私有权利了。"（V/27–28）

根据洛克的看法，自然法规定了一种私有财产权利，建立政府就是为了保障这项权利。洛克在一段引人注目的话里声称，世界被创造出来，是为了得到耕植和改善。那些致力于改善和发展自然的人，才是人类真正的恩人。洛克写道："上帝将世界给予人类所共有；但是，既然他将它给予人类是为了他们的利益，为了使他们尽可能从它获得生活的最大便利，就不能假设上帝的意图是要使世界永远归公共所有而不加以耕植。他是把世界给予勤劳和有理性的人们……不是给予好事吵闹和纷争的人们来从事巧取豪夺的。"（V/34）

从这段话里，我们立刻就能看到：洛克的国家将成为一个商业国家。古代政治理论认为，商业和财产低于公民生活。柏拉图建议在他的护卫者们当中实行共产主义；亚里士多德则认为，私有财产的必要性就在于它是少数人得以参与政治生活的手段，虽然他们仍然由奴隶阶层所供养。经济低于政体。然而，对洛克而言，世界属于"勤劳和有理性的人"，即通过自己的努力而增进整体繁荣的人。洛克写道："一个人基于他的劳动把土地划归私用，并不减少而是增加了人类的共同积累。"（V/37）洛克《政府论》下篇与亚当·斯密的《国富论》之间只有一步之遥。①

在洛克看来，财产或占取没有任何自然的界限。这个论点才是真正的本质。起初，用途或许会限制积累，但金钱或货币使得不受限制的资本积累不仅可能，甚至还成了一种道德义务。（V/36）通过使自己富裕，我们也在无意中促进了他人的利益。洛克写道："在那里［美国——作者注］，一个拥有广大肥沃土地的统治者，在衣食住方面还不如英国的一个粗工。"（V/41）普遍繁荣的创造，完完全全应该归功于劳动从以前的道德和政治约束中得到了解放，或者将"普遍繁荣"换成另一个耐人寻味的词，也就是"国家"（Commonwealth）。劳动成为一切价值的称呼和来源。通过一系列不同的引人注目的修辞，洛克没有让自然，而是让人的劳动和占取成为各种不同层次的财产和物质占取品的来源。

洛克在第五章一开始就断言"上帝将世界给予人类共有"，这句话表明原初的自然状态是一种集体所有制的状态。因此他认为，既然每个人都是他的身体的所有者，我们就对那些我们将自己的劳动与之"混合"的东西拥有了权利。然而，我们一开始只是通过劳动而对某些对象拥有相当适度的权利，例如从树上摘苹果，但很快这就成了一种关于财产和

---

① 关于洛克扮演了资本主义辩护者的角色，这一点已由 C. B. Macpherson, *The Political Theory of Possessive Individualism: Hobbes to Locke*（Oxford: Clarendon Press, 1962）所论证；参见 Joyce Appleby, *Economic Thought and Ideology in Seventeenth-Century England*（Princeton: Princeton University Press, 1978）。

市场经济之诞生的全面解释。单靠自然提供的价值,由于劳动的缘故而翻了十倍,但洛克很快就补了一句:"我在这里把经过改良的土地的产量定得很低,把它的产品只定为十比一,而事实上是更接近于一百比一。"(V/37)随后,他甚至认为任何经过改良的事物都由于劳动而提升了一千倍的价值。(V/43)一开始洛克只是就财产的起源展开了一场相当基础的讨论,而财产受限于利用与损耗的程度;但直到本章结尾,这场讨论变成了一种对范围广阔的所有权和数量惊人的财富不平等的解释。洛克关于财产的动态理论,与麦迪逊在《联邦党人文集》第十篇里有关"政府的首要目标就是保护占取财产的不同和不平等的能力"的主张之间,显然有着某种几近直接的关联。[1]

洛克不止赋予商业、赚钱和占取以显著的地位,也赋予了一种它们在古代和中世纪世界里从未享有的道德地位。政府的任务就是保护财产权,这个观念就源自洛克。新的政治不再关心荣耀、名誉和德性,而是会变得冷静、平淡和享乐主义,尽管这样的政治既无崇高也无乐趣可言。商业不需要我们抛洒热血或拿生命冒险。它是稳固的、可以信赖的,具有十足的中产阶级味道。

资本主义的精神

《政府论》下篇前五章采取了一种推理式的历史学或人类学来研究人的发展历程,这一历程伴随着我们渡过了自然状态、战争状态以及财产的创造。第五章开篇是一副原始共产主义的景象,讨论了财产凭借劳作而得以创造,结尾则是市场经济的创造,其标志则是财富和财产的巨大

---

[1] James Madison, *The Federalist Papers*, ed. Clinton Rossiter (New York: Signet, 1961), 78.〔美〕汉密尔顿、杰伊、麦迪逊:《联邦党人文集》,程逢如、在汉、舒逊译,北京:商务印书馆,2011年〕

不平等。这是如何发生的？更重要的是，是什么使它成为正当的？

洛克重述了人类起源的叙事，毋宁说是改写了它，而这段叙事原本属于圣经。下面是他的讲法：人类发现自己置身于自然状态之中，没有任何权威来调节人与人的争端，仅仅是由自然法所统治着。尽管如此，通过"他身体的**劳动**和他双手的**工作**"（V/27）而占取财产的人类，又是如何发明和享受财产的用途。人是一种占取财产的动物，即便在除了统治人类联合体的自然法之外没有任何法律可言的自然状态下也是如此。

当然，自然状态的问题在于它的不稳定性。由于没有一个政治权威来调节纠纷（特别是财产纠纷），战争与冲突就会对我们和平享用自己的劳动果实造成不断的威胁。如果没有一个执法部门能够化解破坏和平的行径，那么，我们的人身与财产怎样才能得到保护呢？对政府的需要，源于解决财产权纠纷的现实需要。

在许多方面，正是因为我们太过熟悉洛克的教导，以至于它的激进性质被掩盖了起来。洛克使得财产保护成了"人们联合成为国家的重大的和**主要的目的**"。（IX/124）我得承认，在洛克之前还从未有人相信政治的目的就是保护财产权，而且应该说，洛克所说的财产并不是现实财产，而是包括了我们的生命、自由和财产。这些东西都是最严格和最富有启发意义上的"财产"（property）一词的含义：它们都是为我们所有（proper to us）的东西。

洛克一直强调，自然状态的不确定性或"诸多不便"促使我们进入了公民联合。霍布斯强调自然状态的极端恐惧，而洛克却在强调：我们一直深受不安和焦虑所困扰，这才是问题所在。不安，或者"躁动不安"（restlessness），既是我们的不安全感的来源，也是刺激我们进行劳作和占取财产的因素。

究竟是什么促使洛克总是强调人性中躁动不安和无限焦虑的一面呢？我们肯定不会听到柏拉图或亚里士多德大谈特谈人性中畏惧的一面。那么，这是不是表明洛克本人的心理性情恰恰有着谨慎、含蓄和畏惧的倾向呢？还是说，洛克对不安的强调其实是象征着一类新兴阶层的品质，也就是正在试图建立自己的正当性要求的商业阶层？当洛克写道，世界就是要给"勤劳和有理性的人"所用的时候，他确实是在指一种新兴的中产阶层。这一阶层的统治权并不取决于遗传、传统或者所谓的高贵，而在于运用他们辛勤工作、节俭和把握机运的能力。在《政府论》下篇里，洛克的目标似乎就是向这一新兴阶层提供统治的权利。想想20世纪一位杰出的评论者所说的话吧，他说："在最近400年间，新的政治上没经验的阶级已经崛起行使政治主动权与权威，他们的准备与马基雅维利为16世纪的新君主所作的准备相同。这些阶级在它们掌权之前都没有时间得到政治教育；每一个阶级都需要一种抄本，一种政治教义，以取代政治行为的习惯……洛克的《政府论》下篇就是突出的例子。"①

洛克的新兴商业国家就是一种戴着人道面具的马基雅维利主义。它不是君主统治，而是一种新兴的企业家性质的中产阶级的统治，这是在权威的传统来源之外的。严格说来，它是自我塑造者的伦理，与之相伴的是自我塑造一词所具有的全部不安全感。实际上，洛克的自我塑造的人与一些书里的清教徒形象十分吻合，例如约翰·班扬的《天路历程》、丹尼尔·笛福的《鲁滨逊漂流记》，以及此类书中最伟大的杰作——本杰明·富兰克林的《富兰克林自传》。洛克对财产和积累财产的冲动的解释，反映了他思想中有着很深的加尔文主义体系。他的加尔文主义驯化了马基雅维利，或者是让马基雅维利平静了下来，方法就是将马基雅维利的"德性/能力"（*virtù*，男子气概或勇敢）转变成努力、勤劳和辛勤工作的德性。

洛克对我们的"自我塑造"的解释，尤其是我们通过工作和自律而克服自然稀缺的努力，预示了"鲁滨逊类型"（Robinsonade）这种新的

---

① Michael Oakeshott, "Rationalism in Politics," in *Rationalism in Politics and Other Essays* (Indianapolis: Liberty Press, 1991), 30. [（英）奥克肖特：《政治中的理性主义》，张汝伦译，25页，引文有改动，上海：上海译文出版社，2004年］

文学体裁，它原是一部笛福创作的关于冒险和情感个人主义的伟大小说。年轻的鲁滨逊·克鲁索违背父亲的意愿，抛下他在英国的家庭，而投身于海外冒险和发现的生活。鲁滨逊的船只在一场风暴中失事，而他漂流到了一个荒岛上。在那里，鲁滨逊不得不总结人类通过奋斗而走出自然状态的种种经验。脱离了一切社会纽带的他，不得不利用自己一切资源来保全自己。由于他热爱分门别类和利用一切可供利用之物，鲁滨逊能够再度创造自己，这就是自主、独立的个人的本质：它为许多关于个体自我改善的伟大小说提供了典范。

和洛克一样，笛福描绘了早期布尔乔亚阶级的新伦理，他们的活力和乐观主义洋溢在这段时期里。他们没有展现出军事贵族的好战品性，而是一些在家庭中更为常见的德性：俭朴、理财、谨慎、节约和勤劳。至少有一位权威透过笛福的故事看到了布尔乔亚式的现代政治经济学的起源，他就是卡尔·马克思。我不禁要引用一大段马克思在《资本论》第一卷里对这种"鲁滨逊类型"的精彩描述：

> 既然政治经济学喜欢鲁滨逊的故事，那末就先来看看孤岛上的鲁滨逊吧。不管他生来怎样简朴，他终究要满足各种需要，因而要从事各种有用劳动，如做工具、制家具、养羊驼、捕鱼、打猎等等。关于祈祷一类事情我们在这里就不谈了，因为我们的鲁滨逊从中得到快乐，他把这类活动当作休息……需要本身迫使他精确地分配自己执行各种职能的时间。在他的全部活动中，这种或那种职能所占比重的大小，取决于他为取得预期效果所要克服的困难的大小。经验告诉他这些，而我们这位从破船上抢救出表、账簿、墨水和笔的鲁滨逊，马上就作为一个道地的英国人开始记起账来。他的账本记载着他所有的各种使用物品，生产这些物品所必需的各种活动，最后还记载着他制造这种种一定量的产品平均耗费的劳动时间。鲁滨逊和构成他自己创造的财富的物之间的全部关系在这里是如此简单

明了……但是，价值的一切本质上的规定都包含在这里了。①

洛克的政治哲学就是在描述伟大的德国社会学家马克斯·韦伯所说的"资本主义精神"。在经典名著《新教伦理与资本主义精神》里，韦伯论证道，资本主义伦理使无限制的资本积累变成了一种很高的道德义务，而资本主义伦理本身则源于清教伦理和加尔文主义。在韦伯看来，正是通过北欧国家的宗教改革运动，资本主义才第一次得到发展，一整套对待财富和赚钱之事的崭新道德态度也随之应运而生。要是考察韦伯的著名命题，即资本主义和资本积累伦理的宗教起源，我们就太过离题万里了。但是，洛克似乎见证了这种向着经济活动转变的道德观念。

韦伯认为，本杰明·富兰克林最能体现出这种对财富和资本积累的崭新的布尔乔亚态度。但他不像笛福和洛克那样，认为这种态度是从地位和传统的封建等级制中得到了解放。相反，韦伯从中看到了一种难以理解、毫无特色的功利主义与唯物主义的伦理。韦伯看不出富兰克林的伦理有什么可值得赞美的，在他看来，它似乎不过是一种伪善的面具。认为德性就是实现物质繁荣和生活安康（well-being）的手段，就是在消解德性的美与尊严，而它们应当因其自身的缘故而被视为目的。在韦伯眼中，这种可鄙的功利主义就是新兴布尔乔亚信条的本质，富兰克林的伦理就代表了加尔文主义"天职"观念朝向某种追求成功和效益的纯粹世俗伦理的转变。韦伯写道：

事实上，这种伦理所追求的 *summum bonum*（至善），完全没有幸福主义的成分掺杂其中，更不用说享乐主义的成分了，这一点至关重要。就是说，既要挣钱，而且多多益善，同时又要力避一切本

---

① Karl Marx, *Capital*, trans. Samuel Moore and Edward Aveling (London: Lawrence and Wishart, 1970), 76-77. [（德）马克思:《资本论》, 载《马克思恩格斯全集》第二十三卷, 中央编译局编译, 93—94页, 北京: 人民出版社, 1972年]

能的生活享乐。它被十分单纯地看做了目的本身，以致从单独某个人的幸福或功利角度来看，它显得完全是超验的，是绝对无理性的。人活着就要去赚钱，就要把获利作为生活的最终目的……与此同时，它又表达了一种与某些宗教观念密切相关的情感类型。富兰克林虽然是一个无倾向性的自然神论者，但他自幼便记住了父亲——一位一丝不苟的加尔文教徒——反复向他灌输的一条《圣经》古训。因此，如果我们发问为什么"要在人身上赚钱"，他的回答就是用在自传中的这条古训："你看见办事殷勤的人么，他必站在君王面前。"（《箴言》22：29）[1]

韦伯认为，资本主义在两种相互竞争的伦理理想之间摇摆不定：一边是清教徒的禁欲主义和克己精神，另一边是从财富积累与财产中追逐尘世快乐的享乐主义。这种张力不仅困扰着韦伯，也让深受韦伯影响的人备感苦恼。例如，列奥·施特劳斯就把洛克关于财产的教导视为一种公开的"享乐主义"，一种对下述事物的"漫无目标"的追逐：它们为我们提供了满足，但已不再与 summum bonum（至善）这一实质性观念还有什么瓜葛。引用施特劳斯一句著名的话，"生活就是对于愉悦的毫无愉悦的追求。"[2]伟大的美国社会学家丹尼尔·贝尔也有一个类似的看法，认为资本主义精神是在积累的伦理和消费的伦理之间摇摆不定。这些张力就构成了"资本主义的文化矛盾"，矛盾的一极是关于工作、纪律和延缓享乐的清教伦理，另一极是关于享受、愉悦和无尽地追求快乐的享乐主义伦理。[3]

---

[1] Max Weber, *The Protestant Ethic and the Spirit of Capitalism*, trans. Talcott Parsons（New York: Charles Scribner's Sons, 1958），53.［（德）马克斯·韦伯：《新教伦理与资本主义精神》，阎克文译，185—186页，上海：上海人民出版社，2010年］

[2] Strauss, *Natural Right and History*,（Chicago: University of Chicago Press, 1953），251.［（美）列奥·施特劳斯：《自然权利与历史》，彭刚译，256页，北京：三联书店，2006年］

[3] Daniel Bell, *The Cultural Contradictions of Capitalism*（New York: Basic Books, 1978）.［（美）丹尼尔·贝尔：《资本主义文化矛盾》，严蓓雯译，北京：人民出版社，2010年］

当我们试图找到一条出路以管好我们相互矛盾的冲动（节约与花费的冲动，加尔文主义与享乐主义）时，这个张力仍然存在于资本主义的核心深处。

认为洛克的资本主义革命只是源于宗教，这种看法是不对的。韦伯要解决的是这样一个问题：一个原本在道德上像加尔文本人那般高尚和苦行的教义，怎么可能变成把成功当作福音宣扬的世俗"资本主义精神"。即便韦伯也不得不承认，与其说是加尔文主义，不如说是加尔文主义的"堕落"使得其追随者把经济发达看作蒙受了灵性拣选的标记。无疑，洛克应当感激加尔文主义及其在英国的清教一脉，尽管他追随由马基雅维利（尤其还包括一个名为弗朗西斯·培根的英国人）所开辟出来的世俗的哲学来源。在洛克哲学中据有核心地位的个体的道德自主性，部分是由加尔文主义者和清教徒的教义所决定，但也取决于哲学传统的根本变革。这场变革可要比加尔文及其追随者们的著述和影响早了几十年之久。

建议与同意

据说，一切政府都起源于同意，至少一切合法政府都是如此。在《政府论》下篇第八章里，洛克对所有社会的起源进行了一番假设性的重构。他在第95小节里写道："任何人放弃其自然自由并**受制于公民社会的种种限制**的惟一的方法，是同其他人协议联合组成为一个共同体，以谋他们彼此间的舒适。"接着又断言，足够数量的人无论何时通过一致同意而组成为一个共同体，"他们因此就立刻结合起来并组成**一个国家**，那里的**大多数人**享有替其余的人作出行动和决定的权利"。（VIII/95）

看似毫不引人注目的短短一句话，却为民主制提供了第一个也是最强有力的辩护。耶鲁大学一位著名教授就以这句话为依据，称洛克是"多数人统治的民主制信念"的源泉，而且他也写过一本重要的洛克研究专著。① 洛克是不是一位激进的民主派？我们不妨想想下面这段洛克的原话："这是因为，当某些人基于每人的同意组成一个**共同体**时，他们就因此把这个**共同体**形成一个整体，具有作为一个整体而行动的权力，而这是只有经**大多数人**的同意和决定才能办到的。"（VIII/96）可以肯定，要是英国国王或当时任何一位君王听说自己的统治只是出于被统治者的同意，他们一定会大吃一惊。

那么，洛克是不是在否认那些没有获得多数人同意的政府的合法性呢？在洛克死后约半个世纪的大卫·休谟认为，洛克就是这样想的。在休谟看来，同意理论构成了无政府主义的本质。休谟论证道，无论过去还是现在都不曾有政府是基于被统治者的同意而形成的。政府就像一切制度那样，取决于习惯和习俗。要求唯有同意才能授予政府以合法性，就是在动摇一切政府的根基：这就是托利党人休谟对辉格党人洛克的反对意见。②

洛克并没有运用同意理论来捍卫民主制，将它说成是唯一合法的政府形式。《政府论》下篇论证说，政府从被统治者的同意当中获得其正当权力，但它没有指明哪一种政府形式是最好的。多数人可能同意自己掌握政治权力，这样就形成了民主制，但多数人也可能同意由某个团体乃至个人来统治自己。问题似乎在于：一切政府都是选出来的，一切政府都是通过多数人的准许而获得了权力和合法性。只有靠被统治者的同意，寡头制和君主制才有可能存在。如果没有这一同意，洛克宣称，即便"强大的利维坦"（这是对霍布斯的明确引用）也得"在出生的这一天就夭亡"。（VIII/96）

---

① 关于洛克是一个大众民主主义者的论述，见 Willmore Kendall, *John Locke and the Doctrine of Majority Rule*（Urbana: University of Illinois Press, 1941）。

② David Hume, "Of the Original Contract," in *Essays: Moral, Political, and Literary*, ed. Eugene F. Miller（Indianapolis: Liberty Press, 1987）, 465–488. [大卫·休谟，"论原始契约"，载《休谟论说文集卷1：论政治与经济》，张正萍译，杭州：浙江大学出版社，2011年]

洛克的同意学说，堪称是其政治理论的基石，甚至比他的财产学说更重要。"同意"作为术语能够进入美国的政治论述，很大程度上要归功于洛克。不仅《独立宣言》主张一切合法政府都源于被统治者的同意，林肯也在他反对奴隶制的事业当中重申了同意的重要性。下面这段话摘录自林肯就《堪萨斯—内布拉斯加法案》而作的演讲："白人统治白人，就是自治；但除了统治自己之外，白人还统治别的人种，那就不是自治，而是专制。如果说黑人也是人，那么，为什么先人的信念还要教导我说'人人受造而平等'，且一个人使另一个人成为奴隶，这样做没有任何的道德权利……我的意思是，**在未经他人同意的情况下**，没有人能够好到足以统治他人。我要说，这就是指导原则，是美利坚共和主义的最后希望。"[①]林肯的讲话是他与史蒂芬·道格拉斯围绕奴隶制问题而展开的论战的一部分，但它直接切中了同意学说的要害。道格拉斯支持"人民主权"论，理由是在一个国家或领土之内，无论多数人想要什么，都能成为法律的合法来源。由此，道格拉斯可以提出理由说奴隶制与他毫不相干，因为它完全取决于大众的意愿。林肯不同意这一点。同意学说可不是一张开给多数人统治的空白支票。它隐含着一系列对于"多数人可以做什么"的道德限制。同意之所以与奴隶制相矛盾，是因为没有人能够未经他人的同意就统治他人。

洛克显然知道自己的同意理论中隐含着令人不安的激进一面，其中一点尤为突出：洛克如何才能相信，同意已经被实际授予了？我们是世界上最为古老的民主制的公民，但有谁曾经要求过我们同意这一政府形式吗？主动同意某样事物就能展现一种积极的、突出的声音，但在创立和认可了宪制的第一代建国者之后，有谁曾被要求或需要主动对它表示同意呢？洛克将如何回应这个难题？

---

① Abraham Lincoln, "Speech on the Kansas-Nebraska Act," in *The Writings of Abraham Lincoln*, ed. Steven B. Smith（New Haven: Yale University Press, 2012）, 76.

当然，洛克也在努力解决"同意是如何被授予的"这一难题。对此，他的答案与我们对公民身份的看法相当不同。他在第118节写道："一个孩子生来并不就是国家或政府的一个臣民。"也就是说，与美国的宪法第十四条修正案不同，公民身份并非与生俱来。根据从自然状态中推导出的结论，洛克接着写道，一切人生而自由、平等，只处在自己父母的权威之下。无论我们选择服从什么样的政府，这件事情都只关乎选择，而非天生。

只有当一个人到了"责任年龄"（Age of Discretion）的时候，他才有义务选择接受政府的权威，方法是签订一份同意书。洛克没有讲明签订方式或者同意的行为应该是什么样。人们猜测，洛克指的是某种誓言或公民仪式，在那里人们要发誓接受这个国家。在第122节里，洛克说"除了通过明文的约定以及正式的承诺和契约，确实地加入一个国家之外，没有别的方式可以使任何人成为"那个国家的实际公民。这样一种明确表达的承诺或同意，就使一个人"永远地和必然地不得不成为、并且始终不可变更地成为它的臣民"。（VIII/121）

我们可以从这段话里发现，洛克把同意的思想看得到底有多重要。你的话，就是你的契约。对政府发表意见或者表示同意，并不是一件可以掉以轻心的行为，而是一种一生的承诺。这也表明，洛克对公民身份的看法与我们究竟是多么地不同。在洛克看来，只有那些积极表示同意的人才称得上是真正的公民。在我们的政制下，那些以洛克的方式表示同意的人是我们所谓的"入籍公民"，他们通过一项官方的仪式，宣誓支持治理我们生活的政府。

洛克称，对其他人而言，只存在一种"默示的"同意。但是，这种默示的同意是如何被授予的？当同意未得到明确表达时，我们如何能推断同意的存在？洛克没有想过这个问题。他认为，如果我们已经享受了人身和财产的安全，就可以推断出我们的同意。例如，在一场婚礼上，司仪要求教堂里的人们"如果有谁对他们的结合有异议，现在就说"，这时他是在就这场婚姻的合法性而向在场的人征求同意。一般而言，除非是在电影里，这时只剩下沉默，而沉默就暗示了同意。但是，我们如何知道沉默在什么样的情况下是在授予同意，或者存在的仅仅是沉默而已？沉默同样可以是威胁或恫吓的结果。从沉默中推想意图，这始终是一个难题。

"神一般的君主"

洛克的同意学说似乎没有明确赞同任何一种特殊的政府形式。组建一个政府的任务，就交给了多数人决定，但多数人会选择何种政府形式仍然是一个开放的问题。洛克有一个最与众不同的说法：无论多数人决定了何种政府类型，它都一定会限制主权者的权力。

对于"什么样的政府是最好的"这个问题，洛克的回答可以概括为一句话：一套能够监督权力的体制，特别是要监督君主或行政部门的权力。尽管我们经常认为孟德斯鸠才是权力监督与制衡学说之父，而这个人的著述要比洛克晚半个世纪，但洛克在《政府论》下篇花了几章篇幅来讨论他所说的"权力的统属"问题。洛克的分权学说或者权力统属的学说，与我们从宪政角度对行政、立法和司法权力所做出的划分多少有些不同。

首先，洛克强调立法权的首要性，事实上他也不断肯定这一点。他说，"所有国家的最初的和基本的实定法就是立法权的建立"。（XI/134）在英国，这就意味着议会至上的学说。政府的立法权至高无上，让成文法或既定法成为反抗专制统治的卫士才是重中之重。政府的目的，与其说是避免退化到自然状态的危险（就像霍布斯相信的那样），不如说是防止独裁或专制的主权者对我们的生命和财产运用专制权力的可能性。

在此，我们可以看到洛克与霍布斯之间的巨大差异。霍布斯坚定地捍卫主权权力的统一，洛克则不断警告我们行政权变得过分庞大会带来怎样的危险。洛克在《政府论》下篇里开过为数不多的玩笑，其中之一就是洛克对《利维坦》的论述，他说："这仿佛是当人们摆脱自然状态进入社会时，他们同意，除一人之外，大家都应当受法律的约束，但他一个人仍然可以保留自然状态中的全部自由，而这种自由由于他掌握权力而有所扩大，并因免于惩罚而变得肆无忌惮。这就是认为人们竟如此愚蠢，他们注意不受**狸猫**或**狐狸**的可能搅扰，却甘愿被**狮子**所吞食，并且还认为这是安全的。"（VII/93）这段话是洛克的动物寓言的又一例证。霍布斯找到了真正的问题，但他开的药方比病症本身还要糟糕。洛克对霍布斯的回应似乎是说，如果你在自然状态里感觉糟透了，那就想想如果自己身处一个执掌征税和征兵大权的专制主权者手下会有多糟糕吧。专制权力的滥用才是应当规避的万恶之首，而不是自然状态。

然而，即便是洛克这位伟大的宪政主义者和专制主义的批判者，也不能完全免除行政权的必要性。洛克似乎经常把行政机构仅仅当作立法权的代理人，而且也没有讲清楚这个行政机构究竟是个人还是团体。行政部门的目的，通常似乎只是执行立法机构的意志。用洛克的话来讲，行政权是"行政上的"，并且在立法职能上"从属于立法机构"。（XIII/153）在洛克的立法至上的思想中，行政部门的地位好像几近于零。

但是，洛克也承认每个共同体都需要一个独特的政府分支的存在，专门处理战争与和平的事务，他称之为"对外权"。他承认，每一个共同体之于另一个共同体，就像自然状态里的每个人之于其他个人一样。（XII/145）在处理国与国之间的国际冲突事务上，对外权或战争权是必不可少的。在一段引人注目的话里，洛克评论道，这种权力不能受制于"早先规定的、经常有效的实定法"，而是应当留待"掌握这种权力的人们凭他们的深谋远虑，为了公共福利来行使这种权力"。（XII/147）

换言之，战争与和平的事务不能留给立法机构，而是需要强力领袖的介入，这便是洛克所说的"神一样的君主"（XIV/166）。在此，洛克的术语出现了某种绝对令人震惊的转折。在极端处境下，行政部门也需要申请使用特权。洛克写道："对于一切与公众有关的偶然事故和紧急事情，都不可能预见,因而法律也不可能都加以规定。"(XIV/160)在意外事件或紧急状况下,行政部门必须被授予权力,以便积极主动地为共同体的善好而行动。因此,下述情况便成为了必要:某种特权应该被托付给行政部门,以备不时之需,而洛克把这种特权定义为"并无法律规定、有时甚至违反法律而依照自由裁处来为公众谋福利的行动的权力"。(XIV/160)

洛克提出特权,乃是因为法律无力预见一切可能的意外事件。我们没有能力制定出可以应用于一切可能事件的规范,就有必要为执行部门留下一些自由裁处的权力,以便为公共安全而行动。洛克举了一个例子:为了阻止一场火灾的蔓延,拆掉一个人的房子也是有必要的。(XIV/159)洛克的例子不禁让我们想起当代围绕着国家征用权而展开的争论。在某些特定情况下,政府可以依据国家征用的法律,出于增进公共福祉的目的而没收私有财产,例如建造学校或者拓宽飞机场,这是能被允许的。但是,这种做法在什么情况下会成为滥用权力?这究竟是一个为了公共善好而运用特权的例子,还是对私有财产权的不正义的篡取?换句话说,在某些紧急状况下,有必要超出法律字面规定,为了公共善好而行事。问题在于,特权究竟是能被宪法所容纳,还是说它是某种超出宪法的权力?此外,执行部门的特权边界到底在哪儿?如果存在着监督,对于使用和滥用这种权力的监督又在何处?

洛克没有明言,但恰恰是这一点对宪政提出了具有根本重要性的问题。例如,是否在战争期间,行政权威就可以扩展到一切事物上去?传统上对总统权力施加的限制(例如《日内瓦公约》)在紧急状况下可以被抛到一边吗?还是说,这样的背离会对宪政和法治造成破坏?很显然,洛克的特权学说极大地拓展了行政权的合法范围,而背离了一种更加符合法律的定义。洛克是在向我们解释法律主义的限度吗?还是说,他对特权的拥护其实已经濒临专制主义的无限领域的边缘?

洛克所谓的特权究竟有多大,我把这个问题留给读者自行判断。洛克赞扬英国的"最智慧、最好的君主",称他们使用的是最大的特权。尤其在内战时期，或者为了国家安全和防卫的目的而不得不悬搁法治的紧急时刻，这样的权力就会发挥作用。在这种时候，一个主权者或许认为有必要援引自然法，以便赋予自己为确保国家生存而行一切力所能及之事的权力。洛克承认有一种无需法律引导，而按自己的权威行事的特别权力，这与他的"立法至上"理论之间显然有着张力。他所说的"神一般的君主"，不禁令我们回想起马基雅维利的"武装的先知"，也削弱了他所致力的法律和有限政府。洛克的行政特权思想，有没有让他作为宪政民主奠基者的名声遭到质疑呢？洛克是否意识到这些矛盾之处呢？我想这是肯定的。①

今天，当我们面临紧急问题（例如在"9.11"事件之后）和例外状态时，我们会对洛克的特权理论产生一种特别的共鸣。以魏玛德国的法学理论家卡尔·施米特为例，一些思想家坚信紧急状态（即例外状态）是政治的本质，因此，有权力宣告例外状态的个人或团体就是主权者。在施米特看来，这是一种政治家在诸如法治那样的日常宪法运作失灵时必须好好利用的超出宪法的权力。即便逾越了宪法所授予的权力，这项大权对于应付难以预见的情势也是不可或缺的。

但是，特权有可能得到我们美国宪法的准许吗？我们不妨想想内战期间林肯暂时中止"人身保护令"的决定。林肯迈出了非同寻常的一步，却并非通过诉诸一种只存在于紧急时期的超出宪法的权力而做到这一点。他引用了宪法："人身保护令的权益不应遭到任何暂时性中止，除非在叛乱或遭到侵略时公共安全需要如此行事。"②换言之，美国宪法本身就容许让行政部门在叛乱或遭侵略时期行使特权，正如公共安全所要求那样。

---

① 见Harvey C. Mansfield, *Taming the Prince: The Ambivalence of Modern Executive Power*(New York: Free Press, 1989), 181—211。[（美）哈维·曼斯菲尔德：《驯化君主》，冯克利译，南京：译林出版社，2005年］

② 美国宪法第一章第九条；Abraham Lincoln, "To Erastus Corning and Others," in *The Writings of Abraham Lincoln*, 402。

这样的论据也能同样用在当前某些问题上吗？例如，羁押关塔那摩监狱的囚犯，或者美国国家安全局要求监听市民的做法？

在这一章的结尾，洛克问了这个问题。当立法权与行政权发生冲突的时候，应该由谁裁决？他指的似乎是政府权力之间相互冲突，从而发生严重的宪政危机的时刻。在这样的冲突之中，洛克写道："**世界上不可能有裁判者。**"他说："人民没有别的补救办法，只有诉诸上天。"（XIV/168）短短一句"诉诸上天"包含了多少东西啊！

洛克所谓的诉诸上天，指的是人民拥有解散自己政府的权利。他在这本书结尾又提起这个问题。当人民或其代表与行政机构之间的冲突大到一切社会信任的条件都已烟消云散时，谁应当裁断？洛克断然答道："人民应该是裁断者。"（XIX/240）换言之，一切权力源于人民，也回到人民。

洛克肯定了某种革命的权利。诉诸上天就是诉诸武力与反叛，就意味着需要创造一种新的社会契约。特权有时不得不绕开法治，而洛克试图将对法律神圣性的信仰和对特权必要性的信仰合二为一，二者能够相容吗？能否将行政的特权宪法化，从而使它威胁不到公民的自由？洛克向我们警示了这个永远的难题，虽然他并没有解决。

最后，洛克是革命者，却也是一名温良谨慎的革命者。但愿我这么说不会有太大的矛盾。洛克的同意和立法至上的学说，应该能使他成为激进民主派心目中的英雄。他对有限政府和财产权的信念，应该能使他同时成为宪政保守主义者和宪政自由主义者心目中的英雄。最重要的是，洛克两方面都是，又两方面都不是。像一切伟大的思想家那样，洛克难以被简单归类。但毫无疑问，他为现代宪政国家赋予了明确的表述。

洛克的美国

读过洛克的人都不会意识不到，洛克的著述对美利坚共和国的形成产生了深远影响。他的自然法、个人权利、基于同意的政府和革命权的思想，都是《独立宣言》和其他一些美国建国文献的灵感来源。在某种程度上，如何评判洛克就等于如何评判美国，反之亦然。洛克就是美国的哲人王。那么，在洛克死后三个多世纪的今天，我们应当有着怎样的思考呢？

许多年来，洛克与美国的关系在很大程度上得到了正面考量。在历史学家和政治理论家眼里，美国的政治稳定、有限政府的体制和市场经济，都是与洛克的原则达成广泛共识的结果。但在许多人看来，这种关系已经大成问题。著名的历史学家路易斯·哈茨抱怨美国的"非理性的洛克主义"，他指的是美国对洛克的理想有着一种太过封闭的信奉，以至于取消了其他的政治选项和可能性。在其他人眼里，洛克使一种十分狭隘的"占有式个人主义"伦理成为正当，这种伦理只关注市场关系。而在另一些人看来，洛克对权利的强调，表现了一种法律主义的政治观念，这种观念对共同善好、公共利益或者其他一些属于共同体的善好不置一词。①

但是，如今洛克的自由主义理论遭遇了另外一些同样根植于自由主义传统的替代方案，我是指约翰·罗尔斯那本受到广泛阅读和称赞的《正

---

① 见 Louis Hartz, *The Liberal Tradition in America: An Interpretation of American Political Thought Since the Revolution* (New York: Harcourt, 1955) [(美) 路易斯·哈茨：《美国的自由主义传统：独立革命以来美国政治思想阐释》，张敏谦译，北京：中国社会科学出版社，2003 年]；关于减弱洛克在美利坚建国中的作用的尝试，见 John Dunn, *The Political Thought of Joch Locke* 里的早期论述。Dunn 声称（也仅仅停留在声称而已），有一种观点认为洛克的《政府论》下篇对美国思想的走向造成了"偶然影响"，这是"大错特错"。然而，同样在这本书里，他又辨识出洛克的著述与美国革命之间"微弱的偶然联系"（7, 204）。近年来，越来越多的著作试图减弱乃至消除洛克在美利坚建国中的作用，其做法有的是突出源于马基雅维利的共和主义或公民人文主义的传统，例如 J. G. A. Pocock, *The Machiavellian Moment: Florentine Political Thought and the Atlantic Republican Tradition* (Princeton: Princeton University Press, 1978) [(英) 波考克：《马基雅维利时刻》，冯克利、傅乾译，南京：译林出版社，2013 年]；有的是突出苏格兰启蒙运动的传统，例如 Garry Wills, *Explaining America: The Federalist* (New York: Penguin, 1982)；关于修正洛克对美利坚建国者影响这种更古老的观点的尝试，见 Michael Zuckert, *Natural Rights and the New Republicanism* (Princeton: Princeton University Press, 1994). [(美) 迈克尔·扎科特：《自然权利与新共和主义》，王崟兴译，吉林：吉林出版集团，2008 年]

义论》。①从许多方面来看，罗尔斯这本书是一项通过当代哲学和博弈论的思考与技术来修正自然状态和社会契约理论的现代尝试。无疑，它是上一代盎格鲁—萨克逊政治哲学最重要的著作。这部作品将自己定位在自由主义哲学传统之中，这一传统起始于洛克，由康德和约翰·密尔加以发展，而罗尔斯希望使其获得一种完满的形式。

罗尔斯的《正义论》以它的权利理论为基础，也落实在这上面，其他一切皆源于此。我们可以看看下述命题：

洛克："每人对他自己的人身享有一种所有权，除他以外任何人都没有这种权利。"（V/27）

罗尔斯："每个人都拥有一种基于正义的不可侵犯性，这种不可侵犯性即使以社会整体利益之名也不能逾越。因此，正义否认为了一些人分享更大利益而剥夺另一些人的自由是正当的。"②

至此都没有问题，两位作者都展现了正义的理论，也都通过诉诸自由与平等的自由主义原则来证成各自的理论。他们都认为政府的目的就是保卫正义的条件，正义源于被统治者的同意，而且是"知情后同意"。但是，他们在权利的来源问题，从而也在保卫正义之条件的政府角色问题上产生了深刻分歧。

在洛克看来，权利源于一种自我所有权的理论。据此，每个人都对自己的人身享有一种所有权，也就是说，没有人能对我们的身体或自我享有任何权利。洛克在自我所有权的基础上建立起他的自然权利、正义和有限政府的理论大厦。我们之所以拥有一个身份（可称之为"道德人格"），是因为世界上只有我们能塑造自己。严格说来，我们是自我塑造的产物。我

---

① John Rawls, *A Theory of Justice* (Cambridge, MA: Harvard University Press, 1971).［（美）罗尔斯：《正义论》，何怀宏、何包钢、廖申白译，1—2页，北京：中国社会科学出版社，1988年］

② Rawls, *A Theory of Justice*, 3-4.［同上，1—2页］

们通过自己的活动来创造自己，而我们最独一无二的活动就是工作（"他身体的**劳动**和他双手的**工作**，我们可以说，是正当地属于他的"）。洛克的学说就是：世界是我们的自我塑造和自由行动的产物；一切价值的来源不是自然，而是自我；这个"自我"就是权利的唯一来源；政府的任务，就是保卫我们的财产的条件，而广义上的"财产"也就是我们所拥有的一切。

现在，让我们对比一下洛克和罗尔斯的权利来源的理论。罗尔斯在他的正义观念上附加了他所谓的"差别原则"。这项原则宣称，从一种道德视角来看，我们的自然禀赋（天才、能力、家庭背景、历史和社会等级地位）完完全全是任意的。在任何意义上，它们都不是"我们的"，它们不属于我们，而是一种任意的基因博彩的结果，我们完全是意外的受益者。结果，我再也不能被视做我的资产的唯一所有者，也不能被视做随之而来的优势或缺陷的唯一接受者。命运——马基雅维利的 *fortuna*——完全是任意的，因此我不应当被视做我可能拥有的禀赋、才干和能力的占有者，而只是接受者而已。

罗尔斯的原理所带来的结果，以及它与洛克的私有权之间的差异，其引人注目的程度怎么说都不为过。洛克的正义理论支持一种贤能制（meritocracy），有时也称为"机会的平等"；换言之，一个人凭其自然资产而做的事情，都只属于那个人而已。谁都没有道德权利来干预我们的劳动产物，无论是"身体的劳动和双手的工作"，还是我们的智力与自然禀赋。另一方面，在罗尔斯看来，我们的禀赋从来就不是我们真正的起点。辛勤工作的能力、智力、野心和纯粹的好运气，正确说来压根儿不属于你自己。它们是由社会整体所分享的集体所有物的一部分。罗尔斯写道："差别原则实际上代表这样一种安排，即把自然才能的分配看作一种共同的资产，一种共享的分配的利益（无论这一分配摊到每个人身上的结果是什么）。"[①]

[①] Rawls, *A Theory of Justice*, 101.［(美)罗尔斯：《正义论》，何怀宏、何包钢、廖申白译，96—97页，北京：中国社会科学出版社，1988年］

"共同资产"的思想为罗尔斯的分配正义和福利国家理论作了担保，正如洛克的自我所有权理论为其私有财产和有限政府理论作了证明一样。在罗尔斯看来，正义需要为了"最少获益者"的利益而组织好社会安排，这些人也就是基因博彩中的输家。在罗尔斯看来，当且仅当一个社会致力于矫正社会不平等，并使那些最少获益者受益，这个社会才是正义的。对我们的共同资产进行再分配并不侵害个体的神圣性，因为我们的劳动果实从一开始就绝不"属于自己"。洛克的自我所有权理论为自我和道德个体性提供了一种道德证明，罗尔斯则不然；他的差别原则认为，我们并不只属于自己，而总是社会集体的"大我"的一分子，因而社会集体的共同资产是可以为了整体的好处而受到再分配的。

洛克与罗尔斯代表着两种截然不同的自由主义国家观点：一方是广义的古典自由主义者，另一方是广义的平等主义者，一方强调自由，另一方强调平等。两种观念都起源于某些共同的假设，但它们的方向十分不同。洛克的私有权理论认为，政治共同体更多具有消极含义，它应当保卫我们对自己的人身和财产所享有的自然权利；罗尔斯的共同资产理论认为，政治共同体更多具有积极含义，政治共同体应该发挥积极的作用，为了共同利益而对通过个人努力而得的产品进行再分配。问题在于，哪种观念更具有正当性？

我个人认为，与罗尔斯相比，洛克离美国的理论和实践要近得多。作为美国人的"自由宪章"，《独立宣言》指出，一切人都具有某些"不可转让的权利"，即生命、自由和追求幸福的权利。最后一项权利的模糊性，以及它对个人有权利决定自己的幸福的强调，就展现了一种政府形式：这样的政府允许我们的自然禀赋和能力有着丰富的多样性，也允许源于这种多样性的不平等存在。尽管《独立宣言》无疑想把树立正义视为政府的一项头等任务，但它没有一处地方暗示说有必要对我们的个人资产进行大规模再分配。事实上，罗尔斯宣称，一个政府只有积极矫正不平等才是正义的，但这么做也会招致一系列违法现象，它们就笼罩在迄今几乎一切政府的头上。再者，柏拉图、亚里士多德、西塞罗、迈蒙尼德和阿奎那这些思想家对这样的思想也是闻所未闻，他们相信，要想让社会达到一种更高层次的个人卓越与集体卓越，社会不平等就是必要的。

再者，尽管罗尔斯十分留意不平等所带来的道德弊病，但他寄希望于现实政治机制能矫正不平等现象,这种看法似乎太过幼稚。罗尔斯希望，政府能服务于最少受益者群体的利益，但这就需要过分而且常常是专断地使用司法权力，来决定谁对什么拥有权利，这远远逾越了有限宪政政府的范围。说到底，这是两种十分不同的法律观念。在洛克看来，法律是人们已知的规范，它的用途是调节冲突；在罗尔斯看来，法律是在稀缺资源的分配过程中对"公平"的考量。在罗尔斯眼里，法律不仅仅是程序，同样也意味着实质性结果。法律不是规范，而是规则，是特定的理性竞争者一致同意的规则；这种规则就是要对各种善好进行公平分配。有一点倒是毫不令人感到吃惊：当今最热情地欢迎罗尔斯事业的国家，都是那些支持现代规管政策的国家。它们的目标就是重新安排集体资产，为的是实现最大限度的社会平等。

对于困扰着我们的难题，"回到洛克"无论如何也不是解决办法，即便这种回归是可能的。某些历史学家认为美国是一个完全建立在洛克的基础之上的国家，其中最著名的代表就是路易斯·哈茨。哈茨相信，世界越来越受到现代性更加激进的形式所统治，只有美国还保留了某些洛克的残余。实际上，正是我们身上根深蒂固的洛克主义，使我们得以避免种种极端的意识形态对立与冲突，而这恰恰是19世纪与20世纪欧洲大陆的显著特征。但是，美国在最近一波现代性的冲击下幸免于难，这在理论上却是反常的，美国不会一直都是这个样子。某些人催促我们回到洛克或美国建国者的说法中去，但他们没有看到诸如浪漫主义、进步主义和后现代主义之类的新生事物已经被嫁接到我们政制的品质之上，正如约瑟夫·克罗波西所言："美国是一个竞技场，现代性已经在这里实现了自身。建国文献是一项庞大无比的论证的前提，而后续命题都是现代思想衰落了或正在衰退中的环节。"[1]

洛克力图在自利与舒适的自我保存欲望这一"低却稳固"的基础上建立现代共和政府，难免会引发人们对这种事物所固有的不满。一种致力于追求愉悦的政制能不能满足人类灵魂最深切的渴望呢？一种从事财产的理性积累的政制，能否回应人们对荣誉、高贵、爱国和牺牲精神这些更高层次的德性的需要呢？一种致力于避免痛苦、不舒服和焦虑的政制，除了时下各种形式的享乐主义和虚无主义之外，还能带来什么呢？要理解洛克的现代性观念在我们身上引发的一切不满，转向现代性最伟大的批判者就显得尤为重要，这个人就是让-雅克·卢梭。

---

[1] Joseph Cropsey, "The United States as Regime and the Sources of the American Way of Life," in *Political Philosophy and the Issues of Politics* (Chicago：University of Chicago Press, 1977), 7.

第10章
卢梭论文明及其不满

卢梭被公认为自由主义的批评者,他批判的是以洛克表述的权利与有限政府为基础,实行财产私有制的社会。但是,如果认为卢梭就是一个洛克式自由主义的批评者,那就未免浅薄了。卢梭是旧制度的产儿,他生于1712年,即路易十四离世的两年前,死于1778年,即法国大革命爆发的十年前。卢梭的一生完全笼罩在专制的阴暗年代之中。他意识到自己身处一个转型的年代,但不知道即将到来的是什么。卢梭的写作激情洋溢,富有穿透力。他期望在一个即将到来的崭新的历史和政治年代中发挥作用,也确实做到了这一点。[①]

千万不要误以为卢梭是法国人,他是瑞士人。卢梭经常署名为"日

---

① 关于卢梭的精彩论述汗牛充栋,人们几乎不知道该从哪一本入手,其中我所知的几本包括 Judith Shklar, *Men and Citizens: A Study of Rousseau's Social Theory* (Cambridge: Cambridge University Press, 1969); Hilail Gildin, *Rousseau's "Social Contract": The Design of the Argument* (Chicago: University of Chicago Press, 1983); Jean Starobinski, *Jean-Jacques Rousseau: Transparency and Obstruction*, trans. Arthur Goldhammer (Chicago: University of Chicago Press, 1988); Arthur Melzer, *The Natural Goodness of Man: On the System of Rousseau* (Chicago: University of Chicago Press, 1990)。

内瓦公民"（Citoyen de Genève），日内瓦就是他出生的城市。卢梭是工匠的儿子，他的父亲与当地权贵有过纠纷，此后就丢下了自己的家庭。年轻的卢梭在一名雕工那里做学徒，但他十六岁那年就离开了日内瓦，再也没有回来过。在接下来的十六年里，他过着形形色色的生活，偶尔兼任音乐教师和抄写员的工作，当过法国驻威尼斯的大使秘书，其间几年还是一位比他年长的贵妇的情人。1744年卢梭移居巴黎，游走于巴黎文坛的边缘，勉强糊口度日，直到1750年出版《论艺术与科学》一书。这本书令他声名鹊起。五年后，《论人与人之间不平等的起因与基础》也出版了，即所谓的《二论》。《社会契约论》和《爱弥儿》是他论述政治教育的主要著作，出版于1762年。此外，卢梭还是一位作曲家。他创作了一部大获成功的歌剧《乡村占卜者》（Le Devin du Village），这部剧曾在路易十五的宫中上演。甚至在生命的最后一段日子里，卢梭还在靠誊写乐谱赚钱。在这段日子里，他和同居女友生了五个孩子，将他们统统丢到了孤儿院。卢梭的著述卷帙浩繁，无所不包。他留下了大量自传，其中就包括以圣奥古斯丁著作命名的《忏悔录》，还有一部对话体作品《卢梭评判让-雅克》（Rousseau Juge de Jean-Jacques）。①

卢梭的贡献究竟具有什么样的本质，历史学家和政治理论家常常为此感到迷惑。他是不是一位革命者，其作品引发了法国大革命的激进一面？毕竟，《社会契约论》开篇就是一句煽动性的话："人生来是自由的，但却无处不身戴枷锁。"卢梭呼吁古代斯巴达和罗马的严苛的政治伦理，

---

① 关于卢梭的生平，最好的导论还是卢梭自己写的，见Jean-Jacques Rousseau, *The Confessions and Correspondence, Including the Letters to Malesherbes*, trans. Christopher Kelly, ed. Christopher Kelly, Roger D. Masters, and Peter G. Stillman（Hanover, NH: University Press of New England, 1995）[（法）卢梭：《忏悔录》，李平沤译，北京：商务印书馆，2010年]；当代人写的优秀传记包括Maurice Cranston, *Jean-Jacques: The Early Life and Works of Jean-Jacques Rousseau, 1712-1754*（Chicago: University of Chicago Press, 1990）以及 *The Noble Savage: Jean-Jacques Rousseau, 1754-1762*（Chicago: University of Chicago Press, 1991）；参见Christopher Kelly, *Rousseau's Exemplary Life: The "Confessions" as Political Philosophy*（Ithaca: Cornell University Press, 1987）。

同时也相信人民就是统治权的唯一来源，这两点都体现在接下来那段革命政治的岁月当中。或者，卢梭是不是要将我们从社会的束缚中完全解放出来，正如他在《二论》里所做的那样？在这本书里，他为浪漫主义的个人主义奠定了基础，这个词与后来英格兰的华兹华斯和美国的梭罗密切相关。卢梭直接诉诸自然，赞美农村生活的单纯，这就开启了通往托尔斯泰，以及一系列乡村公社式的乌托邦社会实验的大门。

卢梭的影响是多方面的。他推动了一场名为"启蒙运动"的政治和智识运动的发展，使之达到最完美的巅峰，至少埃德蒙·柏克是这样想的。但与此同时，卢梭也是启蒙运动最深刻的批判者之一。他是《百科全书》编纂者狄德罗的密友，却又严厉抨击艺术和科学的进步对共同体道德生活所带来的影响。卢梭是一位多面作家。他站在他所谓的"野蛮人"一边，反对文明人。他以日内瓦忠诚的儿子和公民自居，反对同时代五花八门的知识分子。卢梭到底是谁？他的立场究竟是什么？这便是我们将极力考察的问题。

思辨史学与自然科学

在许多读者眼中，《论人与人之间不平等的起因和基础》（以下简称《二论》）是卢梭最伟大的著作。它是18世纪所谓的"思辨史学"（conjectural history），是一部具有哲学性质的历史，是对历史的哲学重构：尽管它不是过去真实发生过的事情，但它必定发生过，好让历史具有意义。在这本书一开始，卢梭就把历史的影响比作因风吹日晒而早已变形的格洛巨斯（Glaucus）的雕像。（124）这是历史对我们的影响：它对人性造成了那么大的影响和改变，以至于我们如果想知道人性到底是什么，就得通过某种思想实验来予以重构。

卢梭将他在《二论》里采用的方法，比作物理学家和天文学家思考宇宙起源时所用的方法。在世界起源的问题上，我们没有任何经验或物理的证据。我们只能在手头证据的基础上，提出某些假设和推想。因此，卢梭有一句最为精彩的评论："首先让我们抛开事实不谈，因为它们与我们探讨的问题毫无关系。"（132）卢梭的考察不应被视为历史事实，而仅仅是"假设的和有条件的推论"。换句话说，他试图揭示的历史是一种思想实验，就像一位根据现存的化石骸骨来推测动植物发展历程的地质学家。

但与此同时，卢梭说自己的作品只具有尝试性和试验性（"我只能冒险作一些猜测"）。我们不禁要指出，卢梭似乎对他的发现抱有十足的信心。具体说来，卢梭讨论并驳斥了古人与现代先行者们的考察，他说："对社会的基础作过一番研究工作的哲学家，都认为必须追溯到自然状态，但他们当中，没有一个人真正追溯到了这种状态。"卢梭相信，最终只有他挖到了宝藏，他大声呼喊："人们啊！无论你们来自哪里，也不论你们的意见如何，都请好好听我讲述！下面就是我坚信自己原原本本读到的关于你们的历史：我不是从你们那些谎话连篇的著述家的书中，而是在从不说谎的自然当中读到它的。"（133）卢梭宣称，人性将第一次得到揭示，公民社会的历史也将得到阐明。

自然人

卢梭追随伟大的先行者霍布斯和洛克的脚步，凭借"自然状态"的假设来展开对人性的探索。他坚信，尽管霍布斯和洛克走的路子没错，但他们从来都没有真正严肃地对待这一问题的深度。但是，"严肃地对待自然"是什么意思？

要理解原初的人性是什么样子，我们就需要进行某种思想实验，像剥洋葱一样，除去一切我们通过历史、习俗和传统的影响而成为或得到的东西。因此，霍布斯认为自然人具有某些好战的特点，而卢梭认为这是错的。战争和将我们引向战争的激情，只在我们已经置身于社会之中的时候才会出现，而对先于一切社会关系的自然人而言，它们不可能是真实的。同理也适用于洛克。洛克认为，自然状态下的人具有理性、勤劳和富有占有欲的品质，同样，这些品质也只能出现在社会当中。私有财产导致了人与人之间社会关系的产生，而自然状态下的人就是一种前社会的动物。很显然，在卢梭看来，人性是比这些前辈们的设想要遥远得多、陌异得多的东西。

实际上，卢梭的自然人更像是某种动物，而较少具有我们能从人的身上辨识出来的特点。卢梭故意使人动物化。他声称，当亚里士多德说人是理性的动物，因为我们拥有语言的时候，他也错了。语言是由社会决定的，历经数千世代才能发展起来，因而绝不可能是自然人的特征。人性与动物性相差无几，而且，卢梭也热衷于研究猩猩和当时欧洲人新发现的几种动物。早在达尔文之前的一个世纪，卢梭就可以把他的书称作《物种起源》了。

然而，就我们与其他生物的共同特征而言，卢梭专门挑出两个我们独有的特征。其一就是自由，或者他所谓的"自由能力"（free agency）。卢梭写道："我认为，每个动物都是一部巧妙的机器；大自然赋予这部机器以各种感官，使之能活动起来，保护自己，并在某种程度上防范一切可能伤害它或打扰它的事情。在人体这部机器上，我发现情况也完全一样，只不过有这样一个区别：动物的行为完全受自然支配，而人却不然；人是一个自由的主体，他可以把受自然支配的行为与自己主动的行为结合起来。"（140）

自由或自由能力的观念，似乎表面上与霍布斯和洛克讲的一样。他们不也认为，一切人在自然状态下自由平等吗？自然的自由和平等，不就是使我们能从自然状态过渡到公民社会的东西吗？但是，卢梭的讲法略有不同。对霍布斯和洛克而言，自由是指选择的自由，是我们运用自己的意愿，而不受他人干涉的自由。卢梭当然也相信这一点，但加入了一些自己的理解。他把自由与同一段里提到的**可完善性**（perfectibility）联系在一起，那么，这个词又是什么意思呢？

"可完善性"是指我们对变化所具有的某种开放性，而且是无限的开放性。我们人类不仅拥有选择要**做**什么的自由，还拥有选择要**成为**什么的自由。我们的开放性解释了我们在历史中的可变性。世界上只有我们这个物种不是已经被规定好的，也就是说，我们的本性并不受限于它可能成为的样子。相反，我们的本性只适合改变自身，以顺应外部条件的变化和前所未见的新形势。可完善性与其说是个体的特征，不如说是人类这一物种的特征。鉴于霍布斯和洛克都假定人性在过渡到公民社会后就很少变化，卢梭则相信，随着时间的推移，人性会经历不断的"革命"。他声称，这种"独特而几乎是无限的可完善的能力，反倒成了人类一切痛苦的根源"。（141）

卢梭注意到，尽管自由要为我们现已成为的一切东西而负责，但作为可完善性的自由并不是我们唯一的自然特征。除此之外，卢梭认为我们还拥有同情（pitié）。正是在这一点上，卢梭展现出他最为人所知的一面，也就是"浪漫主义之父"。

人并非理性的动物，并非思想着的存在者，并非笛卡尔的"我思"，而是一种感性的生物。我们不只拥有感官，还拥有感性。卢梭搜罗了各式各样的证据，证明同情心是人的原初本性之一。他发现，一切物种都不愿意目睹同类的痛苦和疾患。下述事实就是我们具有感性的证据：我们会为陌生人的不幸而哭泣。我们看电影时不就常常流泪吗？我们会在看到金刚（King Kong）之死时感到难过，但它分明是一个和我们没有任何关系的虚构生物，难道这样做是理性的吗？人是感性的动物，以至于卢梭宣称人类的"自然善好"就此得到证明。为什么卢梭要强调这种能力？

早在如今的脱口秀主持人菲尔博士（Dr. Phil）和其他数不尽的励志大师之前，卢梭就教导我们要"深入你的感情中去"。但是，尽管自然人是温和而富有同情心的，一旦人迈入了社会，这种感情却很容易被其他强有力的激情所压倒。理性只产生于社会，却会使我们互相反对。我们不再互相关心，而是开始算计，变得唯利是图。自私和利己主义因理性的发展而得到增强，卢梭评论道："理智使人产生虚荣（amour propre），而加强虚荣的，是思考。"（153）理性的发展推动了恶的发展，从而加快了我们的堕落。《二论》的任务，就是从我们已经成为的虚假、堕落和工于心计的存在者当中，重新找回我们自然的本来面目。

私有财产和不平等的起源

在《爱弥儿》里，卢梭一开篇就说道："出自造物主之手的东西，都是好的，而一到了人的手里，就全变坏了。"[1]《二论》的思想大抵也是如此，它试图说明，人出于自然就是强壮、独立和自由的，却在社会里变得孱弱和富有依赖性，并遭受奴役。这是如何发生的？卢梭对"野蛮"一词的使用带有强烈的感情色彩，那么，这种"野蛮人"究竟如何变成了"文明人"，自然人如何变成了布尔乔亚？

答案很简单，就是"私有财产"。《二论》第二部分的第一句话就是"谁第一个把一块土地圈起来，硬说'**这块土地是我的**'并找到一些头脑十分简单的人相信他所说的话，这个人就是公民社会的真正缔造者"。（161）洛克当然也同意这一点，但卢梭随即说道："但是，如果有人拔掉他插的界桩或填平他挖的界沟，并大声告诉大家：'不要听信这个骗子的话；如果你们忘记了地上的出产是大家的，土地不属于任何个人，你们就完了。'——如果有人这么做了，他将使人类少干多少罪恶之事，少发生多少战争和杀戮人的行为，少受多少苦难和恐怖之事的折磨啊！"（161）

---

[1] Jean-Jacques Rousseau, *Emile, or On Education*, trans. Allan Bloom（New York: Basic Books, 1979）, 37.［（法）卢梭：《爱弥儿》，李平沤译，6页，北京：商务印书馆，1978年］

卢梭并不是共产主义者。他不像柏拉图或马克思那样，认为废除私有财产是可行的或可欲的。但是，谁也不像卢梭那样敏锐地洞察到阶级的弊病和私有财产的后果。政府是私有财产的保护者，若无必要，就应当尽量避免干涉私人事务，让每个人都能自由地追求生命、自由与财产。但在卢梭看来，这种政府理念存在着某种深刻的谬误。在许多方面，卢梭都回溯到一种源自古人的更加古老的政府理念，认为政治就是要对人们追求私有财产的活动进行督导，减轻经济不平等所带来的危害，并且控制公民的占有欲。卢梭在《论科学与艺术》里有一句话说道："古代政治家不厌其烦地讲风尚和德性，我们的政治家只讲生意和赚钱。"（18）

虚荣与公民社会

假如卢梭关心的只是阶级和经济不平等的问题，那他和马克思确实没什么差别。[1]事实上，马克思是卢梭的一个热心读者，而他那些抨击资本主义社会的漂亮句子全都来自卢梭。然而，真正困扰着卢梭的与其说是物质不平等，不如说是来自阶级的道德伤害和心理伤害。卢梭通常站在穷人和被压迫者一边，但是，令他感到愤怒的与其说是私有财产，不如说是受财富与权力的种种不平等影响而成的态度和观念。唯有身为一个道德心理学家的时候，卢梭才能真正发出自己的声音。

《二论》的首要敌人并非私有财产，而是卢梭所谓的"虚荣"（*amour propre*）。这个词很难翻译，唯有法语能尽其意。与之相关的是一系列心理特征，例如骄傲、虚荣、自负或者"利己主义"。虚荣只产生于社会，

---

[1] 一些关于卢梭的富含深意的马克思主义解读，见Louis Althusser, *Politics and History: Montesquieu, Rousseau, Hegel, and Marx*, trans. Ben Brewster (London: Verso, 1972); Lucio Colletti, *From Rousseau to Lenin: Studies in Ideology and Society*, trans. John Merrington and Judith White (London: Verso, 1972); Andrew Levine, *The General Will: Rousseau, Marx, Communism* (Cambridge: Cambridge University Press, 1993)。

并且是导致我们不满的真正根源。在一段长长的注释里，卢梭区分了虚荣和自爱（amour de soi-même, self-love），他写道："不能把虚荣和自爱混为一谈，这两种感情的性质和效果完全不同。自爱是一种自然的情感，它使各种动物都关心自我保存。就人类来说，通过理性的引导和同情心的节制，它将产生仁慈和美德，而虚荣是一种相对的情感，它是人为的和在社会中产生的；它使每一个人都把自己看得比他人为重，它促使人们互相为恶，它是荣誉的真正源泉。"(218)虚荣是如何产生的？更重要的是，我们能对它做些什么？

在霍布斯看来，骄傲和想要胜过他人的欲望对我们而言是自然的，它是我们想要支配他人的自然欲望的一部分。但对卢梭来说，这种情感只可能在自然状态消逝之后产生。霍布斯认为自然状态"孤独、贫穷、恶劣、粗野而短命"，卢梭的理解则正好相反。倘如霍布斯所言，自然状态真是孤独的，那么骄傲和自负对我们还有什么意义呢？它们难道不是已经预设了人的社会性和他人的尊重吗？卢梭借用霍布斯来论证自己的观点，即：虚荣并非一种自然的情感，而是相对的、人为的情感，这种情感只在我们进入社会后才会出现。

卢梭推测，一旦人们开始在屋前或大树下聚会，开始注视彼此，虚荣就产生了。这当然也是一种假设的历史。"虚荣心"这种致命的激情，就诞生于彼此的目光之间。卢梭写道："每一个人都细心注视另一个人，同时也希望自己受到别人的注视。于是，众人的尊敬，就成了对一个人的奖赏。唱歌或跳舞最棒的人，最美、最壮、最灵巧或最善言辞的人，就成了最受尊敬的人：走向人与人之间的不平等的开头第一步，就是从这里踏出的；走向罪恶的深渊的开头第一步，也是从这里踏出的。从这些初级的偏爱心中，一方面产生了虚荣心和对他人的轻蔑，另一方面也产生了羞耻心和羡慕心。由这些新的祸患之源造成的风波，最终给人类的幸福和宁静带来了巨大的危害。"(166)

卢梭点明了关键所在。"虚荣"很大程度上被展示成一个负面的词语，但反过来也与某些积极的事物相关，与每个人在踏入社会后都会察觉的欲望相关，也就是想要得到他人的承认或尊重的欲望。得到承认的欲望就是正义的根基。这种欲望的基础乃是一种直觉，即：我们的感受、信念、意见和态度应当受到他人的承认和尊重。当我们觉得自己的意见遭到冷遇，别人不承认我们的价值时，我们会感到生气，并且产生报复心理。获得承认的需要就是正义的基石。但与此同时，这种对承认的要求也很容易变得残忍和凶暴。我们不妨想想下面这段话：

> 人们一开始互相品评，尊重的观念一旦在他们的头脑中形成，每个人都认为自己有权利受到尊重。从此以后任何人如有不尊重人的行为，就不可能不受惩罚：文明的最初的责任就源于这里，甚至在野蛮人当中也是如此。任何故意伤害人的行为，都将被看作是一种存心凌辱，因为，除了伤害的行为造成了痛苦以外，被伤害者认为对他的人格的轻视往往比痛苦本身还难忍受；每个人都将根据别人对他表示轻视的方式而给以相应的惩罚：报复的手段是可怕的，人变成了凶暴残忍的人。（166）

这段话听起来耳熟吗？当然如此。正如卢梭所言，虚荣是一种反复无常的激情。它包含了想要获得尊重和承认的欲望，这种欲望就是正义的根基。但是，它的可塑性也不容小觑。当我们觉得自己的基本权利没有受到尊重时，虚荣能使我们感觉到羞耻和愤怒。一旦我们感觉遭到了轻视，它就在我们心中煽起熊熊怒火；一旦我们感觉遭到不正义的侵害，它就使我们不惜豁出自己和他人的生命，也要纠正自己感觉到的不义行径。卢梭的问题就在于：虚荣究竟只是一种消极的激情，还是说，人们可以扭转它的方向，使它促进社会善好（例如正义和公道）的实现？

在卢梭写作《二论》的许多年后，著名的德国哲学家黑格尔重新拾起了这一主题。对黑格尔而言，为尊重或承认而斗争并不仅仅是一种能够激起行动的心理学诱因。相反，它成为了世界历史的主导力量。在《精神现象学》里，黑格尔将历史描述成一场为了承认而展开的生死斗争，一切个人和阶级都为了权力和声望而争个你死我活。为承认而斗争，就是著名的世界历史辩证法的关键所在。黑格尔和之后的马克思都认为，唯有创造出一个能为所有公民提供同等程度的尊重和承认的社会，这场斗争才能被克服。黑格尔坚信，这样的社会在他那个时代是可能的，当时德国的政制有点像是君主立宪制。然而，马克思把黑格尔的主题变得更加激进，认为只有一个无阶级的大同社会，才能满足这种黑格尔式的对承认的要求。①

显然，这是一个很长的故事，但这段现代政治与历史的故事至少可以追溯到卢梭和法国大革命。今天，我们的政治已经变成了这样一个领域：不光各阶级为地位和权力而展开竞争，而且越来越多的人要求获得受他人承认或尊重的权利。想想看，政治候选人及其代理人总是孜孜不倦地寻找机会，搜罗各种对人表示轻视的言行，以便借机表达虚伪的道德义愤。对卢梭而言，一种只关心人身和财产的保护，保护人民免遭危险的政治，只不过是抓住了问题的表面。对他和后来的许多人而言，政治的目的除了保护，还有尊重；除了安全，还有承认；除了宽容，还要接纳。或许，与政治哲学大传统里的许多哲学家不一样，卢梭是我们的同时代人。

文明及其不满

伍迪·艾伦（Woody Allen）在电影《安妮·霍尔》（*Annie Hall*）中说道，世界上有两种人，一种是可怕的人，另一种是可悲的人。可怕的人

---

① Alexandre Kojève, *Introduction to the Reading of Hegel*, trans. James H. Nichols（New York: Basic Books, 1969）.［（法）亚历山大·科耶夫：《黑格尔导读》，姜志辉译，南京：译林出版社，2005年］

都遭遇过某种个人悲剧，例如毁容或罹患绝症，但剩下的人都是可悲的。卢梭想要我们都成为可悲的人，他只是想要我们觉察到，事情已经糟糕到了什么地步。

卢梭认为，人类的不满的通史有一个唯一的例外，就是早期原始社会的创造。他认为，这些社会处在纯粹的自然状态与现代处境的进程的"正中间"，而且是"最幸福的时代，同时也是持续时间最长的时代"。（167）原始社会并不一定就是纯粹的自然状态，但正是在原始社会那里，卢梭找到了人的能力与需要之间的完美平衡，这种平衡就是幸福的秘诀。

随着原始社会的没落，两种发明出现了，即农业和冶金。农业导致了土地的分割，以及后来的私有财产不平等，冶金则催生了战争和征服的技艺。与上述进程一道，人性也迈入了一个新的阶段：法律和政治制度成为必需，以便对围绕着权利而展开的种种冲突进行调节。政府的建立，并不像霍布斯和洛克论证那样是为了带来和平，而是对渐渐出现并壮大起来的诸般不平等表示认可。人曾经平等，却又如此轻易同意了私有财产的不平等和强者的统治，这一点令卢梭深感震惊。正如他所说，社会契约是富人和权贵为了控制穷人和被压迫者而使用的狡计。这项契约并不是要树立正义，而仅仅是要让过去的篡夺行径变得合法。政治权力促进了经济不平等的合法化。政府或许是靠同意而得以运转，但他们视为理所当然的同意又建立在虚假和谎言的基础之上。否则，我们该如何解释，为什么富人要比穷人活得更加自由、轻松和充满享受呢？

政府的建立，是卢梭的思辨史学之链的最后环节。但是，文明的诞生造就了一种新人，最早把这类人称为布尔乔亚的正是卢梭。布尔乔亚是卢梭的发明，他为这个词在下一个世纪的定义做了许多工作。这种新人最突出的特征就在于：他们需要表现得像是一个样子，但实际上又是另一个样子，这种"好像是"与"实际是"的区别就是关键所在。卢梭写道："'实际是'与'好像是'是两个完全不同的概念；根据这个区别，我们便可看出哪些人是在摆阔气，是在弄虚作假，在干种种随之而产生的坏事。"（170）

在《二论》的倒数第二段，卢梭描述了布尔乔亚的困境。他写道："野蛮人自己过着自己的生活，而终日惶惶不安的文明人的生活价值，是看别人的意见而定。这就是说，他对自己生活的感受，完全源于别人的评判。"(187)自然人想着自己，也只想着自己。文明人不得不考虑他人，但只不过是将他人作为达到自己目的的手段。布尔乔亚是一种生活在别人的意见，也依据别人的意见而生活的人：当他与别人在一起时，他只想着自己；当他独自一人时，他又只想着别人。即便社会关系也仅仅被视为一份合同，一份生意人的协议，而生意人是社会建制中最大的布尔乔亚。布尔乔亚不像自然人那样只考虑自己，也不像古代公民那样只考虑自己的城邦。相反，布尔乔亚具有一种中不溜儿的道德，既没有自然的同情心，也不具有政治上的英雄气概。这是一种奸诈、伪善和虚伪的人。布尔乔亚的责任和喜好之间永远存在着断裂，过着一种慌慌张张、焦虑不安的生活。后来，托克维尔把这种永无休止的"躁动不安"（restlessness）视为民主人的独特处境，而它的驱动力正是文明为我们遗留下来的最为独特的不幸，即"虚荣"。

怎么办？可以肯定的是，无论冰岛人、格陵兰人还是霍屯督人，这些高尚而独立的原始部族的事迹，以及他们骄傲地拒绝融入欧洲人的习俗和生活方式，都给卢梭留下了难忘的印象。比起现代文明的便利和奢华，他们更热爱个人的独立。在《二论》的一处脚注里，卢梭写下了一段绝顶精彩的观察：

> 人们曾多次把一些野蛮人带到巴黎、伦敦和其他城市，千方百计向他们展示我们的豪奢、我们的财富和种种有用的和稀奇的艺术，然而这一切只不过引起他们傻乎乎地观赏一阵，而丝毫没有作出过想得到这些东西的表示。我记得曾经听人讲过这么一个故事：大约三十年前，有人把南美洲土著的一个首领带到英国宫廷，在他面前摆放了千百种东西，看哪一种东西能使他感到高兴，就把那件东西

当作礼物送给他。可是人们发现他对任何东西都不感兴趣：我们的武器，他觉得太笨重，使用起来不方便；我们的鞋子使他的脚受了伤；我们的衣服，他穿起来感到别扭；他什么都不喜欢。最后，人们发现他拿起一条毯子，觉得披在肩上很舒服。于是，人们对他说："你觉得这个东西挺有用处？"他回答说："是的，我觉得它披起来跟一张兽皮差不多一样舒服。"要是那天下雨，他用那条毯子去挡雨的话，也许他连这句话也不会说的。（219-220）

卢梭是否相信，回归自然状态是可能的或可欲的？他经常遭到这样的解读。伏尔泰在一封致卢梭的信里说，从来没有人像你这样花这么多心思把我们变成野兽。他的意思是，虽然卢梭很聪明，但他完全错了。伏尔泰肯定知道，早在卢梭赞美野蛮人的150年以前，蒙田就写过一篇重要的文章《论食人者》，他赞美了深居巴西内陆的印第安人，反对侵略他们的欧洲征服者，认为后者才是真正的野蛮人。蒙田厌恶残忍，呼吁同情，这一点对卢梭的自然人解释造成了重要的影响。[①]

不管怎样，卢梭认为回到自然状态已不再可能。在一处脚注里，卢梭问道："什么？必须毁灭社会，取消'你的'和'我的'的区别，再返回森林去和熊一起生活吗？这是按照我的论敌的推理方法必然得出的结论。对于这样的结论，我既要提防，同时也由他们去说，让他们因得出这样的结论而感到羞愧。"（203）换句话说，这是不可能的，因为这就像把家养动物放归山林一样。动物被放生后一天都捱不过去，它们自我保存的本能早就因长期以来与人交流和对他人的依赖而变得迟钝。如果回到自然是不可能的，那么，唯一的选择就是生活在社会之中。

[①] 见 Michel de Montaigne, "Of Cannibals," in *The Complete Essays of Montaigne*, trans. Donald Frame（Stanford: Stanford University Press, 1976）, 150-159；这篇文章也是另一篇论文的基础，见 Judith Shklar's "Putting Cruelty First," in *Ordinary Vices*（Cambridge, MA: Harvard University Press, 1984）, 7-44。

《二论》止步于此，这本书的结尾弥漫着一股深深的绝望感。它没有正面回答如何疗救文明的疾患，而只是暗示了两种可能的解决途径。其一就体现在卢梭致日内瓦的献辞里。或许，这种规模不大、与世隔绝的乡村共和国与卢梭所赞美的早期原始社会最为相似，在那里，人们的虚荣尚未激起，单纯的爱国心还没有被完全遗忘。只有在一个像日内瓦那样"施政温和的民主政府"下，公民才有可能享受到某种自然条件的平等。（115）民主是最接近于自然状态的社会处境，而这将是卢梭在《社会契约论》中着力阐释的主题。

但是，卢梭也暗示了另一种解决办法。《二论》使我们相信，一切社会都是奴役，是自然的异化，也是本真的人的异化。要想解决社会的难题，就要回到社会的根源上去。社会根本上源于自我保存的需要，但自我保存只对维持自己的生活感受而言才是必要的，这也正是卢梭所谓的"自己的生存感受"。通过沉湎于唯一的生存感受，不考虑未来，无忧无惧，个体也能在某种意义上回归自然。只有很少一部分人能找到回归自然的办法。能做到这一点的人也不再是哲学家，而是诗人和艺术家。这样的人是为数极少的真正的自然贵族。他们要求得到特殊待遇，不再是因为他们拥有超乎寻常的理解力，而是因为他们具有超乎寻常的感性，不再是因为智慧，而是因为同情心。卢梭认为自己就是这样的人，你们是吗？

社会契约

现代政治科学已经成了民主研究，包括民主的本性、类型和原因，以及民主得以存续的条件。如果没有卢梭，现代民主将是不可设想的。无论谁捧起《社会契约论》一书，他或她的手里就已经攥着现代民主的钥匙。卢梭始终是民主政治理论的必要条件。当然，这并不是说，一切现代民主都是卢梭式的民主，绝对不是。我的意思是，从麦迪逊到托克维尔，再到当代拥护民主的"市场理论"而又面临着"理性选民悖论"的人，卢梭之后的所有民主理论家都不得不面对卢梭的挑战，并且要论证他们与卢梭的决裂的合理性。①

《社会契约论》开篇就是政治哲学最脍炙人口的一句名言："人生来是自由的，但却无处不身戴枷锁。"（I，1）短短一句话就否定了一切现存和过往的政府的合法性。这个表述似乎与《二论》的教导有着完美的一致。人在自然状态下生而自由、平等和独立，只是到了社会，才变得孱弱、依赖性强和遭受奴役。接下来一句话更加震撼人心："这个变化是怎样产生的？我不知道。是什么原因使它成为合法的？我相信我能解答这个问题。"（I,1）尽管卢梭在《二论》里力图否定社会关系的合法性，但在《社会契约论》里，他开始试图赋予社会关系以某种道德合法性。到底发生了什么？难道，卢梭在两本书出版间隔的七年间发生了重大改变吗？

在回答这个问题之前，我们要思考一下两本书的某些差异。《二论》是一部关于人类从自然状态向公民条件发展的思辨史学。它是以一种十分生动、无畏而华丽的语言写就的，援引了生物学及其新近发现的猩猩之类物种的知识，还有关于加勒比人和其他北美土著的人类学考察。相反，《社会契约论》是以法律文书一样的语言写成，文字枯燥得近乎毫无血性，副标题是"政治权利的原理"。这是一部包含了大量抽象的哲学思考的作品，主角是社会契约和公意之类的概念。卢梭告诉我们，这本书最初是一项篇幅更长的政治研究的片段，但它早已佚失。

《社会契约论》首先把自己展示为一个乌托邦，一个理想城邦，就

---

① 关于近年来试图否认卢梭公意观的融贯性的论著，可见 Anthony Downs, *An Economic Theory of Democracy*（New York: Harper, 1957）; William H. Riker, *Liberalism against Populism: A Confrontation behween the Theory of Democracy and the Theory of Social Choice*（San Francisco: W. H. Freeman, 1982）; 针对这类著作的富有见识的批判，见 Brian Barry, *Economists, Sociologists, and Democracy*（Chicago: University of Chicago Press, 1978）。

像柏拉图的《理想国》那样。但是，事实并非如此。在这本书前面部分，我们能看到一句话，它的意思直接取自马基雅维利的《君主论》。卢梭写道："我要根据人类的实际情况和法律可能出现的情况进行探讨……我将尽可能把权利所许可的和利益所要求的结合起来。"（I, Introduction）根据人类的实际情况，就意味着卢梭不会一上来就采取任何夸张的人性假设，不会沉浸在形而上学的玄想之中，而是要立足于业已公认的事实这一低且稳固的基础之上。但是，卢梭认为他的人性事实能够描述人的"实际情况"，这些事实都是什么呢？

整部《社会契约论》得以铺展开来的基本前提，就是"人生来是自由的"这一断言。后来出现的一切等级秩序、义务和权威，皆非自然的结果，而是同意或习俗的产物。社会以及建构了社会的道德关系，都是一直沿袭下来的习俗。整部《社会契约论》致力于找出一套正义体系，一套"政治权利的原理"，它们所适用的人完完全全是被理解为只对自己负责的自由主体。于是，卢梭的政治哲学一开始就从现实主义或经验主义的信念出发，即一切人根本上热衷于捍卫关涉各自的自由的种种条件。卢梭没有预设利他主义，或任何为他人着想的品质。我们每个人都有一种自私的欲望，即想要保卫自己的自由，而只有在允许我们保全各自的自由时，这种社会秩序才称得上是理性或正义的。

问题在于，在自然状态下，我的一己私欲将和你的一己私欲相互冲突，虽然二者都是为了保全各自的自由。自然状态很快就会变成战争状态，原因就在于各种相互冲突的欲望的存在。那么，我们应该如何保全各自的自由，而不至于陷入战争状态的混乱无序之中？这就是卢梭的问题，"社会契约"学说就是他的答案。

公　意

对于自然的自由这一难题，卢梭的著名答案就是社会契约。之所以如此，是因为自然并不能为"谁应该统治"提供任何标准或指导线索。注意，当卢梭说社会契约是一切合法权威的基础时，他是说，一切正义和权利的标准都源于这种意志。意志从一切超验的指导中获得解放，这是卢梭哲学的道德核心。卢梭讲得很清楚，他要搁置一切彼此冲突的权威来源，无论自然、习俗还是启示，它们都会抑制和篡夺意志的至上性。

考虑到卢梭有一种自由主义的人性观念，我们就会对他所描述的社会契约的实际机制感到吃惊。社会契约的方案所要解决的问题，在第一卷第六章得到了最清晰的表述。卢梭写道："'创建一种能以全部共同的力量来维护和保障每个结合者的人身和财产的结合形式，使每一个在这种结合形式下与全体相联合的人所服从的只不过是他本人，而且同以往一样的自由。'社会契约所要解决的，就是这个根本问题。"

这个方案有两处条款值得我们注意：第一，社会契约的目标是凭借共同力量来保护和捍卫每个成员的财产和人身。至此，它与洛克要求政府必须保护每个人的生命、自由和财产的主张完全一致。但是，在这项洛克式的自由主义条款后面，卢梭又附加了一条，它明显带有卢梭的味道。他认为，除了共同防卫之外，契约也要确保人与人联合起来时只不过是在服从他自己，因此和以往一样自由。但是，这怎么可能呢？契约的本质，难道不是我们放弃一部分自然的自由，以保障共同的和平与安全吗？我们怎么可能还和以往一样自由，只是自己服从自己呢？

卢梭答道："这些明白无误的条约，可以归结为这么一句话：每个结合者以及他所有的一切权利已完全转让给整个集体了。"（Ⅰ，6）这里，"完全转让"和"整个集体"显然是核心词。首先，每个人必须将自己完全转让给社会契约，以保证协议条款对一切人都平等适用。"完全转让"是卢梭借以保证契约同等适用于每个人的手段。

其二，只有当我们完全将自己转让给整个集体时，个体才不再对某些个人的私意（private will），而是集体的公意（general will）负有义务。社会契约就是公意的基础，而公意就是唯一合法的主权者。（II，1）真正的唯一主权者不是国王，不是议会，也不是代表大会，而是集体的公意。既然一切人的联合构成了这种公意，当我们将自己转让给它时，我们也只不过是在服从自己。主权者并非第三方，它并不远离人民，而恰恰是行使着集体能力的人民。

我们很可能遗漏了什么。从一种每个人只在乎保护自己的自由这样的个人主义前提出发，卢梭似乎得出了某种带有高度的束缚性和集体化的结论：个人完全将自己转让给了集体的意志。这是否预示了后来托克维尔对"多数人的暴政"的分析？公意是不是一套极权主义的方案？①

卢梭的回答是，只有当每个人将自己完全转让给社会，集体自由才能实现，这种答案听起来很是悖谬。为什么非如此不可？因为这样一来，任何人都不会依赖他人的意志。相反，当国王、总统或者议会成为主权者时，这样的情况就会发生。人民建立了一种新的主权者，也就是公意。严格说来，公意并非个体意志的总和，而更近似于一个共同体的普遍利益或理性意志。因为我们每个人都推动了这种意志的形成，所以，当我们服从它的法律时，我们只不过是在服从自己。

卢梭称，当我们作为公意的一员而参与立法时，这种转变就会发生。处在公意之下的公民自由，并不是自然状态下凭我们的意志和能力去做任何事情的自由。卢梭写道："人类从自然状态一进入社会状态，他们便发生了一种巨大的变化：在他们的行为中，正义代替了本能，从而使他们的行为具有了他们此前所没有的道德性。"（I，8）

---

① 关于卢梭的"极权主义"解读，见Jacob Talmon, *The Rise of Totalitarian Democracy*（Boston：Beacon，1952）[（以）塔尔蒙：《极权主义民主的起源》，孙传钊译，吉林：吉林人民出版社，2011年]；参见Lester Crocker, *Rousseau's Social Contract: An Interpretive Essay*（Cleveland：Case Western Reserve University Press，1968）。

卢梭继续写道:"人类由于社会契约而损失的,是他们的自然的自由,以及他们对自己企图取得和能够取得的一切东西的无限权利;而他们得到的,是社会的自由,以及他们对自己拥有的一切东西的所有权……除以上所说的以外,还应当在收获中加上得自社会状态的道德的自由;只有这种自由才能使人真正成为他自己的主人,因为,单有贪欲的冲动,那是奴隶的表现,服从人们为自己所制定的法律,才能自由。"(I,8)

这段话藏有许多暗示。正是在这里,卢梭与他的近代先行者们发生了巨大的决裂。对霍布斯和洛克而言,自由指的是不受法律约束的人类的行为范围。法律沉默的地方,就是霍布斯所谓的"允许"(praetermitted),公民能自由选择做或不做某些事情。但对卢梭而言,我们的自由恰恰始于法律。我们是自由的,意义仅仅在于:我们参与立法,反过来也要服从它。自由的意思是行动和我们协力塑造的法律相一致。唯有如此,人才能成为自己的主人,正如卢梭在上面这段话里所说的一样。

说到底,这场争论的双方是两种自由观念,即自由主义和共和主义的自由观。对自由主义者而言,自由始终是指一种法律不得干涉的私人领域。自由主义者推崇私人领域和公共领域的分离,因为只有在公民社会的私人领域里,个人才是自由的。然而,对共和主义的自由理论而言,这种分离只是自私的借口。自由的真正使命,是要创建一个私人利益与公共利益不再冲突的集体,在这样的集体里,个人不再认为自己与社会有机体相分离。这是一种公民自由,这种公民是协助制定了集体法律的公民。

卢梭的意图,是要恢复一个他认为已经沉睡了许多个世纪的概念,也就是"公民"。在第一卷第六章的一处脚注里,他说,现代人已经忘却了这个词的真正含义。卢梭写道:"大多数人都把一个城市看作一个城邦,把一个市民[*]看作公民。"现代世界几乎提供不出任何一个公民的典范。与此前的马基雅维利一样,卢梭认为有必要回溯古人的历史,尤其是罗

---

[*] 布尔乔亚。——译注

马和斯巴达,以找到"公民身份"一词的典范。只有在那里才能找到自我牺牲和献身于城邦的精神。现代世界没有这种精神。就连美国的建国者们也一定多多少少感受到了这样的精神,所以他们才会在《联邦党人文集》里签上一个罗马人的名字,"普布利乌斯"(Publius)。

卢梭的公民自由观念,究竟会发展成一种比追求私利更加崇高的精神,还是会导向一种新型专制呢?这种不祥的解读,源自卢梭一个著名的说法:公意是自由的源泉,而对于那些拒绝接受它的公民,或许应当"迫使他自由"。(I,7)这种强制和自由的结合,是否表露出某种新型暴政,精神控制的暴政,亦即托克维尔害怕的"规管型专制",这种暴政下的人民被迫热爱他们身上的枷锁?

卢梭的语言相当极端,而且显然故意要令人震惊。他热爱矛盾。这场争论,根本上是两种截然对立的观念之争,关涉政治参与在立法过程中的重要性。对卢梭而言,唯有每个人直接参与立法时,法律才是正当的。在霍布斯、洛克以及洛克的追随者《联邦党人文集》的作者们看来,公民直接参政的价值只不过是一种次要的善好。立法最好是掌控在从大众中选举而来的人手中,这些人是人民的代表或者代理人。最重要的是,法律要能深入人心,得到公正的应用,而不是成为大众意志的直接表达。这种看法的基础是对人民的普遍不信任感,同样也关系到政府的活力和效率。就一种机制而言,将人民聚集起来决定公共事务,这样做未免太过麻烦。

卢梭显然不会同意。人们经常说,卢梭为人性提出了过分夸张或不够合理的假设。大多数人并不愿意就公共善好的问题而与他人进行无休无止的争辩,他们只操心自己的事情。但卢梭会告诉你,他的想法一点也不理想主义。除非每个人都参与到立法进程中去,否则就没办法保证法律能真正表达公意。你会发现自己处在一种受他人意志摆布的境遇之中,或者说,它们都是某些旨在掌控政治权力的党派、利益集团或社群的意志,这才是最成问题的地方。卢梭并不是要诉诸我们的利他精神,而是诉诸我们想要保全自己的自由,抗拒他人蓄意支配我们的欲望。

卢梭的社会学

迄今为止，卢梭的说法还很抽象，但他要按自己的方式讲清楚公意在何种条件下才是可能的，我们可以称其为卢梭的社会学。首先，卢梭强调，公意只有在一个小型城邦国家里才是可能的。在现代欧洲的庞大君主国里，公意是不可设想的，这些国家的阶级划分和不平等已经病入膏肓，以至于人民已经无力构想出一种公共的善好。道德、生活方式和习俗都已堕落得太深，而不能孕育出一种民族意识。这就是为什么卢梭更愿意赞美乡下人，而非城市居民的原因。《社会契约论》展望的社会将是一种乡村民主，类似于杰弗逊式的约曼自耕农社群，或者以色列的集体农场（Kibbutz）。在整个欧洲境内，卢梭认为，只有科西嘉是一个公意或许能变成现实的地方。（II, 10）

与此同时，人们容易产生一个印象，似乎只有直接民主才能满足卢梭为公意提出的苛刻要求。但是事实并非如此。在《社会契约论》第三卷中，在各种政府类型应该适应不同的自然气候和道德环境这一问题上，卢梭表现出令人惊讶的灵活性。在"论民主"一章里，他评论道："如果真有一种神的子民的话，他们是会按民主制来治理的。"但紧接着就说："但是，这么完美的政府是不适合于人类的。"（III, 4）民主只在某些十分特殊的外在条件下才是可能的，否则，贵族制乃至君主制对人们来说都是正当的选择。卢梭坚持分权的理由，很像是洛克给出的理由。制定法律的人，不应当同时负责法律的执行。在这部分里，卢梭与一位不知名的敌人展开对话，他有时把这人称为"著名的作家"。当然，这人就是孟德斯鸠。根据卢梭的解读，孟德斯鸠认为各种类型的政府在不同环境下或许具有同样的正当性。他引入了一个看似相当非卢梭式的因素，即明智和温和，来修饰《社会契约论》前两卷里的教条式断言。

然而，最重要的是，卢梭坚称无论采取何种宪制，立法权威始终应该是人民。政府公职可能合法地掌握在君主或贵族的手中，但是，只有人民才是主权者。任何人，任何东西，都不能干涉人民的立法权力。在题为"论议员或代表"的第三卷第十五章里，卢梭否定了代议制政府的正当性。他说："与主权不可转让的道理一样，主权也是不能由他人代表的。"公意只能被表达，绝不能被代表。代议制政府必然成为我们所谓的"特殊利益群体"或卢梭所谓的"党派"来代表的政府。概要地说，这可以说是卢梭对美国宪政的批判，而美国宪政之所以要设立一整套复杂的代议体系，恰恰就是为了避免大众直接统治所带来的麻烦。

卢梭对代议制的抨击，扩展到了他对中间组织之作用的怀疑。小集团只能发展自己团体的利益，而绝不会是公意。卢梭并不认为立法源于议会里各种党派的讨价还价，而是给出了一套他自己的公民商议理论。他说："当人民在充分了解情况的前提下进行讨论时，公民之间就不存在交流，而公意也总是会产生的。"（II，3）话虽如此，当他们之间"不存在交流"时，公民们能通过什么样的方式来进行商议呢？卢梭答道，通过大会投票。他写道："当有人在人民大会上提议一项法律时，他不问在场的人是同意还是否定这项法律，而是问这项法律是否符合公意。于是大家用投票的方法来表达他们对这项法律的意见，最后以票数计算的结果宣告公意。"（IV，2）

卢梭的想法有点类似于"聚合的奇迹"（miracle of aggregation），这是他的法国同代人孔多塞提出来的著名说法。卢梭的想法是，当个体独立做出判断，在投票之前自己思索，而不是效仿那些试图对结果施加影响的党派，那么结果就更偏向公意。因此，投票的过程并非是一种平衡各方利益的手段，而是一条发现能建立起人民的理性意志的真正判断的途径。

或许，卢梭不得不面对的最大难题就是，如何建立公意？更确切地讲，如何塑造一种能够为自己决定公意的人民？正是在这里，卢梭关于立法者的学说开始发挥作用。（II，7）卢梭的立法者，便是他对马基雅维利的君主的回应。他讲的立法者，是一位能够"改变人性"，以及"能通达人类的种种感情而又不受任何一种感情所影响"的天才建国者。像马基雅维利一样，他举的例子全都源于古人的历史记录：莱库古、罗慕路斯、摩西。这些立法者是缔造了一个民族的真正建国者，是一种宪制的奠基者，他们为后世所有政治家和公民的活动确立了框架。这显然是卢梭最具马基雅维利主义的一面，他要让未来的华盛顿或罗伯斯庇尔彻彻底底地重新锻造人民。卢梭似乎相信，在我们生活的堕落年代里，要想复兴一种自由的品位，就需要一个拥有超凡力量的人。

卢梭的遗产

卢梭的遗产就如他的著述一样复杂多样。他将立法者形容成一种新的政治开创者，这一点没有被法国革命者遗忘。1794年，他们把卢梭的遗体移入巴黎先贤祠，奉为新共和国的英雄。想想罗伯斯庇尔在1791年《致卢梭》里的话，他说："神人啊，你教会了我认识我自己！当我尚还年轻时，你就教会了我要赞美自己本性的尊严，反思社会秩序的伟大原则。古老的大厦正在坍塌，新大厦的廊柱正从废墟上竖起。多亏了你，我才能为它添砖加瓦。接受我的致敬！虽然它是那样微弱，但一定会使你感到高兴。我愿踏着您那令人肃敬的足迹前进，即使不能流芳百世也在所不惜；如果在这场艰难事业中，在这样一场刚刚在我们面前敞开的前所未有的革命中，如果我能永远忠于您的著作给我的启示，我将无比幸福。"[1]

人们经常把卢梭视为法国大革命的先行者，《社会契约论》则被称为大革命的"法典"。即便如此，我们必须更加谨慎地对待卢梭思想对法

---

[1] Robespierre, cited in Carol Blum, *Rousseau and the Republic of Virtue: The Language of Politics in the French Revolution* (Ithaca: Cornell University Press, 1986), 156–157; 参见 Bernard Manin, "Rousseau," in *A Critical Dictionary of the French Revolution*, ed. François Furet and Mona Ozouf, trans. Arthur Goldhammer (Cambridge, MA: Harvard University Press, 1989), 829–841.

国大革命的影响。在法国大革命之前，卢梭的影响主要是通过《爱弥儿》和小说《新爱洛伊丝》，而非《社会契约论》传播开的。总之，这些著作倾向于警告人们防范大规模社会变革的可能性，而它们反倒是关注爱、婚姻与家庭这些更加私人、更加情感性的主题。卢梭的读者大多出身于贵族，拥护卢梭对儿童和"自然的"亲情所持的田园诗式的观点。似乎只有当大革命激进的一面落下帷幕之后，作家们才开始盯着卢梭的《社会契约论》不放，把它当成祸根，想要解释为什么一切会糟糕到这般地步。

不光革命派，反革命派也认为卢梭是影响了大革命的头号人物。埃德蒙·柏克在1790年写完了《法国革命论》，一年后，他写了一封类似于《法国革命论》续篇的信，名为《致国民议会的一位成员》。信里，他专门提到卢梭，说这位"国民议会的疯狂的苏格拉底"是造成大革命混乱的近因。柏克写道："国民议会劝告青年学习道德上的大胆实验者。尽人皆知，在他们的领袖之中，存在着很大的争议，他们的领袖是他们中最像卢梭的人。确实，他们全都像卢梭。他的血液，注入到了他们的思想和他们的举止之中。卢梭，他们孜孜研究；卢梭，他们沉思入迷；卢梭，他们透彻探讨。在他们白日辛劳后的闲暇与晚上所有轻松的时光中，卢梭是他们的圣典……他是他们的完美模范。"①

通常的做法，就是把卢梭的影响归结为法国大革命，就好像问题到此了结一样。事实上，这只不过是开始。卢梭的影响早已超出法国，也超出他那个年代的当下形势。人们还能在很多地方感受到卢梭的影响，从哲学到政治，再到大众文化，无不如此。现在，我将指出的只是其中两点而已。

---

① Edmund Burke, "A Letter to a Member of the National Assembly," in *Further Reflections on the Revolution in France*, ed. Daniel E. Ritchie（Indianapolis: Liberty Press, 1992）, 47.［（英）埃德蒙·柏克:《自由与传统》，蒋庆、王瑞昌、王天成译，174页，引文有改动，南京：译林出版社，2012年］

第一个也是最具有决定性的,就是卢梭对康德的影响。表面上,卢梭与康德简直有天壤之别。康德是一个具有雷打不动的习惯的人,以至于柯尼斯堡的居民都拿他下午散步的时间来对表。据说,康德唯一一次没有散步,是因为他当时在读卢梭的《爱弥儿》。但是,能够证明卢梭影响康德的证据不只是趣闻轶事。康德说,休谟使他从"独断论的迷梦"中惊醒,但卢梭正面激励了他。康德自己作了见证。在《社会契约论》出版两年后,康德就在他的《论优美感和崇高感》一书里写道:"我本性就是一个探索者。我渴求知识,迫切想要前进,求有所得才会满足。曾经有一个时期,我相信唯有这样才能使人获得尊严,我轻视无知的大众。卢梭纠正了我。"[①]康德说,卢梭是第一个使他注意到人权的人。

康德从卢梭那里发现的最重要的东西,就是一种新的道德崇高性。康德论证说,道德的基础不在于自然、习俗或历史,而只能在理性所固有的自我立法之中。康德写道,头顶的星空和内心的道德律令他永远感到敬畏。康德对道德律提出的标准,必须具有两个显然相互矛盾的特征:它们必须是客观的,也就是说,不依赖于个人就是有效的。另外,它们必须是自愿接受的。正如卢梭坚称公意的标准就是一种能经受住一般化之检验的法律,康德认为,道德律应该无论何时何地对任何人都是真的。你想知道自己在特定环境下是否应该讲真话吗?只需问问你自己,如果任何人置身于你的处境讲了假话,情况会是什么样,届时你就能知道答案。一种经受得起普遍化之检验的行动,被康德称为"绝对命令",因为它具有无条件性和绝对性,而不仅仅是某种明智的行为准则,后者是依照情势的变化而自我调整的。

但是,卢梭对康德的影响,远远不止是康德的道德准则的普遍化。正如卢梭所论证的那样,服从公意能使我们自由,因为只有那样,我们

[①] Immanuel Kant, *Observations on the Feeling of the Beautiful and Sublime and Other Writings*, trans. Paul Guyer and Patrick Frierson (New York: Cambridge University Press, 2011), 96.

才能遵守自己为自己预先规定的法律。所以，康德论证道，只有当一个人制定普遍的道德律时，他才能成为一个自主的道德行动者。所谓道德律，就是我能完完全全将其作为自己的所有物而接受下来的东西。康德的"自我立法"为他所谓的"人权"提供了道德根基。康德将卢梭的教导激进化，其途径是使政治从属于道德，并为道德赋予它此前完全不具有的某种神圣的尊严和绝对性。自此以后，一切政体都需要在人权面前为自身的正当性作辩护。经过康德的教导，政治所追求的那些较为节制的目标，例如确保安全和私有财产，甚至包括追求幸福，已远远不够；政治还必须致力于确保具有更为高尚的条件，以实现诸如人类尊严和对人的尊重那样的东西。在当代康德主义哲学家那里，我们也能发现这种康德政治学所特有的理想主义、道德主义和毫不妥协的精神，例如罗尔斯，而这些东西都直接承自卢梭。

但是，卢梭的影响早就超出了康德。在法国大革命的后一代人里，一位年轻的法国人前往美国，写了一部迄今为止论述民主的最重要的书，这就是托克维尔的《论美国的民主》。人们要想从这七百页中找出一句提到卢梭的话，那将是徒劳无功。然而，卢梭的影响俯拾皆是。在一封致托克维尔的密友凯戈莱的信里，托克维尔写道："我整天都把时间花在三个人的著作上面，他们就是帕斯卡尔、孟德斯鸠和卢梭。"[①]让我们相信他的话，并且先把帕斯卡尔和孟德斯鸠放在一旁；那么，托克维尔到底从卢梭那里学到了什么？

下一章将谈到这一点，但现在我可以泛泛而谈他们两人的某些相似之处。尽管卢梭比托克维尔早生75年，卢梭把人民主权的学说视为一个应当为之效力的理想，而托克维尔认为它在杰克逊时代的美国已经来临。托克维尔认为，新英格兰的乡镇自治就是对卢梭的公意理论的直接挪用。

---

① Tocqueville to Louis de Kergolay, November 12, 1836; cited in Harvey C. Mansfield and Delba Winthrop, "Editors' Introduction," in *Democracy in America*, (Chicago: University of Chicago Press, 2000), xxx.

同样，他对习俗和生活方式而非法律和制度的强调，体现了某些卢梭的特征。托克维尔对美国建国者们的积极评价（尤其是杰弗逊），呈现出卢梭在对伟大立法者表示敬畏时的某些特征，这些立法者能在人民身上打上自己的印记。而且，托克维尔对美国原住民的浪漫描写，有着某些卢梭的"高贵的野蛮人"的痕迹。另外，托克维尔指出，美国人的宗教，能够预防唯物主义的倾向，预防某种自利的伦理，以及社会孤立所带来的危险；而这就揭示出卢梭在《社会契约论》末尾讨论的"公民宗教"的几点特征。还有，托克维尔认为，同情心是民主人的道德的核心，这不禁令我们回想起卢梭在《二论》和《爱弥儿》里处理过的同一主题。

即便在托克维尔表面上与卢梭离得最远的地方，我们也能看到一些标记，它们暗示了两人之间有着一种内在的对话。托克维尔对"多数人的暴政"和"民主专制"的恐惧，可以被视作是对卢梭主张的"人在公意的统治下被迫自由"的内在批评。而托克维尔对公民结社的捍卫，可以被视作是对卢梭所批评的"党派集团利益会扰乱公意"的一种回应。托克维尔回首过去，对贵族时代怀有某种偏爱，觉得那是一个有品位、重视礼仪和精神真正独立的时代，这一点也部分地回应了卢梭将斯巴达和罗马理想化的做法，即认为那是一个"巨人走过大地"的政治德性的黄金时代。简言之，托克维尔的美国在许多方面都是卢梭《社会契约论》的成年。

卢梭的遗产并不局限于他的个别政治方案。他的某些方案看起来要么是反动的，要么已经过时：例如，他对小的城邦社会的赞美，他对现代经济学著作毫无兴趣，他偏爱农业共和国而非商业共和国。但是，卢梭塑造了我们现代人的敏感性，在这一点上，别的思想家望尘莫及。我们热爱平等，我们对多数人意志怀有一种独特的顺从，我们相信民主不仅是各种政制的一种，而且是唯一正义或正当的政制；以上种种都能证明，卢梭的影响一直存在。谁要是不喜欢卢梭，就是不喜欢民主。

第11章

托克维尔与民主的困境

　　17、18世纪，自由和平等两大理念携手并进，充满自信。霍布斯、洛克和卢梭都相信，人在自然状态下生而自由平等。既然敌人似乎是手握大权、地位稳固的特权阶层，自由与平等就要共同巩固新兴民主秩序的形势。

　　直到19世纪初新兴的民主制或早期民主制渐渐成形之时，政治哲学家才开始思索：平等与自由是否事实上早已拐入不同的方向？尤其是托克维尔，他认为新的民主社会正在创造出新的权力形式与新的治理类型，而它们是对人类自由的体制性威胁，本杰明·贡斯当和约翰·斯图亚特·密尔也意识到了这一点。这种新的权力形式和新的治理类型就是在法国、英国和美国渐渐兴起的中产阶级或市民的民主。如何减轻这种新型政治权力所带来的消极影响，这便是托克维尔的问题。

　　针对这一问题，美国宪政的设计师接受了一个标准答案，那就是"分权"。在一个人民俨然成为君主的民主时代，这种监督和制衡的体制还能否卓有成效地担当护卫者一职，对此托克维尔并不那么肯定。就像我在上一章结尾谈到那样，尽管早在75年前卢梭就认为人民主权学说是一个值得为之努力的理想，而托克维尔认为它在杰克逊当政的美国已经成熟：

> 在美国，人民主权学说，并不是一项与人民的习惯和一切占有统治地位的观念没有联系的孤立学说；相反，可以把它看成是维系通行于整个英裔美国人世界的观念的链条的最后一环。每一个个人，不管他是什么人，上帝都赋予他以能够自行处理与己最有密切关系的事务所必要的一定理性，这是美国的市民社会和政治社会据以建立的伟大箴言；家长将它用于子女，主人将它用于奴仆，乡镇将它用于官员，县将它用于乡镇，州将它用于县，联邦又将它用于各州。这个箴言扩大用于全国，便成为人民主权学说。（I.ii.10 ［381］）

在托克维尔看来，相信人民统治的新兴民主国家比以往的统治形式更加正义或较少专制，这毫无道理。把权力安全地托付给任何人或主体是不可能的，而且就保障自由而言，被联合起来的人民权力并不比其他政制更为可靠。在一个民主的时代，政治学的难题就在于如何控制人民的主权权力。谁能做到这一点？

托克维尔相信，贵族时代总是有着各种各样相互对抗的权力中心。君主不得不应付动不动就暴跳如雷的贵族。但是，在一个拥有集体能力（in their collective capacity）的人民便是主权者的时代，谁或什么能扮演这样的角色？谁或什么有权力监督民意？这是托克维尔的政治科学要回答的问题，它是"一门为了一个全新的世界而设的新政治科学"。我们都在应对如何指导和控制民主政府、如何融合民治政府（popular government）与如何进行政治判断的难题；就此而言，我们都是托克维尔的后裔。[①]

[①] 一些理解托克维尔"新科学"的更好尝试，见 Raymond Aron, *Main Currents of Sociological Thought*, vol. 1, trans. Richard Howard and Helen Weaver（New York: Doubleday, 1970）（接下页）

阿列克西·德·托克维尔是谁？

阿列克西·德·托克维尔，1805年出生于古老的诺曼家族。托克维尔家族庄园至今仍在，该家族的成员掌管着它。托克维尔深深地迷恋上了他的祖宅，他在1828年写道："终于，我站在古老的托克维尔家族废墟旁。距离一里格之外是一个海港，威廉就是从那儿出发征服了英格兰。那些闻名于征服者之列的诺曼人就环绕在我的周围。我必须承认，所有这一切，都让我那骄傲而软弱的心感到高兴。"① 托克维尔的父母在法国大革命时双双遭到逮捕，在监狱里待了将近一年。只不过因为1794年罗伯斯庇尔垮台，他们才侥幸逃脱了死刑。小托克维尔就出生在拿破仑王朝的统治时期，而他整个成长岁月都是在后革命时代的法国党派阵营里度过的。这些党派即便不是反动的，也会被人们称为最保守的。

托克维尔在巴黎修习法律，并在18世纪20年代末认识了另一位年轻贵族，名叫古斯塔夫·德·博蒙（Gustave de Beaumont）。1830年，两人接受了路易·菲利普国王的新政府的一项使命，前往美国考察那里的监狱制度。托克维尔的美国之行从1831年5月开始，一共持续了九个月零几天，至1832年2月结束，留下了丰富的文献记录。② 这段时期里，他的旅行北

（接上页）［（法）雷蒙·阿隆：《社会学主要思潮》，葛智强、胡秉诚译，上海：上海译文出版社，2013 年 ］; John Koritansky, *Alexis de Tocqueville and the New Science of Politics*（Durham, NC: Carolina Academic Press, 1986）; Roger Boesche, *The Strange Liberalism of Alexis de Tocqueville*（Ithaca: Cornell University Press, 1987）; Pierre Manent, *Tocqueville and the Nature of Democracy*, trans. John Waggoner（Lanham, MD: Rowman and Littlefield, 1996）［（法）皮埃尔·马南：《民主的本性：托克维尔的政治哲学》，崇明、倪玉珍译，北京：华夏出版社，2011年］；另一种试图将托克维尔解读成"理性选择"理论家的怪异尝试，见 Jon Elster, *Alexis de Tocqueville: The First Social Scientist*（Cambridge: Cambridge University Press, 2009）。

① Tocqueville to Louis de Kergolay, October 5, 1828, in *Journeys to England and Ireland*, ed. J. P. Mayer, trans. George Lawrence and K. P. Mayer（New Brunswick, NJ: Transaction, 1988）, 21.

② 托克维尔的美国之行已经得到了大量讨论，见 George Pierson, *Tocqueville in America*（New York: Oxford University Press, 1938）; James Schleifer, *The Making of Tocqueville's "Democracy in America"*（Chapel Hill: University of North Carolina Press, 1980）。

抵新英格兰，南达新奥尔良，西至密歇根湖的外滩群岛。这次旅行的成果就是厚厚的两卷书，即《论美国的民主》。第一卷出版于1835年，托克维尔年仅三十岁；五年后，第二卷也于1840年面世。前几年，另一个名叫贝尔纳-亨利·莱维的法国人也访问了美国。他提到了美国的所有引人注目之处，例如拉斯维加斯、福音派教会，目的是在他那本《美国的迷惘》中打造一个现代版托克维尔。[1]但是，人们能在托克维尔和莱维之间所作出的最仁慈的比较，就是他俩根本没什么可比性。

简单说来，《论美国的民主》是迄今为止论述民主的最重要的著作。夹杂着一点讽刺意味的是，这本最著名的论述美国民主的著作竟然是由一位法国贵族写的。该书首次出版时，约翰·斯图亚特·密尔盛赞它是一部大师级作品，是"对民主的影响所作的第一次分析性考察"，而且开创了"政治科学研究的新纪元"[2]。实质上，托克维尔与华盛顿、杰弗逊和麦迪逊这些令人尊敬的美国人站在一边；就好像这还不够似的，托克维尔的书甚至还被列入久负盛名的"美国文库"丛书，打破了这套丛书一贯标榜的"本土化"特征。

关于托克维尔，有一种教科书似的标准说法：这位年轻贵族来到如白纸一般崭新的美国，对美国民主的切身经验深刻地转变了他。事实绝非如此。就在《论美国的民主》上卷出版前夕，托克维尔给他最好的朋友路易·德·凯戈莱写了一封信，他在信中提到这本书的写作意图：

我决定撰写这部即将出版的著作，并非没有经过仔细的思索。我并不隐瞒自己立场中有什么苦恼之处：它肯定不会得到任何人积极

---

[1] Bernard-Henri Lévy, *American Vertigo: Traveling America in the Footsteps of Tocqueville* (New York: Random House, 2006).［(法)贝尔纳-亨利·莱维:《美国的迷惘:重寻托克维尔的足迹》，赵梅译，广西:广西师范大学出版社，2009年］

[2] John Stuart Mill, "De Tocqueville on Democracy in America," in *The Philosophy of John Stuart Mill: Ethical, Political, and Religious*, ed. Marshall Cohen (New York: Modern Library, 1961), 123.

的同情。有人将会发现,我打心眼儿里并不喜欢民主,而且我对民主态度严厉;另一些人则会认为,我是在很不明智地推动民主的发展。如果没有人读这本书,那对我而言真是幸运之至,但这个好运道也许很快就会消失。这些我都知道,但这本书是我的回答:近十年以来,我一直在思考我刚刚发表的著作中的部分问题。在美国,我对这些问题的看法只是变得更清晰了。监狱制度只是个借口。①

这封信里有两点值得注意。首先,托克维尔表明,写作此书的念头早在他去美国的五年前就萌芽了,那时候的他几乎也如白纸一张。你们得知道,他出版此书第一卷时年仅三十,这就意味着他大约二十岁的时候就对这本书的部分内容有了清晰的想法。二十岁,那可是个大学生的年纪呢!他去美国只是为了证实他早就开始猜想的东西。

其次,托克维尔写作此书,不是为了美国人的利益,而是为了法国人;他觉得美国人对哲学没什么兴趣。他尤其希望说服那些还在努力恢复君主制的国民同胞们,法国的未来就是他在美国见证的社会的民主革命。如果说约翰·洛克声称"起初,全世界都是美国",托克维尔的意思就是"未来,全世界都是美国"。他对自己的所见所闻抱有某种谨慎而充满希望的怀疑态度:"我坦承,我在美国看到的东西超出了美国自身;我所探讨的,除了民主本身的形象,还有它的意向、特性、偏见和激情。我想弄清楚民主的究竟,好叫我们至少知道:在它身上,我们应该希望什么,又应该害怕什么。"(Preface [13])

《论美国的民主》要回答两个问题。第一个问题涉及旧制度的更替:一个基于平等的新兴民主社会渐渐取代了基于等级秩序、服从和不平等原则的古老的贵族政制,这是法国的情况。它是如何发生的?带来了什

---

① Tocqueville to Louis de Kergolay, January 1835, in *Alexis de Tocqueville: Selected Letters on Politics and Society*, trans. Roger Boesche and James Toupin (Berkeley: University of California Press, 1985), 95. [(法)托克维尔:《政治与友谊:托克维尔书信集》,黄艳红译,崇明编校,58页,引文有改动,上海:三联书店,2010年]

么后果？其次，有一点在这本书里虽未言明，但实际上俯拾皆是，那就是整个这段革命时期，民主在美国与在法国所采取的形式具有何种差异。为什么美国的民主或者我们所谓的"自由民主制"相对温和，而法国的民主驶向了恐怖和专制的危险轨道？托克维尔坚信，社会变得越来越民主，这是历史中早已天意注定的事实。我们唯一不能确定的事情，就是这种民主最终将采取什么样的形式。民主究竟是能与自由相融，还是会导致某种新型专制，只有未来的政治家才能回答这个问题。

从这两个问题中，我们可以看到：托克维尔是以一个政治教育者的身份来写作此书的。他不仅是美国习俗和生活方式的编年记述者，也是一个教师；他的教育对象是未来那些希望为自己国家掌舵护航的欧洲政治家，他们要让国家避免革命和反动这两个极端。现在，让我们仔细看看托克维尔到底想教导什么吧！

平等的时代

在《论美国的民主》第一卷导言结尾部分，托克维尔写道："我认为，想要仔细阅读本书的读者，将会发现全书有一个可以说是把各个部分联系起来的中心思想。"（14）托克维尔提到的"中心思想"或核心观念到底是什么？最有可能的答案便是平等观念。这本书的第一句话是这样的："我在合众国逗留期间见到的一些新鲜事物，其中最引我注意的，莫过于条件的平等。"（3）这里，托克维尔所说的平等究竟是什么意思呢？

注意，托克维尔所说的平等更多的是指某种社会状态，即"条件的平等"*，而非一种政府形式。这在某种程度上表达了托克维尔的社会学

---

* 国内现存《论美国的民主》译本和《民主在美国》译本，前者作"身份的平等"，后者作"条件的平等"，从后者。参《民主在美国》，托克维尔著，秦修明、李宜培、汤新楣译，长春：吉林出版集团有限责任公司，2013年。——译注

想象。条件的平等先于民主政府，是民主政府兴起的原因。无论是在欧洲还是北美，早在民主政府兴起之前，条件的平等就已具有深厚的根基。民主政府的年龄只比得上美国和法国革命，但早在现代世界诞生之前，一场根基深厚的历史进程就为条件的平等作好了准备。

托克维尔在绪论里写了一段平等的简史，非常简略，并且将平等追溯到七百年前的中世纪。与霍布斯或卢梭不同，他没有通过提出一种自然状态的方式来为平等奠基。事实上，尽管霍布斯和卢梭都相信我们出于自然就是自由平等的，只是随着时间的流逝才产生了社会等级制和种种不平等，托克维尔的论证却完全相反。历史的进程早就在渐渐摆脱不平等，而迈向愈加广泛的社会条件的平等。平等是一种历史力量，在这段漫长的岁月里渐渐将自己变为现实。托克维尔写到平等时，经常不是将它当作一件"事实"，而是一件"源发性事实"，其他一切事情都源自于此。他在书中第三段写道："随着我研究美国社会的逐步深入，我益发认为条件的平等是一件源发性事实，而所有的个别事物则好像是由它产生的。"（3）

在托克维尔笔下，平等被当作一件历史事实，它几乎获得了神意的力量。托克维尔用"神意"一词来描述某种普遍的历史进程，它持续不断地发挥作用，即使与个人意愿相左。例如，法国君主努力要约束贵族的权力，这么做就是在加速社会条件的平等化，虽然他们还不知道这一点。平等条件的渐渐传播具有神意的两个特征：它是普遍的，而且它总是不受人力所控制。正是这种力量使平等不可抗拒。托克维尔表明，平等并非现代世界的产物，早在若干世纪以前，它就在欧洲历史核心之处坚定不移地生长起来。

托克维尔在18世纪30年代转向美国，为的是认清平等有什么好处。他写道："我所说的这场伟大的社会革命，世界上有一个国家好像差不多接近了它的自然极限。"（12）这个国家当然就是美国。在这样的语境下，托克维尔选择将他的书取名为"民主在美国"而非"美国的民主"，这是富有启发性的。*他的意思是,民主并不是惟独美国才有的现象,绝对不是。他要阐明的是民主革命在美国采取了什么样的形式。民主在别的地方会采取什么形式,这是无论如何都不可能提前确定的。民主不是一种处境,而是一个进程。它具有卢梭所谓的"可完善性"的特点,即一种几近无限的弹性和顺应变化的开放性。与其说它是一种确定的政制,不如说是一项永远未完成的事业。

这个观察极其敏锐。民主是唯一一个已经成为动词的政制形式。我们并不知道,这场民主化进程最终会止步何处,也不知道它在别的地方会采取什么样的形式。未来的民主政制究竟是自由的和热爱自由的,还是会变得残酷而令人讨厌?这个问题对我们的重要性,与它对托克维尔的重要性是一样的。托克维尔可以肯定的是,美国的命运就是欧洲乃至世界其他地区的命运。他评论道:"我毫不怀疑,我们迟早也会像美国人一样,达到条件的几乎完全平等。"(12)他似乎在问读者:你喜欢你眼前见到的事情吗?民主在别的地方采取什么样的形式,取决于外在条件和政治家的才干。托克维尔的努力,就是教育未来的政治家。

民主的美国风格

《论美国的民主》一共出版了两卷,其间间隔了五年,记住这一点相当重要。某些解释者甚至将它们称为《论美国的民主》第一部和第二部。第一部更多是在处理美国的材料,第二部处理的是民主的一般问题。此外,第一部对民主的体系抱有乐观态度,第二部的特征是对民主的命运怀有某种更加深刻的悲观态度。如何解释这种差异?不过,还是让我们先思考一下托克维尔在《论美国的民主》第一部里对美国民主的思考吧。

---

* 据此,可对比《民主在美国》与《论美国的民主》之译名差别。——译注

托克维尔抽象出美国民主的三个特征，它们解释了一个民主国家繁荣兴旺的原因。这三个特征便是：地方政府、公民结社，以及托克维尔所说的"宗教精神"。我将依次讨论它们。

美国民主的第一个或许也是最基本的特征，就是对地方政府和地方制度的重视。地方主义的重要性，以及发源于它的精神，就是全部的关键所在。民主的摇篮就在托克维尔所说的乡镇（*commune*, township）之中："然而，乡镇却是自由人民的力量所在。乡镇组织之于自由，犹如小学之于授课。乡镇组织将自由带给人民，教导人民安享自由和学会让自由为他们服务。在没有乡镇组织的条件下，一个国家虽然可以建立一个自由的政府，但它没有自由的精神。"（I.i.5 [57–58]）

这难道不耳熟吗？我们应该觉得耳熟才对。托克维尔描述的新英格兰乡镇带有卢梭的"公意"精神。一群人围绕其共同利益而进行组织、立法和商议，这才是自由的精髓。这种巧合绝非偶然：在前面引述过的致凯戈莱的信里，托克维尔承认，卢梭是他每天都在孜孜钻研的三位作家之一。卢梭制作精妙的透镜，从而让托克维尔透过它来观察民主，这一点是其他作家做不到的。

但是，托克维尔又将卢梭与某种亚里士多德式的解释联系在一起。他继续写道："乡镇是**自然界中**只要有人集聚就能自行组织起来的唯一联合体。"（I.i.5 [57]）乡镇据说是自然的产物，"也就是说，它排除了人力"。乡镇出于自然而存在，但它的存在是脆弱和无定的，没有任何保障。一直以来，对乡镇造成威胁的都不是外部力量，而是更大的政府形式的侵害；正是联邦党人或国家权威对乡镇造成了威胁。托克维尔还说，人们愈是"经过启蒙"，保持乡镇精神就愈发困难，这句话无疑是在暗引卢梭。地方的自由精神，是与质朴乃至原始的生活方式与习俗一道发展的。为此之故，他为乡镇精神在欧洲已不复存在而感到悲伤，欧洲的政治集权和启蒙运动的进程已经摧毁了地方自治的条件。

托克维尔对乡镇政府的赞美也得到民主的另一个顶梁柱的支持，即

"公民结社"。近年来，人们最为关注的就是《论美国的民主》里这一部分论述。在书中，托克维尔说了一句名言："在民主国家，结社的学问是一门主要学问。其余一切学问的进展，都取决于这门学问的进展。"(II.ii.5［492］)

正是通过联合和参与共同事业，人们才能培养出对自由的热爱："在美国，我遇到过一些我坦白承认我向来一无所知的社团，而且，我要对美国人使用的各种技艺表示惊叹：它们既能动员多数人的力量共赴一个目标，又能让人们自由地前进。"(II.ii.5［489］)

托克维尔与卢梭之所以有很大的区别，就在于他坚持地方自愿团体和结社的重要性。想想看，卢梭曾经警告"党派团体"的危险，因为它们有阻挠公意的倾向。再者，托克维尔认为，各式各样的自愿结社或我们所谓的兴趣小组，是能让我们学会主动精神、合作能力和责任感的地方。通过关心自己的兴趣，我们学会了关心他人。托克维尔写道："情感和观念焕然一新，心胸得到开阔，人的理智也得到发展。"(II.ii.5［491］)通过自由结社，例如志愿者团体、家长—教师协会（PTA）、教堂、犹太会堂、联合会以及公民社会的其他角色，制度才能被塑造得足以抵抗中央集权的权威。我们正是通过这些结社学会了如何做一个民主公民。

近年来，政治科学家罗伯特·帕特南在《独自打保龄》一书里对公民结社的必要性进行了论证。[1]帕特南说，"人力资本"能够借由公民结社而得到发展，这也就是托克维尔所说的"民情"（*mores*），或"理智与心灵的习惯"。帕特南举了一个最重要的例子，就是保龄球社团。他关心的是这种结社在当代美国的衰退。帕特南不止一次抱怨，人们选择独自打

---

[1] Robert D. Putnam, *Bowling Alone: The Collapse and Revival of American Community*（New York: Simon and Schuster, 2000）.［(美) 罗伯特·帕特南：《独自打保龄》，刘波等译，燕继荣审校，北京：北京大学出版社，2011年］帕特南并非第一个利用托克维尔反思美国社区的命运的人，参见 Robert N. Bellah, Richard Madsen, William M. Sullivan, Anne Swidler, and Steven M. Tipton, *Habits of the Heart: Individualism and Commitment in American Life*（Berkeley: University of California Press, 1985）。

保龄球，而这种孤立的倾向表明：我们的公民能力正陷于危险之中。难道说，我们和他人共同做事的能力已经被现代社会与技术的力量渐渐损害了吗？我们的国家是不是正在沦为一个孤独者和电视迷的国度？

这是十分严肃的问题，许多相关的著作也应运而生。一些人认为，帕特南的发现是过分夸张，夸大了成员身份在公共领域或者诸如扶轮社和保龄球社团一类组织中的衰退。另一些人则说，帕特南过分强调公民结社和民主的关联。许多自愿结社都具有排外性，其根据可能是人种、族裔或性别。三K党和"雅利安国"（the Aryan Nation）都是自愿团体，但他们肯定不是在教导托克维尔或帕特南希望我们学习的那种民主课。难道保龄球社团这样的组织真的能造就好公民吗？想想科恩兄弟拍的一部了不起的电影：《谋杀绿脚趾》（*The Big Lebowski*）。电影里，公爵、瓦尔特和唐尼三人都是热心的保龄球爱好者，而他们最大的野心就是打进决赛。公爵是一个成天醉醺醺的嬉皮士，瓦尔特是一个受过心理创伤的越战老兵，唐尼则是个流浪儿。挡在他们前方的是耶稣·昆塔纳，一个曾蹲过监狱的性犯罪者。（瓦尔特说，"那个混蛋也会打保龄"）这些人都是同一个保龄球社团的成员，但他们是帕特南理想中的民主公民吗？他们的团队是否是公民结社的模范？

支撑美国民主的第三根台柱是托克维尔所说的"宗教精神"。托克维尔说："我一到美国，首先引起我注意的，就是宗教在这个国家发生的作用。"（I.ii.9［282］）与其他的欧洲观察家一样（直到今日亦然），令托克维尔感到迷惑的是下面这个事实：在美国，民主精神与宗教精神齐心协力，一道发挥着作用。这正好与欧洲发生的事情相反，宗教与民主在欧洲通常是势不两立的。如何解释美国民主生活的这种独特性呢？

首先，托克维尔注意到美国是唯一一个清教徒的民主国家。托克维尔说道："我好像从第一个在美国海岸登陆的清教徒身上就看到美国后来的整个命运，犹如我们从人类的第一个祖先身上看到了人类后来的整个命运。"（I.ii.9［267］）美国是由一群具有强烈的宗教性的人所建立的，这群人为新世界带来了某种对政府的怀疑和对独立自主的渴望。这种精神源于教会与国家的分离，结果便是既推进了宗教自由，又推进了政治自由。

根据美国宗教生活的实情，托克维尔得出了两个十分重要的理论结论。首先，启蒙哲学家提出"宗教将随着现代性的进程而逐渐消亡"，这个命题肯定是错的。他写道："18世纪的哲学家们，曾以一种非常简单的方式解释过宗教信仰的逐渐衰退。他们说，随着自由和启蒙的推进，人们的宗教热情必然逐渐消失。遗憾的是，这个理论完全不符合事实。"（I.ii.9［282］）

其次，托克维尔认为，无论消灭宗教的企图还是将社会全盘世俗化的做法，都是大错特错。和卢梭一样，托克维尔相信自由的社会需要公共道德，而道德要想发挥效力，就不能没有宗教。个人或许能够单靠理性而获得道德上的指引，但社会不可能如此。把宗教从公共生活中消除的危险就在于，人们信仰的需要或意愿将去寻找别的发泄渠道。在一句令人瞩目的话里，托克维尔评论道："专制制度可以不要宗教信仰而进行统治，而自由的国家却不能如此。宗教，在他们所赞扬的共和制度下，比在他们所攻击的君主制度下更为需要，而在民主共和制度下，比在其他任何制度下尤为需要。"（I.ii.9［282］）但是，为什么宗教对于一个共和国而言如此必不可少呢？

托克维尔给出了各式各样的回答。只有宗教能抵抗唯物主义的倾向，以及民主所固有的朝向某种较为低级的自私自利的倾向，这是《论美国的民主》的一个永恒主题："宗教的主要任务，在于净化、调整和节制人们在平等时代过于热烈地和过于排他地喜爱安乐的情感。"（II.i.5［422］）

此外，托克维尔也运用了某种"信仰的形而上学"，即人的活动要能发挥效用，宗教信仰是必不可少的。他写道："当宗教在一个国家遭到破坏的时候，智力高的那部分人将陷入迟疑，不知所措，而其余的人多半要处于麻木不仁状态。"（II.i.5［418］）这种意志的麻木，恰恰就是后来的作家们诊断为"虚无主义"的那种情况。我们若要相信自己是自由的行动主体,而非纯粹受盲目偶然的命运所支配的玩物,信仰就绝对是必不可少的。托克维尔称:"这样的状态(无信仰状态)只能使人的精神颓靡不振,松弛意志的弹力,培养准备接受奴役的公民。"(II.i.5 [418])我们对自由和个体尊严的信念,与宗教信仰是密不可分的。若是没有宗教的支持,这些信念绝不可能存活下来。托克维尔写道:"我一向认为,人要是没有信仰,就必然受人奴役;而若他是自由的,他就一定有信仰。"(II.i.5 [418-419])这是启蒙运动迄今遇到过的最强有力的挑战之一。

最后还有一个问题:托克维尔字里行间似乎是说,只是就宗教扮演的社会角色而言,宗教才是有价值的。当然,对托克维尔思想的社会学诠释就与这种论点一致。而且,托克维尔经常好像只关心宗教的社会结果和政治结果,而非宗教信仰本身的真理。他说:"我现在是纯粹从人的观点来考察宗教的。"(II.i.5 [419])这个说法准确吗?

对托克维尔的社会学或功能主义式的解读,只能把握住他对宗教的复杂态度的一小部分内容。托克维尔不仅是卢梭的学生,也是帕斯卡尔的学生,而后者是17世纪一位宗教哲学家,他比任何哲学家更能看到没有信仰的知识是何等空虚。人或许是理性的动物,但我们的理性在深奥莫测的宇宙面前几近于无。帕斯卡尔写道:"一滴水,一口气,就足以致人于死地。人只不过是一根芦苇,是自然界最脆弱的东西。但是,人是一根会思想的芦苇。"[1]

托克维尔从帕斯卡尔那里发现了某种生存的空虚和生命的不完整性,单靠理性的范畴是无法解释的。他的恐惧,是一个身陷于悠悠天地的飘

---

[1] Blaise Pascal, *Pensées*, trans. Roger Ariew (Indianapolis: Hackett, 2005), frag. 200 (p. 64) [(法)帕斯卡尔:《思想录》,何兆武译,北京:商务印书馆,1985年];一些关于帕斯卡尔对托克维尔的影响的有趣思考,见 Peter Augustine Lawler, "The Human Condition: Tocqueville's Debt to Rousseau and Pascal," in *Liberty*, *Equality*, *Democracy* (New York: New York University Press, 1992), 1-20。

浮无定和宇宙洪荒的无垠空间中的个体的恐惧。不止如此，条件的平等培育起某种不祥的人性孤独：它既与恩典隔绝，又完全断绝了与他人的真正交流。托克维尔寻求理性的限度，目的是给信仰留下地盘。托克维尔似乎只是顺带写了一句："60年的短暂人生，还不足以使美国人发挥其全部的想象力；不是十全十美的现世生活，也决不会使他们心满意足。"（I.ii.9 [283]）换句话说，唯有信仰才能满足我们所欲求的某种超越此时此地的对象。灵魂展现出某种对永恒的追求和渴望，以及某种对物理实存的限制的厌恶："宗教只是希望的一种特殊表现形式，而宗教的自然合乎人心，正同希望本身的自然合乎人心一样。只有人的理智迷乱，或精神的暴力对人的天性施加影响，才会使人放弃宗教信仰。但是，有一种不可战胜的力量，在使人恢复宗教信仰。没有信仰只是偶然的现象，有信仰才是人类的常态。"（I.ii.9 [284]）这段话表明，托克维尔可不只是一个宗教社会学家。它点出托克维尔思想中形而上的一面，表明他是一个具有了不起的心理深度和洞察力的作家。

多数人的暴政

美国的民主中值得赞美之处比比皆是，例如乡镇居民大会（town meeting）、公民结社的精神、宗教献身等等；但同时，托克维尔也看出它具有民主的暴政的危险倾向。实际上，他为这一难题提供了两种相当独特的分析，分别在《论美国的民主》第一卷和第二卷里。托克维尔害怕的民主暴政的难题究竟是什么呢？

在第一卷里，他对"多数人的暴政"的处理，很大程度上沿袭了亚里士多德和《联邦党人文集》的思路。亚里士多德在《政治学》中将民主制与多数统治联系到一起，多数统治通常就是穷人为了他们的利益而施行的统治。民主的危险恰恰在于，它代表的是共同体内部一个较大阶层对少数人出于自身利益而施行的统治。因此，民主总是一种穷人对富人发起的潜在的阶级斗争，而且经常是由民粹主义政客煽动起来的。《联邦党人文集》的作者们也思考了这个问题。他们解决"多数人的党派"这一难题的办法，便是"扩大政府的规模"，免得产生一个持续存在的多数人党派。党派的数量越多，它们中任何一个党派以专制权力治理国家政治的可能性就越小。

《论美国的民主》有一章题为"多数在美国的无限权威及其后果"，应被视作是对《联邦党人文集》的直接回应。尽管美国宪法力图限制多数的权力，它还是把多数（"我们人民"）奉若神明。尽管托克维尔花了一大段篇幅来写联邦党人的宪法结构，他却不像麦迪逊那样相信多数人党派的难题已经被摆平了。他尤其怀疑宪法设计的代议制、监督与制衡的体系能否对"多数的帝国"产生卓有成效的制约作用；"多数的帝国"一词显然是在为神学意义上的全能者招魂。（I.ii.7［235］）托克维尔没有把麦迪逊意义上的人民视作一种由不断变换的利益群体所组成的同盟，相反，他倾向于认为多数的权力是不受限制和不可阻挡的。面对被动员起来的意见，保障少数权利的法律压根儿派不上用场。

托克维尔的"多数人的暴政"这一概念，与革命暴力所带来的威胁有着密切联系；而推动后者的正是那些"卡里斯马式"的军事领袖，如安德鲁·杰克逊和拿破仑，他们能够动员起群众的爱国主义热情。美国的杰克逊主义与法国的波拿巴主义是一样的，两者的情况都是一个军事指挥官取得民众的支持而牢牢把持权力。（I.ii.9［265］）不止如此，托克维尔还担心这种军事主义与某种不受限制的爱国狂热结合起来。在美国，人们渐渐能够看到"条件的平等"的高贵品质，也能看到更为不祥的民主暴政的可能性。

多数的权力首先在立法机构的支配性地位中体现出来。托克维尔写道："在所有的政权机构中，立法机构最受多数意志的左右。"（I.ii.7［236］）书中有一处戏剧性的地方，他引用了杰弗逊对麦迪逊提出的警告："立法机构的暴政才真正是最可怕的危险,而且在今后许多年仍会如此。"托克维尔认为这一警告特别带有预言的味道,因为他认为杰弗逊是"迄今为止宣传民主的最坚强使徒"。(I.ii.7［249］)

托克维尔害怕的立法机构的暴政究竟是什么?正如这章的标题一样,托克维尔最关心的并非暴政的原因,而是后果。首先,托克维尔质疑了"多数人必定比少数人更有智慧"这一信念,并将它形容为"在人的智能上应用平等理论"。(I.ii.7［236］)数量也许能产生力量,但并不必然拥有真理。其次,另一种观念认为出于决策的考虑,多数人的利益应当总是优先于少数人的利益,托克维尔对此也不以为然。他认为,真正"对于未来是有害而危险的",恰恰是多数人的"无限权威",而非任何个别的政策。(I.ii.7［237］)

托克维尔援引了两个事例,来说明地方上不宽容的多数派如何能够侵犯个体和少数人的权利。在一处脚注里,他回忆起1812年战争期间两位反战记者在巴尔的摩的遭遇,当时战争情绪正在高涨。两位记者因为他们的个人意见而遭逮捕入狱,黉夜时分惨遭暴民杀害。后来,陪审团宣告那些参与这场罪行的人无罪。接着,托克维尔又讲了一个故事:即便是在贵格会教徒建立的宾夕法尼亚州,获得自由的黑人仍然不能享有他们的投票权,因为他们遭到大众的歧视。他以一句令人芒刺在背的话总结道:"怎么!享有立法特权的多数也想享有不遵守法律的特权!"(I.ii.7［242］)

然而,托克维尔相信,多数的霸权在思想和意见的领域展现得尤为淋漓尽致。在一处经常令人感到吃惊的段落中,托克维尔评论道:"我还不知道有哪一个国家,在思想的独立性和讨论的真正自由方面一般说来不如美国。"(I.ii.7［244］)威胁到思想自由的东西并不源自人们对异端裁判所的畏惧,而是源于更加微妙的社会排斥。我们今日所谓的"政治正确"能够扼杀思想,让多数人不赞同的东西变成"不能想"的东西;对此,托克维尔或许是第一个也是最富有洞察力的分析师。

托克维尔说他所知的任何国家在讨论的自由方面都不会不如美国,这显然是夸大其词，意在打击美国人的自高自大。他的意思是，迫害具有许许多多不同的形式：它既可以具有最残酷的形式，也可以具有最温和的形式。托克维尔认为，民主的排斥的这种"温和性"（托克维尔通篇都在使用这个词），正在对少数人信念的自由表达产生某种令人恐惧的影响："镣铐和刽子手，是暴政昔日使用的野蛮工具；而在今天，文明也使本来觉得自己没有什么可学的专制得到了改进……在独夫统治的专制政府下，专制以粗暴打击身体的办法压制灵魂，但灵魂却能逃脱专制打向它的拳头，使自己更加高尚。在民主共和国，暴政就不采用这种办法：它丢下身体，而直接扑向灵魂。"（I.ii.7［244］）

集　权

托克维尔在《论美国的民主》第一卷里对多数人的暴政的解释，与他对暴民统治和普遍不守法的恐惧有所关联。亚伯拉罕·林肯所说的"暴民统治"与民众煽动家的野心一旦结合，危险确实会产生。对托克维尔和他同时代的人而言，暴民的形象无不与他们记忆中法国大革命时期的国民议会紧密相连。对许多身处后革命时代的作家而言，革命与暴政实属同义。然而，当托克维尔在《论美国的民主》第二卷里写下他对民主专制的再度思考时，人们对革命的记忆或者恐惧已经开始渐渐淡去。如何解释这种观念的变化呢？

正当革命暴力的图景在托克维尔脑海中淡出之际，一个新的威胁渐渐取代了它的位置，这就是集权的危险。托克维尔经常被人们视为集权的批判者和地方自治的拥护者，这差不多都对，但只把握到一部分要点。托克维尔既非反对也非支持国家权力的增强；他反对的是官僚政治的兴起，以及随之而来的集权精神的发展，这将最为严重地威胁政治自由。

在托克维尔的思想里，集权的主题永远存在；它不仅将《论美国的民主》两卷结合在一起，也将这部巨著与他的另一部巨著《旧制度与大革命》联系起来。托克维尔在政治集权与行政集权之间所作的区分，与早期《论美国的民主》第一卷里提出的集权问题一并出现。(I.i.5) 托克维尔认为，政治集权或统治集权是件好事。"统一的立法中心"的理念在法国旧制度时代很能讨任何主权者的欢心，无论他们的体制是彼此对抗还是重叠的。政治集权在美国取得的重大进展，部分要归功于立法机构至高无上的地位。

危险并不在于立法职能的集权，而是托克维尔所谓的"行政集权"。这个区分是什么意思？托克维尔认为，要颁布所有人都平等适用的日常法律，就必然需要一个集权的主权者。为了确保一切公民享有平等的正义，政治集权是必要的。行政集权是另一个问题：行政科学并不关心日常法律的建立，而是对公民日常事务中的行为细节和方向进行监督。它代表着官僚政治正在缓慢地、阴险地渗透进日常生活的方方面面。尽管对于立法和国防而言政治集权必不可少，行政集权主要却是预防性的，它只能造就没精打采和无动于衷的冷淡的公民，这样的公民根本无力照看自己。

行政集权包含了今日所谓"规管国家"（regulatory state）的萌芽。托克维尔认为，这种规管的习气会使公民为了自己而行动的主动性变得孱弱。他写道，这种规管可以"赋予国家的日常事务以秩序严明的外貌，详尽地订出全国公安条例的细则……让整个社会永远处于被官员们称之为良好秩序和社会安宁的那种昏昏欲睡的循规蹈矩的状态"。(I.i.5 [86]) 很显然，托克维尔在此预言了我们所谓的"行政国家"（administrative state）的诞生。

是什么促使托克维尔如此强调行政集权就是对自由的特殊威胁呢？在许多方面，它表露出一种法国人的独特的世界观。托克维尔的著述是在19世纪最初三十年间，距离监管机构的大发展尚有半个世纪之遥，而我们会把它与美国的"进步运动"（Progressive movement）联系起来。只有在法国，行政集权可以回溯到旧制度的中心深处。

托克维尔对行政国家的理论兴趣与历史兴趣,源于他对法国历史发展动力的解读。他把生命最后二十年全部花在考察法国的市政档案上,为的是找到行政集权起源的最早证据。他发现,集权的官僚政治的兴起并不新奇,至少可以追溯到路易十四王朝,这个发现与《论美国的民主》的绪论一致。法国国王对行政的控制,最有力地推动了平等和民主革命时代的到来。在一段充满矛盾意味的话里,托克维尔声称,大革命只不过是完成了早在旧制度时期就已开始的东西。历史大势向着越来越集中的行政集权发展,而这正是托克维尔深深忧虑的事情。

民主的专制

托克维尔只在《论美国的民主》结尾才提出了他对行政国家的最终反思,这一章标题"民主国家害怕哪种专制"很有些不祥的意味。(II.iv.6)我们看到,托克维尔不再像先前那样关注多数人的暴政和暴民统治的危险,而是开始关心一种新型权力;唯当今日,它的轮廓才渐渐变得清晰可辨。对于这一视角上的转变,托克维尔作了一些暗示:他在本章开头就写道,"五年来的反复思考没有减轻我的担心,但担心的对象变了"。(II.iv.6 [661])

起初,托克维尔似乎不愿为这种新型权力下定义。他写道:"使民主国家受到威胁的那种压迫,与至今世界上出现过的任何压迫均不相同。"他所关心的不再是卡里斯马式革命领袖的出现,这种人就是军事独裁者的原型。相反,这种新型独裁的景象是无法在我们的记忆里找到的,即便我们的语言也不可能给它下一个适当的定义:"专制或暴政这些古老的词汇,都不适用。"(II.iv.6 [662])那么,它是什么?

托克维尔所说的新型专制主义有一个与过去的暴政不同的特征,就是"温和"(douceur)。(II.iii.1)民主的习俗和生活方式的"温和"是贯穿《论美国的民主》两卷的主题之一。条件的平等使人们更加温和，也更能体谅他人。我们愈发变得相似，用近年来一位美国总统的话说就是，"我们体察彼此痛苦的能力增强了"。对此，托克维尔毫不隐讳他的怀疑："是我们现在比我们的祖辈更有感情了吗？我不知道。但有一点是肯定的，那就是我们的感情已扩展到更多的事物上去。"（II.iii.1 ［538］）

当然，托克维尔的读者会把"温和"一词与孟德斯鸠在《论法的精神》一书中对商业的描述联系起来。18世纪许多伟大的作家，例如孟德斯鸠、休谟和康德，都认为商业能对残暴好战的人起到某种镇静和净化的作用。商业使人们的冲突减少，使人们对陌生人更加宽容。它能带来某种崭新的、更加普世的"人性"伦理学。孟德斯鸠认为，从封建的武士伦理向现代布尔乔亚的商业伦理的转变，恰恰就是进步的标志；托克维尔虽然也赞赏这种对比，但他得出的结论可不那么乐观。

托克维尔写道，民主使人们的民情和习俗变得更温和，这比故意对人类苦难抱有残酷和漠然态度当然更好，而后者就在塞文涅夫人（Madame de sévigné）给她女儿写的信里表露无遗。（II.iii.1 ［537］）托克维尔同样相信，它也使我们变得更容易受到影响和操纵。在此，他生造了"民主的专制"一词来描述这种迄今仍然拒绝任何定义的新型权力。他把这种专制形容为一种"极大的监护性权力"，它使其臣民永远保持在一种政治不成熟的状态。（II.iv.6 ［663］）最重要的是，托克维尔最反对的就是新型行政国家的家长制。在《旧制度与大革命》第二编的一处旁注里，托克维尔写道："暴政之下，自由尚能生根发芽；行政专制之下，自由绝不会诞生，更谈不上发展。暴政也能造就自由的民族，行政专制却只能产生革命或者恭顺的人民。"①

很显然，托克维尔关心的是这种新型柔性专制对公民品性所造成

---

① Alexis de Tocqueville, *The Old Regime and the Revolution*, *Volume II*: *Notes on the French Revolution and Napoleon*, ed. François Furet and Françoise Mélonio, trans. Alan S. Kahan（Chicago: University of Chicago Press, 2001), 296.

的影响。民主社会秩序的特点,并非难以管束的激情的革命性爆发,而是某种极端的驯服与漠然态度,他称之为"个人主义"的品性。(II.ii.2〔482-484〕)在托克维尔那里,个人主义可不是一个褒义词,而是某种民主时代特有的病理学的名称。它指向某种极端孤独、反常和异化的处境,托克维尔把它定义为"一种只顾自己而又心安理得的情感,它使每个公民同其同胞大众隔离,同亲属和朋友疏远"。(II.ii.2〔482〕)孤独个人不是一个村庄里的怪人,也不是不循规蹈矩的人,托克维尔指不定还会称赞后者呢。相反,他是完全与社会切断联系的隐居者和孤独者。托克维尔在一段令人毛骨悚然的话里写道,这样的人被幽闭在"内心的孤独"(*la solitude de son propre coeur*)之中。(II.ii.2〔484〕)

同样,平等使我们变得相似这一事实,使我们彼此漠然冷对,而且对我们共同的命运漠不关心。未来的民主似乎更有可能变成满是电视迷的世界,而非许多坚强的个人主义者和自由思考者的国度:

> 统治者这样把每个人一个一个地置于自己的权力之下,并按照自己的想法把他们塑造成型之后,便将手伸向全社会了。他用一张其中织有详尽的、细微的、全面的和划一的规则的密网盖住社会,最有独创精神和最有坚强意志的人也不能冲破这张网而成为出类拔萃的人物。他并不践踏人的意志,但他软化、驯服和指挥人的意志。他不强迫人行动,但不断妨碍人行动。他什么也不破坏,只是阻止新生事物。他不实行暴政,但限制和压制人,使人精神颓靡、意志消沉和麻木不仁,最后使全体人民变成一群胆小而会干活的牲畜,而政府则是牧人。(II.iv.6〔663〕)

还有什么描述能比它更为强劲、更有先见之明地刻画出现代行政国家的样子呢?

托克维尔渐渐意识到,这种柔性专制的兴起终将为自由带来更大的危险，而且比他以前关心的"多数人的暴政"要危险得多。这种"监护性专制"的新形象，预示着后来英国人所谓的"保姆国家"或人们有时所说的"疗养型国家"。用奥克肖特的讲法，这种国家"被视为一个废人的联合体，所有人都深受同一种病痛之苦，也都试图免除他们共有的疾患；而政府机构的义务就是予以补救。统治者就是医治者（therapeutae），就是疗养院院长，任何病人都不许凭借其自主选择而违抗他们"。①孟德斯鸠认为恐惧就是专制原则的所在，但托克维尔认为应该是默许。由于一切彼此对抗的力量都被置于国家的行政控制之下，公民毫无选择，只能让国家成为自己的监护人："他们认为监护人是自己选的，所以安于被人监护。"（II.iv.6 [664]）

民主式灵魂

如果我们想从托克维尔对民主的暴政的解释中归纳出什么思想，这么做是具有误导性的。我们只要稍微读一下《论美国的民主》下卷的章节标题，就能发现：托克维尔最关心的东西不只是民主的制度，还包括那些塑造了民主生活的观念、感情和习惯。我们会说，托克维尔和柏拉图一样，他们最深刻的反思都涉及民主式灵魂的状态。那么，《论美国的民主》所描述的民主人究竟具有什么样的特征呢？

我想谈谈民主式灵魂的三个特点：同情、焦虑和自利。三者共同组建了民主国家的心理学和道德领域。在描述这些标志性特征时，托克维尔提出了一整套民主生活的道德现象学。借此，他提请我们仔细察看并追问：我们究竟有没有看清楚自己，我们到底是不是喜欢我们眼前见到的东西？

民主对其公民所产生的第一个也是最重要的道德影响就在于，它有

---

① Michael Oakeshott, *On Human Conduct* (Oxford: Clarendon Press, 1975), 308.

一个永远存在的倾向，使我们对待他人更加温和。这是一个古老的18世纪主题。孟德斯鸠论证道，使我们的举止变得更加温和的是商业，然而卢梭认为，同情是不忍看到他人的苦难，是自然人的一个基本特征。种种更加强大也更加喧嚣的激情在它周围不断生长着，即便如此，同情依然是我们硕果仅存的自然善好。但是，在托克维尔看来，同情并非自然人而是民主人的特征。令我们变得更加温和，并使民情与举止更加温和的恰恰不是自然，而是民主。

在题为"民情怎样随着条件的平等而日趋温和"（II.iii.1 ［535–539］）一章里，托克维尔描述了贵族时代向民主时代转变的道德结果和心理结果。在贵族时代，个人居住在一个同一阶层或部落的成员彼此相似的世界中，但他们认为自己与其他阶层的成员迥然有异。这与其说使他们变得残忍，不如说令他们对自己圈子之外的他人的苦难漠不关心。在人人平等的民主时代，所有人"在思想和感情上大致一样"。在民主时代，公民的道德想象能比贵族时代的公民更容易将自己代入他人的立场上去。所有人在道德同情的情绪、感情和能力上变得相似，至少人们的感受就是如此。托克维尔注意到："随着各国人民日益接近，彼此逐渐相似，他们就更能同情彼此的不幸，国际公法也将愈加宽容。"（II.iii.1 ［539］）

这种道德的转变带来了不同而又深刻的效果。诚然，它使人民变得更加温和，彼此间也更加文明。折磨、蓄意的残酷、痛苦的景象和羞辱，它们曾经占据了日常生活很大一部分内容，而如今基本上已经被完全逐出这个世界。只要想想米歇尔·福柯在《规训与惩罚》开篇生动描绘的达米安受刑和处决的场面，或者想想电影《勇敢的心》里威廉·华莱士的受难，你就能感受到我们与旧制度已经离得有多远了。①我们更乐意同情痛苦的人或遭受灾殃的人，即使他们远在天边。想想看，我们对印度尼西

---

① Michel Foucault, *Discipline and Punish : The Birth of the Prison*, trans. Alan Sheridan（New York : Vintage Books, 1995）, 3–6. ［（法）米歇尔·福柯：《规训与惩罚》，刘北成、杨远婴译，北京：三联书店，2012年］

亚海啸或者达尔富尔种族屠杀的受害者有着怎样的反应。即便有些事件我们无从经历，有些地方我们未曾到达，所有给人们造成痛苦的事件和地方却都要求博得我们的道德同情。当比尔·克林顿总统对他的听众们说"我能感受到你们的痛苦"时，他深刻地把握到了这一点；当乔治·布什竞选总统时，他自称是一个"有同情心的保守主义者"。这样看来，同情成了我们这个时代的道德标杆。

当然，托克维尔相信这是某种道德进步，尤其是我们不愿意容忍那些蓄意对人残酷的政策。他提到，在所有民族当中，只有美国人几乎彻底废除了死刑（II.iii.1［538］）。然而，同情心的增强也不无代价。托克维尔写道："在民主时代，很少有一部分人对另部分人尽忠的现象；但是，人人都有人类共通的同情心。"（II.iii.1［538］）这种普遍化了的同情心虽然真实，却是软绵绵的；我能感受你的痛苦，但这并不需要我操心太多。不如说，同情心变成了一种轻而易举的德性：它所表明的，是敏感和开放；它所暗示的，是不加审判的关心；它并不是全然相对的，但它克制自己不把自己的道德观念强加给他人。

民主人因为陷入太过柔弱和道德敏感的危险之中，所以无力展露出任何高贵、自我牺牲以及热爱荣誉的男子德性，而正是这些德性塑造了贵族道德的核心；托克维尔是不是也这样认为呢？没错。同情心确实是一种美好的情感，或许也扩展了我们道德同情的范围，但也存在一种错位的同情心，这才是托克维尔真正害怕的东西。同情心是一种德性，但它也有其滥用的形式；例如，它会成为一种标准，我们借此表达的是自己的道德优越感。在如今的许多地方，尤其是大学校园里，你能想象的最糟糕的道德过错就是被人指责为"麻木不仁"。我们所有人都必须关心（或者假装关心）比自己不幸的他人的遭遇，其结果便是创造出一种同情的新型等级秩序，在这样的秩序中，一个人的优越感就体现为某种对他人的高度敏感与同情。"政治正确"的意思就是："谁是我们当中最敏感的人？"当代各种形式的"政治正确"和其他一些道德愚昧的根基，全在于这种错位的同情。

同情心并非民主式灵魂唯一的心理学特征。一种深深的焦虑感处在民主品质的核心深处，托克维尔用法语词 inquiétude 来形容它。这个词译作"躁动不安"（restlessness/restiveness），是指民主式灵魂"永远不满足"的特征。民主式灵魂，就像民主一样，总是未完成，总是一项未竟的事业。

托克维尔经常把这种永远的躁动不安感与人们对幸福的渴望联系在一起，而且他经常把这种幸福理解成"**物质的**"。对幸福的渴望是民主式灵魂的核心动力，而这种幸福是根据物质方面的幸福来衡量的。托克维尔在他对民主的躁动不安的分析里引入了某种贵族式的鄙夷态度，他鄙视那些纯粹追求物质善好的人，这样的人不得不把一生都耗费在这种物质善好上面。或许，正是这一点使他对民主心怀疑虑。民主对托克维尔而言，主要是指中产阶级或布尔乔亚的民主，这些人总是不断追求某些模糊无定的欲望对象。

我们不妨想想从"为什么美国人身在幸福之中还心神不安"一章摘录的一段话：

> 在美国，一个人精心地盖着一座房子准备养老，但屋顶尚未封好，就把房子卖了；他又去开辟一个果园，但树还没有结果，就把果园租出去了；他也许将丰收在望的庄稼，转给别人去收割。一个人本来有个很好的职业，可是他可能随时把它丢掉。一个人选了一个地方定居，可是不久以后因为他的志望改变，又迁到另一个地方去了。在私事之余，一个人还可以涉足政界。假如辛勤了一年还有几天余暇，他一定受好奇心的驱使而游遍美国各地，在短短的几天之内行程数千里而大饱眼福。死亡终于来临，使他不得不在尚无倦意之前，眼望着追求十全十美幸福的这一未竟事业而离开人间。（II.ii.13［512］；参考 I.ii.9［271–272］）

托克维尔对民主式灵魂的躁动不安的描述，就像直接从《理想国》

第八卷挪用过来一样。在那里,柏拉图也把民主式生活形容为无休无止地受各种新奇事物、爱好和刺激物所诱惑,使我们总是很难专注于少数几样事物。但是,我们的整全性完全依赖于这几样事物。

有一种看法认为,生活就是无休无止地追逐幸福,而且总是事与愿违。托克维尔字里行间都对此表示鄙视。渴望幸福成了民主人的权利,但一个人越是想要,就越是得不到。因此,紧接着上述段落,托克维尔说道:"乍一看到如此幸福的人们在如此富裕的环境中竟表现得如此好动不安,实在使人觉得奇怪。"(II.ii.13 [512])

满世界的社评几乎都可以浓缩在这些话里。托克维尔将"好动不安"和"富裕"结合在同一段话里,表明了他的意思:追求幸福带来的更多是沮丧和焦虑,而非满足和安宁。就在同一章里,他猜测说法国的自杀者比美国多,而美国的精神病患者比法国多。他把这种永无止息的躁动不安归因于他们已经把幸福当成了义务。托克维尔注意到"民主国家居民在富裕生活中经常表现出来的奇异的忧郁感"。(II.ii.13 [514])生命、自由和追求幸福已经变成了一次又一次毫无愉悦地追求愉悦。

托克维尔的民主心理学还有第三个也是最后一个方面,即自利或"正确理解的自利"的学说。"正确理解的自利"是那种我们单凭直觉就很熟悉的日常而实际的功利主义,例如当人们告诉我们"诚实才是上策"这类话的时候。这个学说看似简单清楚,但背后有着一段复杂的历史。一直到托克维尔写作《论美国的民主》的年代,自利理论都是欧洲道德哲学家的一个重要主题。早在17世纪,自利的概念就成了解释一切人类行为的法宝。[1]

---

[1] 关于自利概念的有用解释,见 J. A. W. Gunn, *Politics and the Public Interest in the Seventeenth Century* (London: Routledge and Kegan Paul, 1969); Albert O. Hirschman, *The Passions and the Interests: Political Arguments for Capitalism before Its Triumph* (Princeton: Princeton University Press, 1977); Jane J. Mansbridge, ed., *Beyond Self-Interest* (Chicago: University of Chicago Press, 1990)。

"自利"概念想要发挥什么作用呢？一开始，我们常常会认为自利与利他主义相对立。利益本来就倾向于自我指涉，而利他主义本来就是指向他人。但在托克维尔写作的时代，与自利行为相对立的是由声名、荣誉和荣耀所激发的行为。与荣耀相关的是战争和尚武的嗜好，而利益却总是与商业以及和平竞争息息相关。与关心声名和荣耀的贵族不同，利益被视为某种相对和平或无害的激情，它使人们为了共同目的而相互协作。追求自利同样具有一种明白无误的民主和平等主义的冲动。尽管荣誉与荣耀这种东西就其本性而言并非人人有份，自利却是**每个人**都能追求的。

托克维尔介入了这场荣誉与自利之争。他在"美国人是怎样以'正确理解的自利'的原则同个人主义进行斗争的"一章里，一开篇就写道："当社会由少数几个有钱有势的人统治时，他们喜欢培养人们对义务的崇高思想，乐于主张忘我是光荣的，认为人应当像上帝本身那样为善而不图报。这就是当时的官方的道德原则。我怀疑人在贵族时代会比在其他时代更有德性，但我又确信人在那个时代会不断地讨论德性之美；至于德性的功用是什么，他们只能在私下议论。"（II.ii.8［500–501］）

注意，托克维尔为自利概念加上了"正确理解的"（*bien entendu*）这一修饰语。它添加了什么东西？"正确理解的自利"既非利己主义，也不等于卢梭所说的"虚荣"。它不是一种想让自己受到万人瞩目的欲望，不是一种想在生活的竞赛中拔得头筹的欲望。相反，与自利相关的是对幸福的激情，以及改善自己处境的欲望；在托克维尔看来，它们是人类行动的重要源泉。但要记住，它们并不是行动的唯一动力，这一点至关重要。托克维尔并不是道德或心理学的还原论者。他并不是说，**一切**行为都是自利的，就好像今天某些经济学家和政治科学断言的那样。在这一章里，托克维尔引用了蒙田的一篇文章，蒙田将它意味深长地取名为"论荣耀"，为的是让读者记住：对声名和荣誉的渴望与对美好生活和幸福的渴望，这两者将为了"谁是人类行为最重要的动力"而永远争执下去。

那么，托克维尔希望这种"正确理解的自利"的新伦理能带来什么呢？首先，他并不是要把自利学说推崇为一剂解药，能为关乎荣誉和荣耀的古老的贵族精神解毒，这一点尤其值得注意。而在后面一章里，他为追求荣誉和骑士品质的古老的贵族作风而深感惋惜。（II.iii.17）相形之下，"正确理解的自利"学说看似不那么高尚，但它"清楚而明白"。它的特点就是可信赖性和可预见性。单就自身而言，自利不是一种德性，但它能塑造出"循规蹈矩、自我克制、温和稳健、深谋远虑和严于律己"的人。（II.ii.8［502］）这些都是现代民主共和国的德性：安全，可预见性，以及布尔乔亚的习气——它们或许不是英雄或特立独行者的品质，却是大多数人可以做到的。

托克维尔语带含糊地说，在一切"哲学理论"当中，"正确理解的自利"学说是"最适合我们这个时代的人们需要的"。他并不认为自利是人类所有行为的核心。这么说只不过是单纯的同义反复。它是反抗利己或自私的保障，也是为了遏制对荣耀和荣誉的过分热爱而设下的藩篱。它和民主本身一样，强调的是"人性的一般水平"。（II.ii.8［502-503］）

民主的政治技艺

在一个民主的时代，政治家何为？我们说过，《论美国的民主》是一部政治教育的著作，它是写给托克维尔同时代与未来的领袖，以及有望成为领袖的人。政治技艺的可能性就其本身而言依赖于我们通过政治科学而理解的东西。托克维尔在导言里写下了一段标志性的警句，他说："一个全新的社会，要有一门新的政治科学。"（7）很显然，他相信自己的政治科学不仅与古代人的政治科学不同，也远离了他的现代的先行者，如洛克和卢梭。那么，托克维尔的政治科学具有什么独一无二之处呢？

我想说，托克维尔的新政治科学的基础，就在于他对历史或历史力量与人类能动性的相互关系持有一种崭新的评价。几乎所有读过《论美国的民主》的人能很快注意到，托克维尔赋予了历史以某种神意的力量，我们在前人著作中是找不到这种想法的。这场从贵族时代向着民主时代的长达数世纪之久的巨变，似乎完全出于神圣的天意。托克维尔警告读者，任何抗拒这场运动的企图不仅徒劳，而且不虔敬，因为这样做是违抗上帝的意志。无疑，托克维尔是在故意夸大其辞，但他确实阐明了一个观点：我们的政治深嵌于人类历史的漫长结构当中，即所谓的"长时段"（longue durée），所以改变或逃离几乎都是不可能的；我们似乎深深地嵌套在这些结构之中，现代政治科学家们会称之为"发展道路"。

实际上，托克维尔有时候像一个历史学或社会学的决定论者，他没有为人的创造性和作为个人的行动主体留下地盘。他在书里经常使用诸如"命运"、"命定"和"趋势"之类的词语，以强调政治行动的限度。托克维尔的预言常常以根本性的趋势或原因作为基础。很大程度上，这些东西似乎否定了历史中独立自主的人类创造性所发挥的作用，政治技艺的作用亦遭否定。我们不妨想想《论美国的民主》第一卷的表述："有时，一个立法者经过一番巨大的努力，才能对本国的命运施加一点间接的影响，但他的才华却立即受到颂扬。其实，能对社会的发展经常发生不可抗拒的影响的，倒是他无力改变的该国的地理位置，在他以前就已存在的该国的社会情况，他已无法探源的该国的民情和思想，他已不知其详的该国的起源。对这种不可抗拒的影响，他反抗也没有用处，最后连自己都会被卷走。"（I.i.8 [154–155]）

这段话几乎是在嘲笑柏拉图、马基雅维利和卢梭这类作家的观点，他们认为一个新的君主或立法者完全有能力塑造新的民族与新的制度。托克维尔认为政治家能做的相当少，而且受到诸如地理、社会、道德等一系列因素的制约，以至于他几乎毫无用武之地。用托克维尔的话说，这些因素造成了"不可抗拒的运动"，结果不过是"连自己都会被卷走"。政治家更像是一个不得不依赖于外在条件的船长，这些条件牢牢掌控着这艘船的命运。托克维尔继续写道:"立法者就像在大海里航行的人。他可以驾驶他所乘的船,但改变不了船的结构。他既不能呼风,又不能阻止脚下的大洋跌宕起伏。"(I.i.8 [155])

但在托克维尔笔下,如果说政治家常常受困于各式各样限制其创造力的外在条件。那他也同样拒斥一切对人类行动的力量予以否定的历史决定论体系。尽管他有时候羞辱或贬抑了人类自命不凡的伟大,但他只不过是关心那种否定个人的作用的自我抛弃倾向。托克维尔的文字经常给人以这样的感觉,似乎民主时代的独特性就是如此:一切人都被视为平等,因此每个人都同样无力于影响任何事情。谁没有曾经感受到这一点呢?

想想经常被人们忽视的一章,只有两页,标题叫"民主国家人民的思想倾向于泛神论的原因"。(II.i.7)表面上,这似乎不过是一种奇怪的担心。今天的人们会认为,泛神论只不过是一种温和的自然崇拜,经常被归于爱默生和梭罗这样的美国作家。然而,托克维尔认为泛神论是一种包罗万象的决定论,它实际上是由"条件的平等"培育起来的。它是民主时代特有的幻觉,即:庞然无边的非人格力量统治着我们,而我们驾驭不了它们。另外,还有一种危险的幻觉:"随着条件日趋平等,每个人与他人越来越无差别,个人变得日益渺小和无力,人们便习惯于不再重视每个公民而只重视全体人民,忘记了个体而只考虑人类整体……我可以毫不费力地断定:这个哲学体系,虽然它破坏了人的个性,但对生活在民主制度下的人具有神秘的魅力,而这种魅力的产生也许正是由于它破坏了人的个性。"(II.i.7 [426])

翻过五十页左右,在后面"论民主时代历史学家的某些特有倾向"一章里,托克维尔又回到了这一主题。(II.i.20)他观察到,如果说像希罗多德、修昔底德、李维这样的古典史家是要把一切事件都归结为少数伟人的行动和性情,那么现代历史学家所做的恰恰相反,今日社会科学家亦然。这些人全盘否定历史中个人发挥的作用:

生活在民主时代的历史学家，不但拒绝承认某些公民有能力支配全民的命运，而且认为全民本身也没有能力改善自己的境遇。他们有时认为人民受坚定不移的天意的摆布，有时认为人民受盲目的宿命所支配。在他们看来，每个民族都由于它的地理位置、起源、历史和性格，而与它完全无力改变的某种命运紧密联系在一起。他们逐次考察每一代人，再由一个年代考察到另一个年代，由一个必然事件考察到另一个必然事件，一直上溯到世界的起源，然后铸成一条环环相接的大锁链，把整个人类的一切事件对号入座放进去，使它们联系起来。（II.i.20［471–472］）

注意，托克维尔认为这种历史观只是民主时代历史学家的特性，并不一定就是真理。但托克维尔想说的是，如果我们一直以这种方式去思考，那它就会**变成**真理。这些历史必然性理论都具有一种自证的成分。光是出于人类自由的未来可能遇到危险这一理由，我们就必须拒斥这样的学说。托克维尔继续写道："我还要指出，这样的学说对于我们现在所处的时代特别危险。当代的人十分怀疑意志自由，因为每个人都觉得自己在各方面都是软弱无力的；但是，他们仍然承认人结成团体时是有力量的和独立自主的。我们要警惕这种思想，因为现在的问题是振奋人的精神，而不是榨干它们。"（II.i.20［472］）换句话说，我们接受何种历史或政治科学总归是一种道德选择；某种程度上，它能决定我们是什么样的人，决定我们是依附的还是自由的。

无疑，托克维尔对他同时代人的评价是对的。那是一个有着各种不同的历史决定论体系的时代：马克思只不过是社会学家当中最著名的一位，他提出了一种影响广泛的观点，认为全部历史都是由经济因素和阶级斗争所决定的；与托克维尔同时代的亚瑟·德·戈比诺（Arthur de Gobineau）开始阐释另一种学说，即全部历史都是由种族遗传所支配的，它的重要性也不能小觑。值得注意的是，托克维尔给戈比诺写了一封冗长但彬彬有礼的信,他在信里强烈反对戈比诺的还原主义,即认为一切民族和国家的差异都能还原成种族和人种的特征。①

托克维尔当然不会低估种族作为历史的一个因素的重要性。"概述美国境内的三个种族的现况及其可能出现的未来"是《论美国的民主》两卷中最长的一章,他在里面讨论了白人、黑人和土著印第安人。(I.ii.10[302-396])但对托克维尔而言,种族只是社会解释中的一个因素而已。托克维尔相信,历史是一门科学,但这门科学并不需要决定一切的单一原因,无论阶级、种族,还是今天人们会提到的性别因素。历史的特点就是复杂性。因果关系的来源多种多样,包括物理原因、道德原因、观念和情绪,它们都可能是历史变革的源泉。托克维尔想要抵制的,正是这种将全部这些东西还原成一个因素的体系化精神。

那么,托克维尔的教导是什么?更确切地讲,他对未来的政治技艺提出了什么建议?托克维尔走的是一条狭窄无比的钢丝:他想说服他的同时代人们,民主时代已经降临,从贵族制到民主制的转变不可抗拒,而他所谓的"民主革命"是一件已经完成了的事实;但同时,他想教育我们,民主会采取什么样的形式很大程度上取决于我们的意志、智识(他常称之为"启蒙")和个人行动。也许,民主不可阻挡,但它也决非铁板一块。民主不仅取决于各种非人格的历史力量,也取决于积极的德性和智识,范围从"正确理解的自利"一直到野心和荣誉。民主仍然可能采取各种不同的形式,而它究竟是偏爱自由还是集体的暴政,这在很大程度上还是一个开放的问题。

托克维尔在该书临近结尾的几段里又回到了这一主题。他写道:"我并非不知道,有些当代人认为人民生在世上从来不能自己作主,必然服从外部条件、种族、土地和气候所产生的难以克服和无法理解的力量的

---

① 一份针对托克维尔与戈比诺就种族问题的通信的迷人讨论,见 James W. Ceaser, *Reconstructing America: The Symbol of America in Modern Thought* (New Haven: Yale University Press, 1997), 136-161。

支配。这是一种错误的和消极的观点，只能使人永远软弱和国家永远畏葸不前。"他接着写道："上帝既未创造完全独立的人类，又未创造全都是奴隶的人类，不错，上帝是在每个人的周围画了一个他不可能越出的命运所注定的圈子，但是人在这个广泛的范围内还是强大的和自由的。一个国家或民族也是如此。"（II.iv.8［675–676］）

　　托克维尔没有为我们留下一个答案，而是留下了一个困境；说得更确切点，一项挑战。我们是被决定了的，但并非完全注定。对于历史、社会和文化的力量，我们没有任何发言权；但在遍布着它们的险滩暗礁上，政治家必须知道如何平稳航行，而制度设计和道德说服就是我们力所能及的事情。聪明人都知道，政治是一种在语言内部产生的媒介；它为人们提供语言和修辞的能力，好让他们既能搭建自己的过去，也能想象自己的未来。语言赋予我们一种能力和一定的自由，使我们适应变易的形势，并创造出新的形势。托克维尔为生活在民主时代的我们提供了一种语言，为的是塑造未来民主的政治技艺。我们要拿这种语言做什么，我们如何将它应用于新的形势和条件，托克维尔当然无从想象；这些问题完全落在了我们的肩上。

第12章

捍卫爱国主义

政治哲学的伟大传统认为，爱国主义是一种能使人变得崇高的情感。人们经常认为，政治哲学的任务就是教会我们爱国，或者给我们爱国的理由。只需要看看下列不同历史时期的不同著作家们的思想就知道了：

希勒："我不为己，谁来为我？我若为己，我又是谁？不在今日，更待何时？"（公元前1世纪）[1]

西塞罗："为什么我还要谈论希腊人的榜样呢？有时，我们罗马人的榜样能给我带来更多的快乐。"（公元前44年）[2]

马基雅维利："我热爱我的祖国（*mia patria*），更甚于爱我的灵魂。"（1527年）[3]

---

[1] *Sayings of the Fathers or Pirke Aboth*, trans. Joseph H. Hertz (New York: Behrman, 1945), I: 14.

[2] Cicero, *On Divination*, trans. David Wardle (Oxford: Oxford University Press, 2006), I, 55 (p. 63).

[3] Machiavelli to Francesco Vettori, April 16, 1527, in *Machiavelli and His Friends: Their Personal Correspondence*, trans. and ed. James B. Atkinson and David Sices (DeKalb: Northern Illinois University Press, 1996), no. 331 (p. 416).

卢梭："每当我研究政府的时候,我总能为热爱我的国家找到一些新的理由。"(1762年)①

柏克："若要我们爱自己的国家,这个国家就应当是值得我们去爱的。"(1790年)②

林肯："他[亨利·克雷]热爱他的国家,倒不完全因为它是他自己的国家,而主要因为它是一个自由的国家。"(1852年)③

如今,爱国主义遭遇了艰难时世,至少哲学家遇到了如此状况。这并不表明爱国主义已经濒临灭绝,而只是说:在受过教育的圈子里,爱国主义已经变成一种道德上可疑的事物。人们普遍认为,爱国主义是一种原始的、返祖的情感。它所表明的是一种未经启蒙的偏好,只喜爱自己的事物和自己的道路,而牺牲了另一种更加普世的或启蒙的观念。不止如此,爱国主义经常与其他一些情感相互关联,例如民族主义和沙文主义,而它们都展现出某种富有侵略性的军国主义姿态。与此相关的是一种支配他人,或者至少是以其他民族为代价来支持自己道路的优越性的欲望。值得注意的是,"9.11"事件之后,许多人对有国旗和其他爱国展览出现的公共集会变得异常神经质。

若是一个人在大学校园里提出爱国主义的问题,那他很可能听到塞缪尔·约翰逊的这句尖刻的评论,"爱国主义是流氓无赖最后的避难所"。④

---

① Jean-Jacques Rousseau, *The Social Contract and Other Later Political Writings*, trans. Victor Gourevitch (Cambridge: Cambridge University Press, 1997), book 1 (p. 41).

② Edmund Buke, *Reflections on the Revolution in France*, ed. Connor Cruise O'Brien (New York: Viking, 1986), 172.

③ Abraham Lincoln, "Eulogy on Henry Clay,"in *The Writings of Abraham Lincoln*, ed. Steven B. Smith (New Haven: Yale University Press, 2012), 48.

④ James Boswell, *The Life of Samuel Johnson*, ed. R. W. Chapman (London: Oxford University Press, 1957), 615; Boswell还作出了如下澄清:"他并不是指一种真正的和无私的爱国,而是一种假惺惺的爱国主义。在所有时代和所有国家里,许许多多的人用它来掩盖自己的自私。"

或者，也可能听到 E. M. 福斯特的愿望：他希望，当他不得不在背叛国家和背叛朋友之间做出非此即彼的选择时，自己能有勇气选择背叛国家。① 福斯特的意思是，选择朋友而非国家，选择私人善好而非公共善好，这种决定是悲剧性的，甚至是崇高的。但是，这种提问题的方式错了。忠诚是一种道德德性，正如背叛是一种道德恶。人们若是践行一方，就很难迁就另一方。20世纪30年代，金·菲尔比（Kim Philby）、唐纳德·麦克莱恩（Donald Maclean）、居伊·伯吉斯（Guy Burgess）无疑就受到了这些观念的影响，三位年轻的剑桥大学生选择了背叛自己的国家。三个人进入英国情报部门之后统统成了苏联的间谍，多年来一直向莫斯科泄露国家机密，直到五六十年代他们的身份才浮出水面。不久，三人就开始相互背叛。忠诚和背叛一样，决不是人们想选就选，想放弃就能完全放弃。如果你在生活中曾经背叛过什么，面对别的事物时你同样有可能背叛它。

一条思考爱国主义的更好道路，便是追随亚里士多德。在《政治学》里，他提出了一个著名的问题：好公民能否等于好人？我们能否一方面成为一个城市、国家或民族的忠诚成员，另一方面履行自己对人性所负有的更大范围的道德义务？公民职责要求我们忠诚于一套特定的制度和信念，如果我们致力于知识研究和思想的自由交流而不管结果如何，这么做与公民职责之间是否存在着冲突？简言之，爱国主义是不是一种德性？如果是，它是什么样的德性？②

---

① E. M. Forster, *Two Cheers for Democracy* (New York: Harcourt and Brace, 1951), 68–69.

② 最近一份展现了大量当代观念的汇编，见 *For Love of Country: Debating the Limits of Patriotism*, ed. Joshua Cohen (Boston: Beacon Press, 1996)；参见 George Kateb, *Patriotism and Other Mistakes* (New Haven: Yale University Press, 2006)；一份经常不被承认，却又是最好的讨论，见 Alasdair MacIntyre, "Is Patriotism a Virtue？" (The Lindley Lecture, University of Kansas, 1984)；对爱国主义的一项辩护，见 Walter Berns, *Making Patriots* (Chicago: University of Chicago Press, 2001).

民族主义和世界主义

根据亚里士多德，思考德性的最佳途径就是找准一个以过度和不及为其两端的序列的中点，把这个中点视为德性。亚里士多德写道："所以德性是一种选择的品质，存在于相对于我们的适度之中。这种适度是由逻各斯规定的，就是说，是像一个明智的人会做的那样地确定的。"①按亚里士多德的理解，适度不是一种量的测度，而是更接近于适宜或适当，是在特定处境下知道如何正确行事。这或许有助于我们对爱国主义的思考。如果说爱国主义是一种需要对各种相互矛盾的选择进行深思熟虑的德性，它就一定处在两种相互冲突的恶的正中间，也就是某种过度和某种不及的中点。那么，它的两端是什么呢？

过度的爱国主义是某种党派狂热，它使一个人绝对忠诚于自己的生活方式、自己的国家、自己的事业和自己的民族，认为它们就是无条件的善好。这种忠诚感就体现在诸如"不管我的国家对与错，我都爱它"的情绪，以及一度流行过的车尾贴纸"我的祖国：要么爱她，要么滚蛋"当中。这一态度最为致命的表述，是由德国的法律哲学家卡尔·施米特于1927年在他那本短小而极富煽动性的著作《政治的概念》里提出来的。②施米特广泛地征引霍布斯的著作，但他并不把战争状态与一种前政治的自然状态联系起来。相反，他认为战争和不断备战是政治生活不可避免的处境。施米特声称，人是一种危险的动物，因为他能杀戮。因此，人与人之间总是处于一种事实上的战争状态，或者至少也是一种不断备战的状态。

施米特相信，霍布斯的"战争是人类的自然处境"这一结论是正确

---

① Aristotle, *Nicomachean Ethics*, trans. Martin Ostwald (Indianapolis: Bobbs-Merrill. 1962). 1106b—1107a (p. 43).[（古希腊）亚里士多德：《尼各马可伦理学》，廖申白译，47—48页，北京：商务印书馆，2003年]

② Carl Schmitt, *The Concept of the Political*, trans. George Schwab (New Brunswick, NJ: Rutgers University Press, 1976).[（德）卡尔·施米特：《政治的概念》，刘宗坤等译，上海：上海人民出版社，2004年]

的，但霍布斯相信社会契约能创造一个能够终止战争的主权者，这就错了。没有办法终止战争，因此，敌友之分是一个不可避免的政治现实，也就是区分出支持我们和反对我们的阵营。社会契约与其说终止战争，不如说加剧了战争。社会契约会创造出一个彼此尽忠的新的朋友圈子，它会与其他一切人划清界限，并将他们归类为敌人。施米特写道："政治就是最剧烈、最极端的对抗，而且每一次具体对抗的程度越接近极点，即形成敌友阵营，其政治性就越强。"[①]一切对人权、自由贸易或民主的人道主义诉求，都是企图逃避作为基本事实的冲突，以及作为基本需要的集体团结，即支持那些站在我们一边的人。对施米特而言，唯有党派和战争是真实的，同意与和平都是骗人的。决定未来政治的人，就是有勇气承认这一事实并依此行事的人。

这段序列的另一端就是爱国主义的不及，它是某种超政治的世界主义。世界主义在西方传统里根深蒂固。它在柏拉图的《苏格拉底的申辩》里得到了最充分的展现，在那里，第一位政治哲学家遭到的指控就是不信本邦的神和败坏青年。但是，公元1到2世纪的斯多噶学派为古代人的世界主义赋予了最经典的表述。罗马建立了世界霸权，罗马的普世帝国似乎完全取代了像自由城邦之类的小型政治单位；在这样的时代里，斯多噶派的"世界公民"学说也臻至成熟。诚然，斯多噶派只是一个很小的哲学流派，从未想到他们那些关于道德自主和独立的严苛教导能够成为通往人性整全的秘诀。成为世界公民可不是一件简单的任务，这项任务恰恰要求我们舍弃自己熟悉的事物所带来的舒适感和安全感。

德国哲学家伊曼努尔·康德是决定性地塑造了当今世界主义的人。康德强调，我们的道德责任和义务既无关国界，也和其他一些有限的归属感无关，例如人种、阶层和族群。照此看来，我们对自己的公民同胞所

---

① Schmitt, *The Concept of the Political*, 29.［（德）卡尔·施米特：《政治的概念》，刘宗坤等译，111页，上海：上海人民出版社，2004年］

负有的道德义务并不大于对地球上其他人类负有的道德义务。公民身份是一种主观事实,通常是由出生的偶然性所带来的。既然与生俱来的公民身份是一种源于基因博彩的产物,那就没有任何道德义务。康德强调普世性,是指道德律无论何时何地都要对一切人适用。他强调,我们都是"目的王国"的一员。在这样的国度里,一切个人仅仅出于理智和人性的缘故,就应当得到平等的道德价值和尊重。

康德认为,这种人性的世界主义伦理只有在一种共和形式的政府下才能实现,或者更确切地讲,只能在一种由国际法统御的共和国联盟下实现。在一篇里程碑式的文章《论永久和平》当中,康德设想了一种国际联盟,它可以终结国与国之间的战争,从而实现永久和平。唯有根除战争,才有可能扫清阻碍人权得到充分、自由的承认的障碍。康德认为,霍布斯和洛克将主权视为单个民族国家的所有物,这种看法不对。在康德看来,国家只不过是一个发展阶段,它的道路最终通往以和平理念为核心的所有国家的世界共和国。只有在共和国的联盟当中,先知以赛亚所梦想的国际和平才能实现。康德所设想的国家间的国际联盟,最终在他逝世一个多世纪以后开花结果,这就是伍德罗·威尔逊的"十四点原则",国际联盟的创立,以及1948年的《世界人权宣言》。①

康德相信共和政府的和平本性,这种信念建立在盲目与乐观的结合之上。他对共和国的历史记述视而不见,它们与和平丝毫无干。斯巴达、雅典、罗马和佛罗伦萨都是崇尚军事力量和战争的武装集团。众所周知,孟德斯鸠把古代共和国的严苛和道德禁欲主义比作中世纪修道制度下的生活。②但是,很显然康德讲的是现代商业共和国,在这样的国家里,商

---

① Immanuel Kant, "Perpetual Peace: A Philosophical Sketch," in *Political Writings*, ed. Hans Reiss, trans. H. B. Nisbet (Cambridge: Cambridge University Press, 1970), 92–130. [康德,"永久和平论",载《历史理性批判文集》,何兆武译,北京:商务印书馆,1991年]

② Montesquieu, *The Spirit of the Laws*, trans. Anne Cohler, Basia Miller, and Harold Stone (Cambridge: Cambridge University Press, 1989), V, ii (pp. 42–43). [(法)孟德斯鸠:《论法的精神》,张雁深译,北京:商务印书馆,1961年]

业和贸易取代了战争。康德和我们一样，都希望人与人之间不断增长的商业和交往能抑制住民族主义者、宗教徒和其他狂热人士的气焰，但即便在最好情况下，事实也总是满目疮痍。认识的人多了，却不一定能增进感情。如果各国得不到本国人民支持的话，20世纪大多数战争都不可能发生，这一点尤其体现在"一战"时期：信奉社会主义的工人选择追随自己的国家。康德明显低估了民族主义的影响力，无论古代还是现代，它都是一股至关重要的力量。

好欧洲人

无论施米特还是康德的看法，无论是过度还是不及，都不能捕捉到爱国主义的独特性。诚然，施米特的看法建立在一条重要的真理之上：世界是一个危险的地方。像马基雅维利和霍布斯一样，施米特选择了战争或战争动员的极端处境，并使它成为常态。在极端处境下，一个社会的生存与独立就面临着生死存亡的关头。这是一种生存性的处境。在施米特看来，一切处境潜在地都是一种攸关生死的处境，人们必须在朋友和敌人之间做出决断。以此而论，政治就是一场无休无止的斗争，只有国家利益引导着这场争斗而已。但是，即便是按施米特自己的解释，一种永恒战争的政治也会否定掉自身。既然对抗和党派的尖锐逻辑切断了所有通向国家事务的道路，那么，为什么战争不发生在国内，只在国与国之间发生？施米特的论证逻辑不仅意味着国与国之间的战争，也会表明国家内部不断发生敌对派系间的内战或内在冲突。讽刺的是，这样一种冲突的逻辑，结果将是否定政治的存在，而政制作为组织化的政治力量的核心也会遭到毁灭。

如果说施米特的敌友之分的后果是将政治缩减为战争，那么康德的世界主义的后果就是将政治与道德混为一谈。康德及其追随者，例如罗尔斯和哈贝马斯，都急切地想超越主权国家，而代之以国际正义法则。如果说施米特认为人是一种危险的动物，那么康德眼中的人就是一种遵守规则的动物。但是，康德想要借由某种国际法学家论坛而超越国家，这是一个幼稚而且反政治的愿望。正如霍布斯所言，"没有剑的协约只不过是一纸空谈而已"。既然如此，谁又能巩固这些国际的正义法则呢？康德的全球正义的理想向往一个没有国家、没有国界的世界，简言之，一个没有爱国主义也没有政治的世界。像联合国这样的国际组织在限制侵略行为上做出了令人瞩目的成绩，像海牙法庭这样的国际法庭也常常很快就对罪行发出谴责，但要让它们得到正义的审判却很缓慢，而且常常是通过有所选择和霸道武断的方式。世界主义者可能感觉自己属于诸如"绿色和平"和"大赦国际"之类的全球事业，而不是属于自己的国家。既然美国或其他任何国家不能达到与这些小团体一样高的道德水准，结果就是一种病态的自怨自艾的幻灭感，它常常导致一股虚无主义的偏激和蔑视态度。①

问题在于，何种程度的世界主义能与爱国主义情感并行不悖？对世界主义而言，废除国家或者创造某种形式的世界政府是否必要？即便康德也不得不承认，世界国家将会是某种"没有灵魂的专制"。②我们应当谨记，20世纪或许是世界历史上最暴力的一个世纪，它见证了另一类世界主义的覆灭：这类世界主义许诺要实现"国家的消亡"。③当然，我指的是马克思的共产主义，它也认为阶级、种族和民族主义注定要被一个普世无阶级的社会所取代。世界主义理想的基础就在于：无论一个人过着什么样的生活，生活自身就是最高和最绝对的善好。这样一种理想只会导

---

① 见 Michael Ignatieff, "The Seductiveness of Moral Disgust," in *The Warrior's Honor: Ethnic War and the Modern Conscience* (New York: Henry Holt, 1997), 72–108。

② 见 Immanuel Kant, "Perpetual Peace," 113.[康德，"永久和平论"，载《历史理性批判文集》，何兆武译，北京：商务印书馆，1991年]

③ Frederick Engels, "Socialism: Utopian and Scientific," in Karl Marx and Frederick Engels, *Selected Works*, vol. 3 (Moscow: Progress, 1973), 147, 151.

致道德滑坡，以及人们无力或无意为理想而献身，为赋予生活以整全性和意义的少数重要事物而献身。世界主义国家就是一个任何事情都不再重要，任何事情都不值得为之奋斗的世界：一个充满了娱乐、搞笑和购物的世界，一个道德上毫无严肃性的世界。①电视剧《欲望都市》(*Sex and the City*) 曾经带动一款名为"世界主义者"的饮料风靡一时，这可不是巧合。

当然，新的世界主义在多数情况下压根儿不是世界主义，而是一种受特定文化所制约的观念。这种观念表达了人性中一部分的价值，或许还是相当小的价值，它与人类普遍的现实经验相悖。世界公民的观念常常具有超然和漠不关心的态度，就像在一个遥远的星球上遥望人事。尽管这个观念的捍卫者急于将它展示为某种英雄气概，但世界主义似乎缺乏激情和强度，它是一种苦行主义的无爱的性情。世界公民最首要的一点就是要"酷"，也就是兼具人性的一切普遍特征，而非任何特殊的民族、部落或国家的特征。"酷"首先是一种审美姿态，一种越来越超出国家的诉求，体现在服装、烹饪、语言和购物上面。尽管"酷"最早起源于美国黑人的经验，例如我们会想起迈尔斯·戴维斯 (Miles Davis) 的专辑《酷的诞生》(*Birth of the Cool*)，但它的发展由外而内，渐渐已成主流。

瑞克·布莱恩就是这种"酷"的化身，他是著名电影《卡萨布兰卡》里由亨弗莱·鲍嘉扮演的一个角色。电影一开始告诉我们，瑞克曾经是一位忠诚的游击队员。他曾经往埃塞俄比亚偷运军火，并且在西班牙内战中为政府军而战，但退出江湖后，他在卡萨布兰卡这个国际大都会里开了一家酒吧兼赌场。他的朋友路易·雷诺是当地警局的一个腐败警长，警告他不要介入德国人针对著名反法西斯领袖维克多·拉斯洛的拘捕行动。瑞克为了挣回赌客从他的轮盘上赢走的钱，就向路易打赌一万法郎说拉

---

① 见Francis Fukuyama, *The End of History and the Last Man* (New York: Free Press, 1992)。[(美) 福山：《历史的终结及最后之人》，黄胜强、许铭原译，北京：中国社会科学出版社，2003年]

斯洛最后能逃掉。瑞克的"酷"在下面这段对话里展露无遗,这时候的他正在被纳粹盘问:

史查沙少校:你介意我问你一些问题吗?当然,这是非正式的。
瑞克:如果你愿意,正式的也行。
史查沙少校:你的国籍是什么?
瑞克:我是个酒鬼。
雷诺上尉:那就使瑞克成了世界公民。①

当然,电影结束时我们得知瑞克内心深处一直是一个浪漫主义者和理想主义者。他抛弃了那副漠然的外表,帮助拉斯洛和他的至爱伊尔莎·露逃跑。当他们准备登上飞往里斯本的飞机时,拉斯洛对瑞克说的最后一句话非常耐人寻味:"欢迎回来继续战斗。这一次,我知道我们一定会赢。"

当代世界主义的模版通常来自欧洲,很多人认为欧盟就代表了一种新型的"超国家"公民身份。一个多世纪以前,弗里德里希·尼采就睿智地预见了这一进程。尼采认为,"好欧洲人"是一种新现象,它将超越国籍,甚而超越政治。他将这一新现象的兴起描述如下:"欧洲人彼此间变得愈发相似;他们正日益脱离一切种族得以产生的条件,而这种条件与气候或阶层大有关系;他们正在逐渐摆脱一切**限制性**环境,若干世纪以来这些环境在他们的肉体和灵魂之上打下了烙印。因此,一种本质上超越民族和属于游牧类型的人正在诞生。从生理上讲,这类人的典型特征就是:他们拥有最强大的适应力和适应手段。"②

---

① Screenplay by Julius J. Epstein, Philip G. Epstein, and Howard Koch, *Casablanca* (www.weeklyscript.com/casablanca.txt).

② Friedrich Nietzsche, *Beyond Good and Evil*, trans. Walter Kaufmann (New York: Vintage, 1966), para. 242 (p.176).[(德)尼采:《善恶的彼岸》,朱泱译,北京:团结出版社,2001年]

游牧式个体的本质就是无论在什么地方都能适应不断变化的新环境。随着当代欧洲的普遍趋势、国界开放和越来越多的无国界的生活方式，尼采对这类个体的描绘已在当代欧洲得以实现。这般景象显然不同于一个更为古老的保守形象："党派的欧洲"（*l'Europe des parties*），它的特征是政治多元性，基础是各个民族国家。这些国家各具特点，拥有相互健康竞争的传统。这个更为古老的观念对单一的国家联盟心存疑虑，而后者的实现只能依赖于特定的经济、科学和技术方面的进步。这种新的世界主义对一切传统漠不关心，特别是宗教，它所孕育的不仅是马克思所梦想的"政治消亡"的世界的一个温和版本，也将伴随着马克斯·韦伯的担忧：一个由心智狭隘的专家和技术官僚统治的世界，一个"专家没有精神，纵欲者没有心肝"的世界。[1]

今天，人们通常把民族主义和世界主义当作我们可选的两个政治选项，但事实上它们都有可能遮蔽爱国主义的真正本性，每一方只包含了部分真理。民族主义者正确地看到，政治讲究特殊性：特殊的国家、特殊的民族、特殊的人民与特殊的传统。在民族主义者看来，特殊性（**这个人民**、**这个文化**、**这个国家**）代表了某种比世界主义理念更高的、更加高尚的事物。一切伟大者都源于有根的、特殊的东西。我们进入这个世界时，就是一个特殊家庭、特殊社群、特殊国家的一分子，我们属于国家的一个特殊部分。我们每个人身上混杂着各种特殊性。这些附属物并非与我们的身份毫不相干，而是让我们成其所是。如果我们被要求放弃自己的特殊身份，而假定一种新型的、人造的世界身份的存在，这就好比是要求我们不要说自己的本土语言，而是选择世界语。难道世界语也能出一个莎士比亚？[2]

---

[1] Max Weber, *The Protestant Ethic and the Spirit of Capitalism*, trans. Talcott Parsons（New York: Charles Scribner's Sons, 1958）, 182.［（德）马克斯·韦伯：《新教伦理与资本主义精神》，阎克文译，185—186页，上海：上海人民出版社，2010年］

[2] See the lovely essay by Robert Pinsky, "Eros against Esperanto," in Cohen, ed. *For Love of Country*, 85–90.

事实在于,我们恰恰是通过关心身边最亲近的人,才学会了关心他人。世界主义的国际主义有一个缺点,就是将人们从各自的传统和当地的习俗中连根拔起,而它们都是多数人认为值得尊崇的事物。世界主义理想几乎没有为敬畏感或神圣感留下多少地盘。古代的史家希罗多德讲过一个关于波斯人的故事,他说:"他们最尊重离他们最近的民族,认为这个民族仅次于他们自己,离得稍远的则尊重的程度也就差些,余此类推;离得越远,尊重的程度也就越差。这种看法的理由是,他们认为他们自己在一切方面比所有其他的人都要优越得多,认为其他的人住得离他们越近,也就越发优越。因此住得离他们最远的,也就一定是人类中最差的了。"①

希罗多德认为,波斯人的看法最接近于一切人类的普遍经验。我们关心那些离我们最近的东西。离我们的道德立场和同情心越远,我们对它的情感纽带就越弱。希罗多德写这段话并不是要谴责波斯人的爱国主义,恰恰相反。我们生活在一系列同心圆之中,那些与我们一起生活的人获得了较高的敬重。爱国主义正是由这种核心信念和基本性情所构成。它表明,爱国主义是爱自己的东西,它并不是心智狭隘或偏执顽固的标识,而是差不多一切人都有的经验。爱国主义并不一定是偏见或狭隘的代名词,相反,它也可能是慷慨的,能够使人变得高尚,能够对一切分享共同的信念、价值和生活方式的人保持开放。

但是,世界主义同样说对了一部分真理。我们的生活,难道真的注定要依赖于自己偶然生长于斯的特殊国家的传统吗?这难道不是否定了我们内在的最高部分,即我们的选择能力,超然于周围环境的能力,以及决定自己怎么活和成为怎样的人的能力?选择的观念,就是我们对人类尊严的体验的核心。我们常常通过选择如何生活、和谁一起生活、在

---

① Herodotus, *The History*, trans. David Grene(Chicago: University of Chicago Press 1987), I.134(P.96).[(古希腊)希罗多德:《历史》,王以铸译,70页,北京:商务印书馆,2010年]

什么条件下生活，从而体验到自己的道德价值。世界主义伦理能够使我们在想象中超越自己的特定处境，从一种普遍的、公正的视角来看待自己。很显然，这样一种批判性的距离有助于我们评判自身和自己的社会。我们必须像看待任何事物一样看待它们，也就是要中立、客观、公正地看待它们。这就是世界主义的道德，尽管它不能孑然独立，但它确实具有某些能吸引人的德性。

"心有分寸"

若要正确形成一种爱国主义，民族主义和世界主义的理想都应该成为它的一部分构成要素。例如，我们可以思考一下美国政制。一方面，美国是第一个真正现代的国家，一个奠立在现代哲学原则之上的国家。我们的建国文献《独立宣言》就献给了一个命题：一切人被造而平等。平等的原则，就成了生命、自由和追求幸福的权利的基础。从中可以得出一个结论，即一切合法政府的基础都在于被统治者的同意，当政府不能保障我们的权利时，它就可以被推翻和重新建立。据说，无论过去还是现在，这些原则都是真理，不光对美国人，对一切人类而言皆是如此。美国人的爱国主义绝没有体现出一种传统的习俗道德，而是要求人们献身于最高的、最普遍的道德原则。就这样，一种世界主义的维度植入了美国人的爱国主义本性当中。

与此同时，美国人的爱国主义不只要求人们献身于一系列形式化原则，也包含了混杂着道德和宗教实践、习惯、习俗与情感的整个生活方式，正是它使得这个民族是其所是。在亚里士多德的意义上讲，政制就是一种习俗（ethos）。作为一种独特的品质，习俗培育了独特的人类类型。习俗为政制定调，刻画了它认为最值得赞美和崇敬的事物。因此，当托克维尔在《论美国的民主》中研究美国政制时，他一开始研究了美国宪法列举的正式的政治制度,例如分权、联邦的权威和州的权威的划分。但随后他就关注了那些非正式的实践,例如美国人的生活方式和道德,美国人具有建立小型公民结社的倾向,美国人的宗教生活,以及美国人特别捍卫和倾向于空洞的道德主义。正是最后这一点,使得托克维尔抱怨道:"在日常的生活中,再没有比美国人这种令人不舒服的爱国主义更让人觉得不舒服的了。"①

我们的爱国主义既包含了道德普世主义,又具有坚定献身于特定生活方式的因素。它不只是一种认识方式,也是一种感受方式。爱国主义是一种道德情感,或者用托克维尔的话,一种"心灵的习性"。②这都是在讲,爱国主义不仅仅需要理解和赞美一系列抽象观念,也要理解和赞美一段特殊的历史与传统。爱自己的国家,就是爱一个特殊的东西。我可能会喜爱法语、法式菜肴、法国乡村和法国文化,但我绝不可能像一个法国人那样爱这个国家。当我听到《马赛曲》时,我的感受不可能和法国人一样。我们最爱我们自己的东西。我想,这就是柏克说英国宪制及其生活方式是"从我们的先人传到我们手中,也将由我们传给后裔的不可或缺的遗产"③时想说的意思。

因此,爱国主义是一种独特的爱。但是,爱什么呢?一个人如何能够对他压根不认识的千百万民众怀有热爱或者感恩之情呢?这个问题,就是朔勒姆与汉娜·阿伦特围绕着她那本《耶路撒冷的艾希曼》一书而展开的争论的核心。④在为《纽约客》报道艾希曼受审时,阿伦特对以色

---

① Alexis de Tocqueville, *Democracy in America*, trans. Harvey C. Mansfield and Delba Winthrop (Chicago:University of Chicago Press, 2000), I. ii.6 (p. 227).[《论美国的民主》上卷,271页]

② Tocqueville, *Democracy in America*, I.ii.9 (p. 275).

③ Burke, *Reflections on the Revolution in France*, 119.

④ Hannah Arendt, *Eichmann in Jerusalem: A Report on the Banality of Evil* (New York: Viking, 1963).[(美)汉娜·阿伦特:《耶路撒冷的艾希曼:伦理的现代困境》,孙传钊译,长春:吉林人民出版社,2011年]

列法庭乃至目击者的证词提出了毁灭性批判。朔勒姆不禁把这种超然的姿态视为背叛,此时大屠杀(他本人常常更愿意称之为"浩劫")的创伤还尚未愈合。他很诧异,在这样的情况下难道不应该展现更多的同情心吗?对此,阿伦特傲慢地回应道,她不爱抽象的东西,比如民族,她只爱具体的人。由此,朔勒姆指责阿伦特缺乏"对以色列的爱"(*Ahavat Yisrael*),也就是对犹太人的爱,对她的民族的爱。朔勒姆写道:"亲爱的汉娜,你和德国左翼出身的许多知识分子一样,从你身上我几乎找不到这种爱的痕迹……还有什么场合比现在更应该用我能想到的一个很合适的德语词,'心有分寸'(*Herzenstakt*)呢?"①

任何好的观念都不免遭到滥用,这句话尤其适用于爱国主义。爱国主义似乎既能激起人们心中最好的部分,也能激起最坏的部分。如果说左翼批评家总是把贬低爱国主义当成例行公事一样,将其等同于好战的、民族主义的沙文主义,那么右翼的恶棍就总是将任何对美国的质疑都说成是反美的因而也是不爱国的做法。我坚信,美国是世界上唯一一个有着"美国化(Americanization)"和"反美的(un-American)"等词汇的国家。据我所知,任何欧洲语言都没有用来指称类似现象的词汇。但是,如果爱国主义能变成残酷而带有惩罚性质的东西,那它也可以引人向上,可以使人变得崇高。美国人最好的爱国主义不是纯粹的灌输,而是一种道德教育。它教给我们礼貌、守法、尊重他人、责任感、热爱荣誉、勇气、忠诚和领导力之类的德性。

---

① Gershom Scholem to Hannah Arendt, June 23, 1963, in *On Jews and Judaism in Crisis: Selected Essays*, ed. Werner J. Dannhauser (New York: Schocken, 1976), 302. [(美)汉娜·阿伦特:《耶路撒冷的艾希曼:伦理的现代困境》,孙传钊译,148—149页,长春:吉林人民出版社,2011年,引文有改动]

政治教育

　　爱国主义不只是一种道德德性，也是一种理智德性。对国家的适当的爱，并非某种我们可以继承下来的东西，而是必须经人教授给我们。人也许是政治的动物，但这并不意味着政治学已经被编入了我们的DNA里。政治学是一门技艺，必须被传授于人，就像一切技艺那样。但是，教育需要教育者，到哪儿才能找到这门技艺的教育者呢？

　　看起来，我们在历史学、政治科学或经济学里找不到这样的教育者。通常，当代历史学教授所教的全部东西，似乎不过就是对他们的政治传统怀有一份适当的尊重。人们经常有这样的印象：世界上只有美国应该对种族主义、同性恋恐惧和环境破坏的问题负责。在我所在的政治科学领域，公民教育已经被所谓的"博弈论"取代，而这一领域曾经意味着政治家和公民所具有的能力或技艺。但是，博弈论认为，政治只不过是一个塑造了私人偏好并使效益最大化的市场。新政治科学不是要教会学生作为公民来思考自己，而是把我们看做"理性行动者"，其存在只不过是为了实现自己的偏好而已。但是，我们应该具有什么样的偏好？应该如何做出一个抉择？在这些最基本的问题上，我们的政治科学陷入了沉默，无话可说。通过将一切政治事务还原成选择，又将一切选择还原成偏好，新政治科学也不得不将正当性视为个体或集体可能表现出来的任意偏好，无论它可能是多么地讨厌、卑劣或者粗鄙。在这种虚无主义的观点中，没有为政治判断留下空间。

　　但是，政治学的可能性恰恰假定了政治判断的优先性。我所说的判断，是指一种实践理性的技艺，运用这门技艺的人可以在法庭、政治大会或者公民结社里找到，总之就是一切有着商议的地方。政治学是一门实践技艺，确切地讲，它是一套由亚里士多德提出来的方法。它的目标不只是知识，也包括行动，而这些行动就涉及商议、预见和明智。政治判断必须知道如何行事，或者说必须拥有政治家的头脑。它既是一种理智品质，又是一种道德品质。它需要关于政治事实的知识，但本质上并非经验性的。

政治判断应该与技术知识区别开来，后者是行政工作所必需的专长。但另一方面，政治判断也要和理论知识区别开来，后者是要探索支配人类行为的普遍法则。相反，政治判断是一种追求适当或者不偏不倚的知识，它要求我们关注处境的细微或特殊之处。这样的知识总是暂时的，也只会在大部分成真，而且总是允许例外的存在。拥有这类知识的人有着与众不同的洞察力或辨别力，这一点使他们与那些纯粹理论或推理类型的头脑相区别。

判断力需要经验。判断不只是一门可以靠记忆力死记硬背和生搬硬套的技术。相反，它有点像是学习一门语言：学语言并不只是记住语法和句法，而是要沉浸在语言本身当中。判断更需要的是综合能力，而非分析能力。判断并不需要知道更多事实或者拥有知道更多事实的方法，而是要求能在别人行动之前就看清形势，知道做什么，以及什么时候去做。它是一种适应能力，适应常常难以预料的新形势，为的是保证国家这艘航船平稳前行。

在一篇经典文章《政治的一致性》中，温斯顿·丘吉尔对这种政治判断的能力给出了最好的描述。我只想说，这是英语世界最伟大的政治论文之一。在这篇文章里，丘吉尔论证了两种一致性的存在：一种是绝对服从于某种规则或原则，例如绝不说谎、绝不骗人之类。但政治的一致性要复杂得多，包括知道如何使原则适应不断变化的形势，知道在形势许可的条件下如何调整原则。听起来有点像机会主义或反复无常，但它实际上等同于所有政策中最古老的一条政策：保持船身平稳！我们不妨听听丘吉尔是如何论述的：

> 我们应该在两种政治的不一致性之间作出区分。其一，如果一个政治家紧跟不断变化的事件，急于让船保持平稳，引导航船稳定前行，他就可能一会儿坚定支持一种立场，一会儿又坚定地倒向另

一种立场。当两种立场相互冲突时，他支持各方的理由肯定不仅性质迥异，其精神和目的也会相互矛盾，但是，他所面对的对象始终没变。他的决心，他的愿景，他的期望或许从未改变，他的方法或许表面上并不融贯，但我们不能称之为不一致。事实上，它可以说是最真实的一致性。①

丘吉尔是说，道德和政治经验的世界太过复杂，所以不能还原成一种单一的规则或原理，无论是托马斯·阿奎那的自然法、康德的绝对命令还是功利主义者"最多数人的幸福最大化"原理。好比无论哪一种酒都不可能与一切食物完美配搭，适用于一切情况的单一道德准则也是不存在的。实践判断的原则，不能被设想为某种不可变通的道德命令，而应该是某种"拇指规则"，即一种有用的而无论如何都不确切分明的标准，它必须不断得到修正，以便契合形势。在一切新的情况里，标准是由那些最能捕捉到特定形势的色彩、纹理与细微之处的人所定下来的。

时下许多政治科学都忽视了政治判断的作用，恰恰是因为它看起来太过"主观"，抵抗或者外在于量化的领域。我们的政治科学放弃了政治判断，转而强调一种对"方法论"的心智狭隘的关注。这种做法的代价常常是放弃了生死攸关的问题，它们才是政治的本质。我们的政治科学试图将政治研究转变成一门科学，就像物理学或社会科学（例如经济学或心理学）那样，这么做就丧失了它起初的目的。政治科学的目的并不是要高踞于政治共同体之上，或者外在于它，就像昆虫学家观察蚂蚁那样。相反，它要充当一名富有公民意识的守护者，守护种种争论，为的是在冲突四起的处境中恢复和平与稳定。

那么，当今的政治科学研究应当是什么样呢？我们要再问一遍马克

---

① Winston Churchill, "Consistency in Politics," in *Thoughts and Adventures*, ed. James W. Muller (Wilmington: ISI Books, 2009), 35–36.

思提出的问题：谁来教育教育者？我们怎样才能重新引入政治判断的技艺呢？谁适合做这样的事？最好的答案就是研习古书，而且通常得是十分古老的著作。在这个真正的老师极为短缺的世界中，它们是最好的老师。除了本书探讨过的著作，我还可以提一下另外一些著作：例如，柏拉图的《法篇》、塔西佗的《历史》、孟德斯鸠的《论法的精神》，还有《联邦党人文集》。在阅读这些书的过程中，只要你置身于作者写下这些书时的精神当中，你就能在政治责任感方面收获一场教育。

但是，除了我们最伟大的政治哲学家们的著作之外，还需要补上我们最敏锐的心理小说家们的著作。一部伟大的小说包含了各种道德推理、说服和商议的实例，它们丝毫不逊于伟大的政治哲学家们的理论。例如，列夫·托尔斯泰、亨利·詹姆斯、简·奥斯汀都是其中的佼佼者。比起满满一书架自称研究"冲突解决法"的当代书籍，奥斯汀的《劝服》（Persuasion）寥寥十几页更能教给我们敏锐的判断力。相应地，除了这些书，还需要加上全世界最重要的政治家们的事业和著述，从伯里克利、俾斯麦和迪斯雷利，一直到杰弗逊、麦迪逊、林肯、威尔逊、罗斯福、丘吉尔和曼德拉。他们的事业就是一种现实教育，教导我们在危机时刻如何就各种事务展开交涉。

一旦你读了这些书，也只有在你读完这些书之后，你才能说自己实现了一名耶鲁学生的最高职责，也就是镌刻在布兰福德学院纪念大门上的那句话："为了上帝，为了国家，为了耶鲁。"[1]

---

[1] 本章所包含的一部分想法已经发表在 Steven B. Smith, "In Defense of Politics," *National Affairs*（Spring 2011）: 131-143。

出版后记

近些年来，随着网络条件的成熟，国外优秀大学摄制的公开课视频已在国内流行开来。耶鲁大学是其中的佼佼者，以其课程的丰富多样、教授个人的课堂魅力以及教学内容的前沿权威赢得了良好的口碑。鉴于在美国内外的优良表现，耶鲁大学出版社策划出版了公开课的讲稿。这些讲稿都经过了教师本人的精心修订，使之更加完整系统，却又不失课堂上深入浅出的风格，因此也赢得了口碑与市场的双赢成绩。

本书即为该系列中的一本。作者斯密什所从属的施特劳斯学派的政治哲学学说，十几年来经过学界与出版界的共同努力，已为中国读者所熟悉。但是贯串着这一学派学说的由单一作者书写的政治哲学史一直付诸阙如，这本书一定程度上可以说填补了这个空白。作者不但将这一派学说的重要基本观点以浅显易懂的行文表达出来，而且善于用现代生活中的具体例子让读者明白，政治哲学在今天为什么仍然重要，因为我们今天面临的政治生活中的那些问题，是自苏格拉底以降伟大的政治哲学家一直争论的一些问题，虽然他们关注的重点不同，提出和回答问题的方法不同。

正是这种独特的理解使作者在序言中强调，他写作的是一本政治哲学导论，而不是传统意义上的政治思想史，也就是说，虽然这本书的编写采取了历时性排列方式，但是每章所处理的核心问题都是共时性地存在于所有的世纪和地域的。正是这个原因，让我们在今日阅读公元前5世纪雅典、15世纪佛罗伦萨或17世纪英格兰的政治哲人的著作不仅是正当的而且是必要的。这些关于"为什么读古书"和"如何读古书"的教诲，亦是施特劳斯学派的重要贡献，其指导意义远远超出政治哲学这一具体学科。

另外，我们还要回到这本书最初的目的和面向对象上，即它脱胎于一份在美国最高学府上对未来社会精英进行政治教育的讲稿。这一点不仅在各章之中有所体现，更是表现在作者安排"捍卫爱国主义"作为最后一章的主题。在这个被"世界主义"与"民族主义"流行话语所包围的政治环境中，应该如何谈论"爱国主义"？作者在这一章中让我们看到，恰恰是在这个问题上，我们之前的思辨之旅才落在了实处。

希望读者能够通过这本书，重新发现政治生活的精彩和丰富。

服务热线：133-6631-2326　188-1142-1266

服务信箱：reader@hinabook.com

后浪出版公司

2014年11月

图书在版编目（CIP）数据

耶鲁大学公开课：政治哲学 /（美）史密斯著；贺晴川译. ——北京：北京联合出版公司，2015.2（2015.3重印）
ISBN 978-7-5502-3895-4

Ⅰ. ①耶… Ⅱ. ①史…②贺… Ⅲ. ①政治哲学—通俗读物 Ⅳ. ①D0-49

中国版本图书馆CIP数据核字（2014）第254969号

POLITICAL PHILOSOPHY by STEVEN B.SMITH
Copyright：© 2012 by Yale University Originally published by Yale University Press
Simplified Chinese edition copyright：2014 by POST WAVE PUBLISHING CONSULTING（Beijing）Ltd.
All rights reserved.
Simplefied Chinese edition published by Post Wave Publishing Consulting（Beijing）Co., Ltd.
本书中文简体版权归属于后浪出版咨询(北京)有限责任公司

耶鲁大学公开课：政治哲学

著　　者：（美）史蒂芬·B·斯密什
译　　者：贺晴川
选题策划：后浪出版公司
策划编辑：张　鹏
出版统筹：吴兴元
特约编辑：张　鹏
责任编辑：徐秀琴
营销推广：ONEBOOK
装帧制造：墨白空间

北京联合出版公司出版
（北京市西城区德外大街83号楼9层　100088）
北京京都六环印刷厂印刷　新华书店经销
字数260千字　690×960毫米　1/16　19.5印张　插页2
2015年3月第1版　2015年3月第2次印刷
ISBN 978-7-5502-3895-4
定价：39.80元

后浪出版咨询(北京)有限责任公司 常年法律顾问：北京大成律师事务所　周天晖 copyright@hinabook.com
未经许可，不得以任何方式复制或抄袭本书部分或全部内容
版权所有，侵权必究
本书若有质量问题，请与本公司图书销售中心联系调换。电话：010-64010019

《哲学导论：综合文献阅读教程》
（第9版）

著　　者：（美）罗伯特·所罗门
译　　者：陈高华
书　　号：978-7-5100-4861-6
出版时间：2012.12
定　　价：78.00元

2500年智慧长河　钩沉8大哲学问题
国内首部引进以原典为核心的哲学教程

　　这无疑是最好的哲学教材之一。它的覆盖范围极其广阔，它将材料沿着历史顺序和议题发展天衣无缝地整合起来，它对每一位哲学家的选文的介绍和阐释，以及一种对比的视角完美无瑕地融合在一起。

　　　　　　　　　　　　——Christian Coseru　查尔斯顿学院

内容简介

　　本书是罗伯特·所罗门编著的著名哲学教材，它以实在、宗教、知识、自我、心灵与身体、自由、伦理学、正义八个哲学核心议题为经，以历代哲学家对这些问题的回答为纬，以作者自己对议题和文献背景的细致评注和解释为引导，使之成为一部以哲学经典文献为核心、以强调通过阅读原典学习哲学为特色的优秀哲学导论。

　　书中选取的文献时间跨度约2500年，选取范围包括最古老的哲学残篇至最前沿的女性主义、多元文化主义、认知科学领域的论著，囊括了从柏拉图、孔子、笛卡尔、康德至艾玛·高曼、弗洛伊德、爱因斯坦、马尔科姆·艾克斯等历史上最重要哲学家的作品，使读者能够鲜明地感受到哲学既扎根于过去，又活跃于现在。

　　在每一个议题的展开中，随着不同时期的哲学家的作品的展现，作者为我们提供了多元并包的视角——包括分析哲学、大陆哲学、女性主义和非西方的观点等，这种并置鼓励学生积极参与到不同观点之间的对话之中，对其进行仔细的评估，并通过回答作者给出的超过300个章节提问来检测自己的消化程度。每一章最后还提供了参考文献和进一步阅读材料，方便学生深入学习。

《西方哲学史：
从苏格拉底到萨特及其后》
（修订第8版）

著　　者：（美）撒穆尔·伊诺克·斯通普夫
　　　　　詹姆斯·菲泽
译　　者：匡　宏　邓晓芒等
书　　号：978-7-5062-8710-4
出版时间：2009.02
定　　价：68.00元

内容简介

　　本书自1966年初版以来，历经七次修订，成为英语世界最畅销的哲学史入门教材。它紧跟当代哲学和哲学史研究的最新发展，是一部既植根传统又向当代开放的哲学史，堪称当代西方哲学史的主流和典范之作。

　　作者以长短适当的篇幅，把西方两千多年的哲学思想作了一个清晰的展示。它兼采国内外书写哲学史的写法之长，善于抓住哲学家的主要思想实质进行阐述，态度客观、材料翔实且清晰明了，文笔平正而不失生动，能让读者对西方哲学的总体发展有一个准确的把握，为读者提供了一个简洁清晰、轻松易懂的哲学读本。

　　修订第8版中，旧有版本中陈旧的元素被一一剔除，代之以最前沿最时新的学术观点。而本次译文在原中译本的基础上，进一步对词句加以润色推敲，使本书的表达如行云流水，可读性更强。

著者简介

　　撒穆尔·伊诺克·斯通普夫（Samuel Enoch Stumpf，1918—1998），芝加哥大学博士、哈佛大学福特研究员、牛津大学洛克菲勒研究员。他在担任万德比尔特大学哲学系主任长达15年后，曾出任爱荷华的康奈尔学院的校长。斯通普夫在哲学、医学伦理和法理学等领域也颇有建树。

　　詹姆斯·菲泽（James Fieser），普渡大学博士，现任田纳西大学哲学系教授。著述有《道德哲学史》（2001），与人合著有《哲学入门》（2002）。菲泽还与人合编《世界宗教经典》一书，并创建了"哲学网络百科全书"。